Alienação Fiduciária de Bens Imóveis em Garantia

Alienação Fiduciária de Bens Imóveis em Garantia

2021

Andressa Benedetti

ALIENAÇÃO FIDUCIÁRIA DE BENS IMÓVEIS EM GARANTIA

© Almedina, 2021

AUTOR: Andressa Benedetti

DIRETOR ALMEDINA BRASIL: Rodrigo Mentz
EDITORA JURÍDICA: Manuella Santos de Castro
EDITOR DE DESENVOLVIMENTO: Aurélio Cesar Nogueira
ASSISTENTES EDITORIAIS: Isabela Leite e Larissa Nogueira

DIAGRAMAÇÃO: Almedina
DESIGN DE CAPA: FBA

ISBN: 9786556271866
Março, 2021

Dados Internacionais de Catalogação na Publicação (CIP)
(Câmara Brasileira do Livro, SP, Brasil)

Benedetti, Andressa
Alienação fiduciária de bens imóveis em garantia /
Andressa Benedetti. -- 1. ed. -- São Paulo :
Almedina, 2021.

ISBN 978-65-5627-186-6

1. Alienação fiduciária 2. Bens imóveis
3. Contratos empresariais 4. Direito civil
5. Execução (Direito) I. Título.

21-55097   CDU-347.277.8

Índices para catálogo sistemático:
1. Alienação fiduciária em garantia : Direito civil 347.277.8
Aline Graziele Benitez - Bibliotecária - CRB-1/3129

AVISO: O presente trabalho não representa parecer legal ou a opinião de Pinheiro Neto Advogados sobre o assunto tratado, mas apenas de seu autor, para fins acadêmicos.

Este livro segue as regras do novo Acordo Ortográfico da Língua Portuguesa (1990).

Todos os direitos reservados. Nenhuma parte deste livro, protegido por copyright, pode ser reproduzida, armazenada ou transmitida de alguma forma ou por algum meio, seja eletrônico ou mecânico, inclusive fotocópia, gravação ou qualquer sistema de armazenagem de informações, sem a permissão expressa e por escrito da editora.

EDITORA: Almedina Brasil
Rua José Maria Lisboa, 860, Conj.131 e 132, Jardim Paulista | 01423-001 São Paulo | Brasil
editora@almedina.com.br
www.almedina.com.br

AGRADECIMENTOS

Esta obra é fruto da minha dissertação de mestrado em Direito Civil defendida na Faculdade de Direito da Universidade de São Paulo.

Agradeço primeiramente a Deus pela vida repleta de oportunidades e pela saúde física e mental imprescindíveis para o alcance de metas tão desejadas, como a publicação do meu primeiro livro.

Em seguida, agradeço aos meus pais Eliana e João Luiz, que tanto me proporcionaram em termos de valores, afeto e cultura. Estendo este agradecimento a todos os meus demais familiares pelo amor e incentivo constante aos estudos.

Esta conquista não seria possível sem o auxílio do meu orientador, Francisco Paulo De Crescenzo Marino. Agradeço por todas as reuniões que renderam diversas inquietações e novas ideias, e pelo alto nível de exigência que me desafiou a ir além da minha zona de conforto.

Agradeço aos professores Claudio Luiz Bueno de Godoy, Juliana Krueger Pela, Ivo Waisberg e Giovanni Ettore Nanni pelas relevantes contribuições e participação nas bancas de qualificação e de defesa da dissertação de mestrado.

Também serei eternamente grata ao Pinheiro Neto Advogados, por apoiar o aprimoramento técnico e assim manter a excelência que consolidou o nome do escritório. Meu especial agradecimento aos meus mentores e exemplos, Pedro Paulo Barradas Barata, Maximilian Fierro Paschoal e Carla Cavalheiro Arantes, e aos amigos queridos que estiveram presentes na banca de defesa deste trabalho.

Por fim, mas não menos importante, agradeço ao meu marido Rodrigo, fonte de inspiração, leveza e alegria, com quem compartilho os próximos sonhos e a perspectiva de um futuro desafiador e feliz.

Dezembro de 2020.

PREFÁCIO

O livro que o leitor tem em mãos é a versão comercial da dissertação de mestrado de Andressa Benedetti, que tive a honra de orientar, defendida em 2019 na Faculdade de Direito da Universidade de São Paulo e aprovada por banca composta, ainda, pelos Professores Cláudio Luiz Bueno de Godoy, Giovanni Ettore Nanni e Ivo Waisberg.

Trata-se de pesquisa séria, que parte de uma questão bem formulada à qual aporta resposta meditada e segura e que, por isso mesmo, merece a melhor acolhida dos civilistas e comercialistas brasileiros.

Com efeito, a obra que se vai ler não é apenas mais uma exposição geral da alienação fiduciária em garantia, tal como estruturada sucessivamente pela Lei de Mercado de Capitais (Lei nº 4.728/1995), pela Lei do Sistema de Financiamento Imobiliário (Lei nº 9.514/1997) e, enfim, pela Lei nº 10.931/2004, cujo art. 51 estendeu a possibilidade de a alienação fiduciária de imóvel garantir as obrigações em geral.

Constitui antes uma meditação sobre o regramento adequado da alienação fiduciária em garantia para os contratos empresariais, à luz, de um lado, do amplo alcance conferido à figura pela Lei nº 10.931/2004, e, de outro, das incompatibilidades entre tais relações jurídicas e o quanto disposto no detalhado regramento da Lei nº 9.514/1997.

Preocupada, assim, com um problema dogmático de primeira ordem – a saber, o da explicitação das regras atinentes à alienação fiduciária celebrada no contexto empresarial –, a autora oferece contribuição concreta aos operadores do direito, conforme se verifica na pertinente recolha jurisprudencial que se encontrará neste volume.

A formulação do problema assenta na fértil compreensão sistêmica do direito privado, fazendo entrecruzar-se o direito civil e o direito empresarial como ramos que, com respeito às especificidades, merecem ser pensados em conjunto, em tradição frutífera cultivada em importantes trabalhos gestados na Faculdade de Direito da Universidade de São Paulo.

O percurso vem disposto em três capítulos propedêuticos e dois capítulos argumentativos, que são o verdadeiro coração do livro, emoldurados por introdução e conclusão bastante informativas.

O primeiro capítulo trata do negócio fiduciário, gênero ao qual a alienação fiduciária em garantia remonta, ainda que a fidúcia tipificada faça com que os elementos centrais da fidúcia original – desproporção entre meio e fim e poder de abuso – não mais se apresentem, ou ao menos se transfigurem em elementos substancialmente distintos. Para tanto, a autora remonta à *fiducia* romana, e com ele contrasta na sequência outros tipos de negócio fiduciário, próprios ao direito germânico, de um lado, e ao direito anglo-saxônico, de outro, até desembocar na consideração da pandectística, que erigiu a categoria moderna de negócio fiduciário.

O capítulo segundo introduz, já à luz do direito brasileiro, o contexto de crise das garantias reais tradicionais no século XX, que gerou diversas propostas de solução, seja no direito projetado, seja na legislação especial, especificamente na Lei nº 4.728/1995, mas, como ressalta a autora, sem uma sistematização ampla, o que inclusive gerou diversas alterações na redação do art. 66 daquele diploma legislativo. É nesse ponto que se encontra, então, uma clara definição do instituto, classificado e estudado sob o ponto de vista dos requisitos de validade e dos fatores de eficácia, assim como considerado sistemicamente à luz de institutos que com ele confinam, como a propriedade resolúvel e os direitos reais de garantia.

O capítulo terceiro ocupa-se, por fim, e com detalhes, da alienação fiduciária em garantia na Lei nº 9.514/1997, que introduziu a alienação fiduciária de bens imóveis no direito brasileiro e que é hoje ainda o único regramento detalhado do instituto em nosso ordenamento. Após particularizar o contexto histórico em que a lei foi projetada e promulgada, a autora descreve os traços definidores daquela lei e desenha a evolução do sistema com o advento da Lei nº 10.931/2004, que estendeu a possibilidade de garantir as obrigações em geral por meio da alienação fiduciária de bem imóvel.

É com base em toda essa rigorosa construção que a autora parte, então, para os dois capítulos centrais do trabalho, para entender como se deve manejar um regramento concebido para relações não-paritárias, especificamente consumeristas, na Lei do Sistema de Financiamento Imobiliário, em um contexto de relações paritárias com escopo de lucro, vale dizer, as relações empresárias.

PREFÁCIO

Nessa ordem de ideias, o capítulo quarto visita problema central para delinear um regime próprio à alienação fiduciária em garantia contratada em contexto empresarial, a saber, a forma de satisfação do crédito. Examina com minúcia a disciplina da Lei nº 9.514/1997, notadamente as restrições à satisfação do crédito, como a necessidade de constituir o devedor em mora por meio do Oficial de Registro de Imóveis, a disciplina do leilão extrajudicial e as restrições quando se trata de bem de família, com jurisprudência não pacificada.

Ora, muitos desses anteparos à satisfação do crédito resultam da natureza consumerista da relação jurídica em tela, uma vez que se tem em mira imóvel que cumpre a função de garantir o direito fundamental à moradia. Servindo a alienação fiduciária em garantia constante de contrato empresarial ao escopo de lucro, essas e outras especificidades não se podem transplantar, sem mais, da Lei do Sistema de Financiamento Imobiliário.

Chega-se assim ao capítulo quinto, em que, apoiando-se no magistério de Karl Larenz, a autora propõe se valer da "redução teleológica", especificando quais dispositivos se aplicam apenas ao SFI, como atinentes a situações excepcionais, e propondo que o regramento, inclusive no que tange à satisfação do crédito, no caso dos contratos empresariais, seja pautado pelos princípios e pressupostos próprios da categoria, notadamente a paridade das partes, a prevalência da tutela da autonomia privada, o prestígio da segurança e da previsibilidade, o respeito aos usos e costumes. A aplicação desses critérios chega a resultados efetivos, como a proibição da arrematação do imóvel por preço vil e a exigibilidade da dívida remanescente.

Não se furta, enfim, a autora, ainda no último capítulo, de propor que se medite, *de lege ferenda*, sobre possíveis aperfeiçoamentos legislativos, o que sugere de forma clara e sem confundir jamais essas considerações com a rigorosa análise dogmática antecedente.

Por todas as razões expostas, recomendamos sem reservas a leitura do excelente trabalho de Andressa Benedetti, que constitui promissora carta de apresentação dessa jovem estudiosa aos cultores do direito privado brasileiro.

São Paulo, 26 de janeiro de 2021.

FRANCISCO PAULO DE CRESCENZO MARINO
Professor Associado da Faculdade de Direito da USP

LISTA DE SIGLAS

AgRg – Agravo Regimental
AI – Agravo de Instrumento
AGU – Advocacia Geral da União
ARE – Agravo em Recurso Extraordinário
AREsp – Agravo em Recurso Especial
BNH – Banco Nacional de Habitação
CDC – Código de Defesa do Consumidor (Lei 8.078/90)
CRI – Certificados de Recebíveis Imobiliários
DJe – Diário de Justiça eletrônico
FGTS – Fundo de Garantia do Tempo de Serviço
INCRA – Instituto Nacional de Colonização e Reforma Agrária
RE – Recurso Extraordinário
REsp – Recurso Especial
SFH – Sistema Financeiro da Habitação
SFI – Sistema de Financiamento Imobiliário
STF – Supremo Tribunal Federal
STJ – Superior Tribunal de Justiça
TJSP – Tribunal de Justiça do Estado de São Paulo

SUMÁRIO

INTRODUÇÃO   15

1. O NEGÓCIO FIDUCIÁRIO   21
   1.1. A fidúcia na Roma Antiga   23
   1.2. O negócio fiduciário germânico   27
   1.3. O *trust* e o *mortgage* no direito anglo-saxão   29
   1.4. O negócio fiduciário na dogmática moderna   32
   1.5. Distinção de figuras semelhantes   35

2. AS GARANTIAS REAIS   39
   2.1. A crise das garantias reais tradicionais   43
   2.2. A alienação fiduciária no mercado de capitais   46
   2.3. O contrato de alienação fiduciária   48
      2.3.1. Classificação   49
      2.3.2. Requisitos de validade e fatores de eficácia   50
   2.4. A propriedade fiduciária   54
      2.4.1. Pontos de contato com a propriedade resolúvel e com os direitos reais de garantia   55
      2.4.2. Os direitos decorrentes do desdobramento da posse   57
      2.4.3. A propriedade com finalidade de garantia no Direito comparado   60
   2.5. A supergarantia do crédito e suas implicações sistêmicas   64

3. A ALIENAÇÃO FIDUCIÁRIA DE BENS IMÓVEIS   71
   3.1. O contexto prévio do SFH   72
   3.2. A implementação do SFI pela Lei 9.514/97   76
   3.3. As garantias e os instrumentos aplicáveis às operações do SFI   79
      3.3.1. Hipoteca e anticrese   80

ALIENAÇÃO FIDUCIÁRIA DE BENS IMÓVEIS EM GARANTIA

3.3.2. Cessão fiduciária de direitos creditórios	80
3.3.3. Cessão de crédito	84
3.3.4. Arrendamento mercantil de imóveis	86
3.4. As inovações da Lei 10.931/04	88
3.4.1. A extensão da alienação fiduciária de imóveis às obrigações em geral	89
3.4.2. O patrimônio de afetação e outras inovações	92
4. A SATISFAÇÃO DO CRÉDITO	99
4.1. O procedimento do leilão extrajudicial	103
4.2. As questões problemáticas decorrentes da excussão extrajudicial	111
4.3. Outras restrições à satisfação do crédito	115
4.3.1. Limitações quanto à natureza da obrigação garantida	116
4.3.2. A alienação fiduciária de imóvel rural a credores estrangeiros	121
4.3.3. O imóvel bem de família	126
5. AS ADEQUAÇÕES NECESSÁRIAS AOS CONTRATOS EMPRESARIAIS	133
5.1. A integração de lacunas por meio de redução teleológica	134
5.1.1. A aplicação de redução teleológica para integrar as lacunas da Lei 9.514/97	137
5.1.2. A proibição de arrematação do imóvel por preço vil	139
5.1.3. A exigibilidade da dívida remanescente	141
5.1.4. O dever de prestar contas	149
5.2. A dualidade de regimes da propriedade fiduciária imóvel	154
5.3. Alternativas possíveis aos contratos empresariais	165
5.3.1. Fracionamento da dívida e composição de garantias	166
5.3.2. Cobrança judicial da dívida	170
5.3.3. Celebração de pacto marciano	171
CONCLUSÕES	175
REFERÊNCIAS	181

INTRODUÇÃO

A tutela do crédito é um dos pilares fundamentais da ordem econômica, por possibilitar o bom fluxo de relações entre os agentes de mercado e a realização de investimentos nos setores de comércio, indústria e serviços, com o propósito de ampliar e dinamizar a produção e o volume de negócios. Tais medidas são essenciais para gerar desenvolvimento econômico, social e nacional, um dos objetivos fundamentais da República Federativa do Brasil, conforme dispõe o art. 3º, inc. II, da Constituição Federal.

Os contratos bancários são, por excelência, os instrumentos relacionados à concessão de crédito. A proteção do crédito é relevante por ser uma das variáveis consideradas para a tomada de decisão, tanto no que concerne ao custo para a obtenção e concessão de crédito, quanto ao risco envolvido para a respectiva recuperação[1].

A estipulação de garantias ao cumprimento das obrigações assumidas no bojo dos contratos bancários consiste em um meio adequado para mitigar o risco de crédito, reduzir os custos de transação e aumentar a eficiência econômica. Idealmente, a garantia deverá proporcionar ao credor o retorno integral do investimento de forma célere e desburocratizada[2].

---

[1] A Resolução 4.557/2017, do Banco Central do Brasil, dispõe acerca do gerenciamento do risco de crédito. O risco de crédito é definido pelo art. 21 como sendo a possibilidade de ocorrência de perdas associadas a: (i) não cumprimento pela contraparte de suas obrigações nos termos pactuados; (ii) desvalorização, redução de remunerações e ganhos esperados em instrumento financeiro decorrentes da deterioração da qualidade creditícia da contraparte, do interveniente ou do instrumento mitigador; (iii) reestruturação de instrumentos financeiros; ou (iv) custos de recuperação de exposições caracterizadas como ativos problemáticos.

[2] Otavio Yazbek pondera que a universalização do acesso do crédito é essencial para a redução dos *spreads* bancários, assim definidos como a "diferença entre as taxas de juros básicas

Com o aumento da necessidade de crédito na indústria e no comércio, sobretudo a partir da Revolução Industrial, as modalidades clássicas dos instrumentos de garantia se revelaram complexas, morosas e obsoletas frente à nova dinâmica negocial. Essa percepção se intensificou na era da tecnologia e da informação, permeada por relações complexas e dinâmicas, interligadas em rede, e em constante intercâmbio de informações e capital, nas quais o fator tempo, seja para a concessão do crédito, seja para a sua recuperação, assume grande relevância para a tomada de decisão.

Diante disso, nos últimos anos observou-se o desenvolvimento de novas espécies de garantias pessoais[3], como a fiança *omnibus*[4], as cartas de conforto[5], a garantia autônoma[6], e a expansão das garantias constituídas sobre a trans-

---

(de captação) e as taxas finais (custo ao tomador)", calculados conforme as expectativas de inadimplemento para a provisão ou a reposição de perdas. Outros instrumentos negociais de administração do risco de crédito consistem na cessão de créditos, mecanismos de securitização, fundos de recebíveis, cédulas de crédito bancário, operações ativas vinculadas, derivativos de crédito e acordos de compensação. (YAZBEK, Otavio. O risco de crédito e os novos instrumentos financeiros – uma análise funcional. In: FONTES, Marcos Rolim Fernandes; WAISBERG, Ivo (coord.). *Contratos Bancários*. São Paulo: Quartier Latin, 2006, p. 314 e 320).

[3] LEITÃO, Luís Manuel Teles de Menezes. *Garantia das Obrigações*. 3ª ed. Coimbra: Almedina, 2012, p. 26-27.

[4] Também conhecida como fiança genérica. Segundo Frederico Kastrup de Faro: "apresenta-se como um subtipo da fiança de obrigações futuras a que faz referência o art. 821 do Código Civil, uma vez que, apesar de poder abranger débitos pretéritos, o diferencial da figura consiste justamente na sua habilidade para garantir créditos cujos respectivos fatos geradores só serão aperfeiçoados após a contratação da garantia." (FARO, Frederico Kastrup de. Fiança genérica (*omnibus*) bancária: validade e exercício da garantia à luz da boa-fé objetiva. In: GUEDES, Gisela Sampaio da Cruz; MORAES, Maria Celina Bodin de; MEIRELES, Rose Melo Vencelau; et. al. (coord.). *Direito das garantias*. São Paulo: Saraiva, 2017, p. 63).

[5] Judith Martins-Costa e Giovana Benetti apontam que as cartas de conforto são "figuras esquivas, de conceituação fugidia, marcadas pela atipicidade" nas quais existe, "em regra, uma estrutura triangular, formada por uma sociedade mãe, autora da carta de conforto; uma sociedade filha, favorecida pelo 'conforto' assegurado pela carta; e uma instituição financeira, destinatária da carta. Muito esquematicamente: a sociedade mãe (ou controladora) dirige uma carta a um terceiro afirmando, por exemplo, que a sociedade filha (controlada, subsidiária), integra o grupo; ou então, comunica que, sendo integrante do grupo, cumprirá os seus compromissos; ou, ainda, afirma que, se a sociedade filha não os cumprir, a sociedade mãe os cumprirá." (MARTINS-COSTA, Judith; BENETTI, Giovana. As cartas de conforto: modalidades e eficácia. In: GUEDES, Gisela Sampaio da Cruz; MORAES, Maria Celina Bodin de; MEIRELES, Rose Melo Vencelau; et. al. (coord.). *Direito das garantias*. São Paulo: Saraiva, 2017, p. 438-441).

[6] A garantia autônoma, sem previsão no Direito brasileiro, tem sido utilizada no Direito europeu para impulsionar o crescimento econômico no contexto pós-guerras, por meio do desenvolvimento de mecanismo de garantia autônoma desvinculada da obrigação principal.

INTRODUÇÃO

ferência de propriedade, como a alienação fiduciária. Esta foi denominada "supergarantia"[7], em razão do maior poder conferido ao credor mediante a transferência da propriedade do bem objeto da garantia, e da posição extremamente privilegiada na hipótese de inadimplemento e insolvência do devedor.

Dentre as diversas modalidades de alienação fiduciária no Direito brasileiro, destaca-se aquela constituída sobre bens imóveis, introduzida pela Lei 9.514/97, que dispõe sobre o Sistema de Financiamento Imobiliário (SFI). Posteriormente, por meio do art. 51 da Lei 10.931/04, a alienação fiduciária de bens imóveis foi ampliada para garantir as obrigações em geral, com o objetivo de tutelar "o bom funcionamento do mercado de crédito brasileiro para o desenvolvimento da economia nacional"[8].

A alienação fiduciária de bens imóveis passou a ser utilizada com frequência cada vez maior pelos agentes de mercado, para garantir obrigações das mais diversas naturezas. Como exemplo, pode-se citar os contratos de mútuo para a obtenção de capital de giro, os contratos de construções, os contratos de fomento mercantil (*factoring*), os contratos de operação de adiantamento de câmbio, os contratos de fornecimento de materiais, os contratos envolvendo empreendimentos complexos que demandam múltiplas garantias, entre outros.

De acordo com Luis Miguel Pestana Vasconcelos, "sendo esta garantia prestada por um banco do seu Estado, o credor afasta o risco do incumprimento ou da insolvência da outra parte, de que ele em regra tem um conhecimento escasso, contribuindo desta forma para a realização de transações que, não fosse esta garantia, não se realizariam. Por isso, se diz de forma expressiva que elas constituem '*the lifeblood of international commerce*'." (VASCONCELOS, Miguel Pestana. *Direito das garantias*. Coimbra: Almedina, 2010, p. 121).

[7] Cf. Fernando Noronha: "Temos proposto que sejam designadas de supergarantias as hipóteses em que é permitido a um credor, para se assegurar do pagamento pelo devedor, assumir a propriedade da própria coisa que diz respeito à dívida, para, na hipótese de inadimplemento, poder reivindicar a restituição dessa coisa, assim ficando isento da obrigação de concorrer com quaisquer outros créditos, inclusive os detentores de créditos trabalhistas e por acidente de trabalho. Estas hipóteses, que o direito tradicional não conhecia, constituem novas formas de tutela dos interesses dos credores, sendo muito mais poderosas do que as próprias garantias reais e até do que os privilégios creditórios preferenciais." (NORONHA, Fernando. A alienação fiduciária em garantia e o *leasing* financeiro como supergarantias das obrigações. In: TEPEDINO, Gustavo; FACHIN, Luiz Edson. *Contratos em espécie*: atribuição patrimonial e garantia. São Paulo: Ed. Revista dos Tribunais, 2011, p. 740).

[8] Cf. constou na Exposição de Motivos 27/2007 do Projeto de Lei 3.065/04, o qual originou a Lei 10.931/04. Disponível em: http://www.camara.gov.br/proposicoesWeb/prop_mostrarintegra?codteor=200814& filename=PL+3065/2004. Acesso em 20 dez. 2020.

O cerne da obra, portanto, será analisar a alienação fiduciária de bens imóveis fora do cenário legislativo no qual foi originariamente concebida, isto é, como instrumento de garantia aos contratos empresariais em sentido estrito, também denominados contratos interempresariais. Os contratos empresariais são aqueles nascidos e desenvolvidos em atividades empresariais[9], em que "ambas [ou todas] as partes têm no lucro o escopo de sua atividade", sendo este o fator condicionante do comportamento das partes e a função econômica do negócio[10]. Adotaremos, portanto, como critério distintivo dos contratos empresariais o escopo de lucro bilateral.

A análise não pretende abordar os contratos civis, celebrados entre não empresários, e os contratos de consumo[11], celebrados entre um empresário e um não empresário, ou ainda entre dois ou mais empresários no qual um deles adquira produtos ou serviços para uso pessoal ou privado, na qualidade de destinatário final[12]. Em regra, o empresário não firmará o contrato garantido pela alienação fiduciária na qualidade de destinatário final, seja no caso de empréstimo, de financiamento ou mesmo de aquisi-

---

[9] Carlos Alberto Bittar usa esse conceito para definir os contratos comerciais, que adotaremos como sinônimo aos contratos empresariais, embora o autor entenda ser de abrangência excessiva a tendência doutrinária de reconhecimento de um direito empresarial, dada a inexistência de conceito uniforme e unívoco de empresa no campo jurídico. (BITTAR, Carlos Alberto. *Contratos comerciais*. 5ª ed. Rio de Janeiro: Forense Universitária, 2008, p. 1-2).

[10] FORGIONI, Paula A. *Contratos Empresariais*: teoria geral e aplicação. São Paulo: Editora Revista dos Tribunais, 2015, p. 34 e 40.

[11] Com o objetivo de distinguir os contratos empresariais dos contratos consumeristas e civis, Paula Forgioni explica que: "Nos contratos consumeristas, essa luta pelo lucro recai apenas sobre uma das partes (a empresa fornecedora); nos civis, pode inexistir (como no caso da doação) ou aparecer de forma esporádica e mitigada em um dos polos que se aproveitará economicamente do evento (locação, por exemplo). De qualquer forma, mesmo nessas hipóteses, o escopo econômico não marca o contrato de forma tão incisiva como nos casos comerciais, pois a parte não tem sua atividade *profissional*. O mote da empresa é diverso daquele do proprietário de um imóvel que o aluga; enquanto toda a existência da primeira justifica-se pelo fim lucrativo, o proprietário, embora deseje obter vantagem econômica do negócio, não tem nisso sua *razão de ser*." (Ibid., p. 40-41).

[12] A análise também excluirá a hipótese de aplicação do Código de Defesa do Consumidor no âmbito da teoria finalista mitigada, que admite a aplicação das normas consumeristas caso demonstrada a vulnerabilidade técnica, jurídica ou econômica da pessoa física ou jurídica que não se enquadre na definição de destinatário final.

ção de bem imóvel, mas sim com o propósito de constituir, expandir ou manter sua atividade negocial[13].

A depender das partes contratantes, os contratos bancários, que dão suporte à maior parte das operações garantidas por alienação fiduciária de bens imóveis, podem ser classificados como contratos empresariais ou como contratos de consumo. Não obstante, a lógica e a interpretação contratual serão totalmente diversas nessas duas hipóteses, razão pela qual entendemos não ser possível a existência de um único regime legal capaz de abarcar as especificidades de situações tão distintas.

O estudo da alienação fiduciária em garantia passa necessariamente pela análise de seu antecedente histórico, o negócio fiduciário. O primeiro capítulo da obra abordará as origens do negócio fiduciário, desde a sua concepção romana e as figuras afins no Direito germânico e anglo-saxão, até o resgate do seu estudo pelos pandectistas, ao final do século XIX e início do século XX.

A partir de tais substratos históricos e teóricos, no segundo capítulo será exposto um panorama geral acerca do sistema de garantias reais no Brasil, abordando a crise das modalidades tradicionais dos direitos reais de garantia. Na sequência, trataremos do contexto no qual a alienação fiduciária em garantia foi introduzida no Direito brasileiro, através da Lei de Mercado de Capitais (Lei 4.728/65).

Serão expostas, ainda, considerações referentes ao contrato de alienação fiduciária e à garantia objeto do contrato, a propriedade fiduciária. Como a utilização da propriedade com função de garantia não é uma exclusividade do Direito brasileiro, será feita uma breve exposição sobre a utilização dessa modalidade de garantia em outras ordens jurídicas. Analisaremos, em seguida, as implicações sistêmicas decorrentes da utilização da propriedade fiduciária, considerando as suas vantagens e desvantagens sob o ponto de vista das partes envolvidas na relação jurídica e da ordem econômica como um tudo.

No terceiro capítulo, trataremos sobre a alienação fiduciária de bem imóvel. Com o propósito de compreender a conjuntura na qual essa modalidade de garantia foi criada, examinaremos o panorama fático e legislativo envolvendo o Sistema Financeiro da Habitação (SFH), a sua tentativa de

---

[13] WALD, Arnoldo. Do regime legal da alienação fiduciária de imóveis e sua aplicabilidade em operações de financiamento de banco de desenvolvimento. *Revista de Direito Imobiliário*, nº 51, p. 271.

modernização através do SFI implementado pela Lei 9.514/97 e a expansão da alienação fiduciária de imóveis através das inovações introduzidas pela Lei 10.931/04.

No quarto capítulo, abordaremos as questões referentes à satisfação do crédito garantido através do mecanismo de excussão extrajudicial da garantia fiduciária imóvel. Nesse tema se inserem os pontos mais problemáticos com relação aos contratos empresariais, diante da incompatibilidade de diversos dispositivos da Lei 9.514/97 quando aplicados para além do SFI. Trataremos acerca de questões controversas envolvendo o leilão extrajudicial e outras restrições à alienação fiduciária de imóvel relacionadas à natureza, aos sujeitos ou ao objeto da obrigação garantida.

Por fim, no quinto capítulo, retomaremos os problemas identificados para propor a integração de lacunas da Lei 9.514/97 por meio de redução teleológica, sob a perspectiva de uma dualidade de regimes da propriedade fiduciária de bens imóveis. Também pretende-se discorrer sobre os meios alternativos para evitar a aplicação literal das disposições legais e viabilizar a eficácia da garantia fiduciária imóvel no âmbito dos contratos empresariais, com o propósito de fomentar a utilização dessa modalidade de garantia e ir ao encontro das expectativas de solidez e credibilidade dos agentes econômicos.

1
O Negócio Fiduciário

A utilização da propriedade como forma de garantia remonta ao Direito romano[14], atrelada à ideia de confiança, correspondente ao vocábulo latino *fides*. No campo do direito das obrigações, a confiança se expressa como a legítima expectativa de que as partes contratantes cumprirão os respectivos deveres tal como acordado. Desde os tempos mais remotos, já existia a preocupação de o Direito tutelar formas de garantia ao cumprimento das obrigações, com o intuito de proteger os interesses do credor, mas causando o mínimo possível de impacto na esfera de direitos do devedor[15].

Além da fidúcia na Roma Antiga, estruturas semelhantes também foram desenvolvidas pelo Direito germânico e pelo Direito anglo-saxão, com características peculiares próprias de cada sistema, e alinhadas com as respectivas necessidades socioeconômicas[16]. Esses três sistemas são apon-

---

[14] Atualmente, a noção de garantia está diretamente atrelada à ideia de patrimônio, mas nem sempre foi assim. Nas sociedades primitivas, assim como nos primórdios da civilização romana, o devedor respondia com o próprio corpo por suas dívidas, o que somente foi abolido em Roma no ano 326 a.C., com a *Lex Poetelia Papiria*, que instituiu a responsabilidade sobre os bens do devedor, e não mais sobre a sua liberdade, a sua integridade física ou a sua vida. A esse respeito, veja: PEREIRA, Caio Mario da Silva. *Instituições de Direito Civil*. Direitos Reais. 23ª ed. Rio de Janeiro: Forense, p. 275; e LEITÃO, *Garantia das Obrigações*, op. cit., p. 23-24.

[15] MOREIRA ALVES, José Carlos. *Da Alienação Fiduciária Em Garantia*. 2ª ed. Rio de Janeiro: Forense, 1979, p. 1.

[16] Na síntese de Aderbal da Cunha Gonçalves: "Na apreciação do negócio fiduciário três são os sistemas através dos quais podemos explicar o seu mecanismo. O romano, na absoluta pureza da conceituação de fidúcia, em que este elemento se torna a figura central do negócio jurídico, não oferecendo ao fiduciante outra garantia, ante uma possível atitude negativa do

tados como os precursores históricos do estudo do negócio fiduciário[17], resgatado após diversos séculos para possibilitar a realização de escopos não satisfeitos pelo ordenamento jurídico e acelerar o movimento da atividade comercial[18].

O negócio fiduciário, apontado como gênero do qual a alienação fiduciária em garantia se incluiria como espécie em sentido amplo[19], representaria o "renascimento das velhas instituições", tendo em vista as necessidades práticas da civilização moderna, na qual os esquemas jurídicos existentes seriam insuficientes para atender às demandas sociais e econômicas[20].

A ausência de previsão legal expressa do negócio fiduciário no Direito brasileiro dificulta a sua conceituação e a delimitação de seu âmbito de incidência. Por essa razão, optamos por iniciar a obra abordando as origens históricas do negócio fiduciário, cuja evolução e desdobramento culminou na alienação fiduciária em garantia.

---

fiduciário, senão uma responsabilidade de caráter obrigacional pelas perdas e danos, investindo-o, ao mesmo tempo, numa relação dominial plena e ilimitada, tanto no que se refira à propriedade da coisa, objeto da transferência, quanto no que diga respeito à transferência do direito de crédito. No germânico, em que a determinação do escopo excede aos fins visados pelos interessados, observa-se uma influência diretamente exercida sobre o poder jurídico do fiduciário, onde o bem transmitido o era sob condição resolutiva, tornando ineficaz todo o uso contrário ao estabelecido na convenção, admitindo-se, mesmo, na hipótese positiva, o retrocesso do bem ao fiduciante, ainda que em prejuízo de terceiro adquirente, e de igual sorte quando paga a dívida. O sistema inglês, baseado todo ele nas decisões da *equity* e na apreciação da *circunvention*, apresenta características originais e estrutura dogmática própria, que o diferenciam da fidúcia, malgrado certas semelhanças apresentadas na sua formação e em seus elementos, e através dos quais se procura uma certa identificação com o *trust* e com a figura do *mortgage*." (GONÇALVES, Aderbal da Cunha. *Da propriedade resolúvel*: sua projeção na alienação fiduciária em garantia. São Paulo: Revista dos Tribunais, 1979, p. 213).

[17] Acerca do estudo do negócio fiduciário, recomendamos a leitura do artigo de MARINO, Francisco Paulo De Crescenzo. Notas sobre o negócio jurídico fiduciário. *Revista Trimestral de Direito Civil*, v. 5, n. 20, p. 35-64, out./dez. 2004.

[18] FERRARA, Francesco. *Della Simulazione dei Negozi Giuridici*. Quinta Edizione Riveduta. Roma: Athenaeum, 1922, p. 56.

[19] Cf. AMARAL NETO, Francisco dos Santos. A Alienação fiduciária em Garantia no Direito Brasileiro. In: TEPEDINO, Gustavo; FACHIN, Luiz Edson (org.). *Contratos em espécie*: atribuição patrimonial e garantia. São Paulo: Ed. Revista dos Tribunais, 2011, p. 317; e GOMES, Orlando. *Alienação fiduciária em garantia*, 4ª ed. São Paulo: Ed. Revista dos Tribunais, 1975, p. 32-33.

[20] LIMA, Otto de Souza. *Negócio Fiduciário*. São Paulo: Ed. Revista dos Tribunais, 1962, p. 155.

O NEGÓCIO FIDUCIÁRIO

1.1. A fidúcia na Roma Antiga

A *fiducia* romana é bastante antiga e primitiva, tendo surgido na era arcaica[21] a partir dos usos e costumes, como espécie de negócio jurídico por meio do qual uma das partes se obrigava a entregar a outra uma coisa ou a cumprir uma obrigação perante uma terceira pessoa[22]. O vínculo era revestido tão somente de força moral, diante da confiança depositada no cumprimento do quanto pactuado[23].

A reconstrução integral da *fiducia* romana não é um trabalho simples em razão da carência de fontes, pois os compiladores do Digesto não reproduziram os traços do instituto que não correspondessem àqueles mais recentes verificados no Direito do último império, razão pela qual diversas questões sobre o tema ainda permanecem insolúveis[24]. De toda forma, os traços mais primitivos da *fiducia* foram encontrados na Lei das XII Tábuas, que tinha a *fides* como princípio basilar na vida social da coletividade primitiva[25].

PIETRO BONFANTE definiu a fidúcia romana como[26]

uma convenção por meio da qual uma das partes (fiduciário), recebendo da outra (fiduciante) uma coisa por meio da *mancipatio* ou da *in jure cessio*, assume a obrigação de usá-la para um fim determinado e, ao menos em regra, restituí-la após exaurido aquele fim.

A *fiducia* foi objeto de grande interesse e aplicação durante o período clássico[27] e era utilizada para diversas finalidades[28]. A de maior interesse

---

[21] BURDESE, Alberto. *Manuale di Diritto Privato Romano*. Editrice Torinese, 1964, p. 439.

[22] AMARAL NETO, A Alienação fiduciária em Garantia no Direito Brasileiro, op. cit., p. 319.

[23] BIONDI, Biondo. *Istituzioni di Diritto Romano*. Milano: Giuffrè Editore, 1965, p. 473.

[24] MESSINA, Giuseppe. *Scritti Giuridici*: I Negozi Fiduciari. Milano: Giuffrè, 1948, p. 105.

[25] BELLOCCI, Nicla. *La struttura della fiducia*. Riflessiono intorno alla forma del negozio dall'epoca arcaica all'epoca classica del diritto romano. Napoli: Casa Editrice Dott. Eugenio Jovene, 1983, p. 178-182.

[26] BONFANTE, Pietro. *Storia del Diritto Romano*. Milano: Giuffrè Editore, 1958, vol. 2, p. 181-201. (Tradução livre).

[27] FERREIRA, Waldemar. O "trust" anglo-americano e o "fideicomiso" latino-americano. *Revista da Faculdade de Direito da Universidade de São Paulo*, n. 51, 1965, p. 194.

[28] Massimo Bianca destaca que o negócio fiduciário também era utilizado como instrumento para evadir as divisões tradicionais da doação, como, por exemplo, para doar bens a um filho concebido fora do matrimônio, bem como em tempos de perseguições políticas ou religiosas, nas quais, para evitar o confisco de bens, o fiduciante transferia a propriedade de seus bens ao fiduciário mediante a obrigação de restituição quando o perigo cessasse. (BIANCA, C.

para esta obra consiste na garantia ao pagamento de determinada dívida mediante a transmissão de um bem do devedor para o credor, que deveria restituí-lo após a satisfação da dívida e, em caso de inadimplemento, poderia ficar com o bem para satisfazer o seu crédito[29].

Como a transferência do bem não possuía um fim em si mesma, dado que o objetivo final das partes não consistia na transmissão de propriedade em si, mas sim na transmissão da propriedade para fins ulteriores, como a prestação de garantia ao adimplemento de uma obrigação, o ato de alienação, embora incondicionado, era realizado de forma provisória, e o fiduciário ficava obrigado a restituir o bem ao fiduciante quando a condição acordada entre as partes fosse implementada[30].

Para tanto, as partes celebravam tanto um ato solene de alienação assecuratória[31] ou de atribuição patrimonial, que poderia ser a *mancipatio*, ou a *in iure cessio*[32], quanto um ato de natureza obrigacional, consistente no *pactum fiduciae*, traduzido na obrigação de o fiduciário zelar pelo bem, não podendo aliená-lo ou destruí-lo[33], e de restituí-lo ao fiduciante após ser alcançado o escopo prático do negócio[34].

Massimo. *Diritto Civile*. Il Contratto. Seconda Edizione. Milano: Dott. A. Giuffrè Editore, 2000, p. 711).

[29] FERRARA, *Della Simulazione dei Negozi Giuricidi*, op. cit., p. 59.

[30] Cf. José Carlos Moreira Alves, "a propriedade do fiduciário – a propriedade fiduciária – tem as características do domínio comum, embora, por destinação, seja transitória. O *pactum fiduciae* atua como pacto resolutivo sob condição suspensiva do ato translativo dessa propriedade, o que implica dizer que tal resolução tem caráter meramente obrigatório, e não real, como sucederia, no direito moderno – os romanos não conheceram a nossa condição resolutiva [...]." (MOREIRA ALVES, José Carlos. Da fidúcia romana à alienação fiduciária em garantia no direito brasileiro. In: CAHALI, Yussef Said (coord.). *Contratos nominados*: São Paulo: Saraiva, 1995, p. 23).

[31] PONTES DE MIRANDA, Francisco Cavalcanti. *Tratado de Direito Privado*: Parte Especial. Direitos reais de garantia. Hipoteca. Penhor. Anticrese. Atualizado por Vilson Rodrigues Alves. 1ª ed. São Paulo: Bookseller, 2002, Tomo XX p. 38.

[32] Segundo Giuseppe Messina, o emprego da *mancipatio* conferia certa publicidade ao negócio fiduciário do tipo romano, o que reforçava a tutela do pacto obrigacional celebrado juntamente com o negócio principal, por explicitar que o destinatário recebia o bem *fidi fiduciae causa*, limitando assim o objeto do bem transmitido em *fiducia*. Não obstante, tal publicidade não chegava a conferir caráter solene ao negócio fiduciário. (MESSINA, *Scritti Giuridici*, op. cit., p. 109-110).

[33] PONTES DE MIRANDA, Francisco Cavalcanti, *Tratado de Direito Privado*: Parte Especial. Direitos reais de garantia, op. cit., p. 40.

[34] AMARAL NETO, A Alienação fiduciária em Garantia no Direito Brasileiro, op. cit., p. 319.

O NEGÓCIO FIDUCIÁRIO

A fidúcia no Direito romano se apresentava sob duas espécies, a *fiducia cum amico* e a *fiducia cum creditore*. A *fiducia cum amico*, apontada como a mais antiga, é classificada como o negócio fiduciário puro[35] ou propriamente dito[36], eis que o negócio jurídico era celebrado no interesse do proprietário original do bem, o fiduciante[37]. O bem era transmitido a um amigo ou a uma pessoa de confiança do fiduciante para protegê-lo de uma situação de perigo (*e.g.*, ausência prolongada, viagem, risco de perecer na guerra, perdas advenientes de eventos políticos, entre outros)[38], para ser posteriormente restituído, após cessado o evento motivador da transmissão.

Já na *fiducia cum creditore*, a transferência do bem ocorria no âmbito de uma relação obrigacional, com a finalidade de garantia prestada pelo devedor ao credor, sendo o elemento *fides*, portanto, menos evidente em comparação à primeira modalidade. Enquanto a *fiducia cum amico* possuía função semelhante à do comodato ou à do depósito, a *fiducia cum creditore* encontrava maior afinidade com o penhor[39].

Os principais elementos caracterizadores da fidúcia consistiam na transferência de determinado bem do fiduciante ao fiduciário e na possibilidade de abuso por parte do fiduciário, pois a posição jurídica recebida era mais ampla do que a limitação obrigacional de realizar o propósito acordado entre as partes. Havia então uma desproporção entre o negócio jurídico e o seu escopo prático[40], eis que o fiduciário, ao adquirir a plena propriedade sobre a coisa, podia dispor dela livremente a terceiros, com eficácia real[41].

Caso o fiduciário abusasse de suas prerrogativas e violasse o vínculo obrigacional, restava ao fiduciante tão somente pleitear indenização por perdas e danos por meio da *actio fiduciae*, cuja eficácia era relativa e pessoal.

---

[35] PONTES DE MIRANDA, Francisco Cavalcanti. *Tratado de Direito Privado*: Parte Especial. Direito das obrigações: Auto-regramento da vontade e lei. Alteração das relações jurídicas obrigacionais. Transferência de créditos. Assunção de dívida alheia. Transferência da posição subjetiva nos negócios jurídicos. Atualizado por Nelson Nery Jr. et. al. São Paulo: Editora Revista dos Tribunais, 2012, Tomo XXIII, p. 369-370.

[36] MOREIRA ALVES, *Da Alienação Fiduciária Em Garantia*, op. cit., p. 1.

[37] MESSINA, *Scritti Giuridici*, op. cit., p. 124-125.

[38] PEREIRA, Caio Mario da Silva. *Instituições de Direito Civil*. Direitos Reais. 23ª ed. Rio de Janeiro: Forense, 2015, p. 363.

[39] BELLOCCI, *La struttura della fiducia*, op. cit., p. 72.

[40] BIANCA, *Diritto Civile*, op. cit., p. 712.

[41] MESSINA, *Scritti Giuridici*, op. cit., p. 116.

O fiduciante não dispunha de mecanismos legais específicos para reaver o bem transmitido em garantia[42].

A ausência de uma tutela específica para reaver o bem se justificava diante do funcionamento da sociedade romana, cuja *fides* era um de seus pontos cardiais, por possibilitar o bom convívio entre os cidadãos romanos e impor sanções de ordem social àqueles com comportamento contrário ao legitimamente esperado. A atuação do fiduciário era norteada pelo dever de lealdade dominante em todas as relações sociais, não sendo admitida a violação à palavra dada ou o descumprimento do compromisso assumido[43].

Inexistindo qualquer disposição legal limitadora da transmissão da propriedade ao fiduciário, uma vez concretizado o escopo inicial acordado entre as partes, era necessária a celebração de uma *remancipatio* para restituir a propriedade do bem ao fiduciante. Caso não a fizesse, o fiduciante deveria aguardar o prazo necessário para adquirir a propriedade do bem por meio de usucapião[44].

Por tal razão, não se pode classificar a *fiducia cum creditore* como um direito real de garantia tradicional, por não conferir ao titular um simples poder sobre a coisa (*ius in re aliena*), mas sim a real transferência de propriedade[45]. Outra inconveniência da *fiducia cum creditore* para o fiduciante consistia no fato de a posse da coisa também ser transferida ao fiduciário, não podendo o fiduciante fruí-la enquanto não adimplisse a obrigação. Para solucionar tal inconveniente, as partes poderiam acordar que a coisa continuaria na posse do fiduciante, a título precário ou de locação, a depender, contudo, da concordância do fiduciário[46].

A *fiducia* constituiu a primeira e mais primitiva garantia real do Direito romano, e caiu em desuso por volta do século IV, no período justinianeu[47]. São apontadas como causas para tanto o ônus causado ao fiduciante por meio da disposição de seus bens, sem mecanismos legais para recuperá-los; o desuso da *mancipatio* e da *in iure cessio* necessários para a transmissão da propriedade[48]; e o implemento de novos direitos reais de garantia que não

---

[42] AMARAL NETO, A Alienação fiduciária em Garantia no Direito Brasileiro, op. cit., p. 319.
[43] BELLOCCI, *La struttura della fiducia*, op. cit., p. 178-180.
[44] MESSINA, *Scritti Giuridici*, op. cit., p. 117 e 131.
[45] BELLOCCI, *La struttura della fiducia*, op. cit., p. 80.
[46] MOREIRA ALVES, José Carlos. *Direito Romano*. 13ª ed. Rio de Janeiro: Forense, 2001, p. 350-351.
[47] PEREIRA, *Instituições de Direito Civil*. Direitos Reais, op. cit., p. 363.
[48] MOREIRA ALVES, *Direito Romano*, op. cit., p. 353.

O NEGÓCIO FIDUCIÁRIO

implicavam a transferência efetiva da propriedade, como o penhor (*pignus datum*) e a hipoteca (*pignus obligatum* ou *hypotheca*)[49].

O negócio fiduciário do tipo romano não foi utilizado durante a Idade Média nos sistemas romano-cristãos, e, consequentemente, não recebeu acolhida nas primeiras codificações dos séculos XIX e XX, como o Código Civil francês de 1804, o Código Civil alemão de 1896 e também o Código Civil brasileiro de 1916[50].

1.2. O negócio fiduciário germânico

A transferência da propriedade com a finalidade de garantia também foi desenvolvida pelo Direito germânico, diante da filiação histórica no Direito romano. Uma das principais construções derivada do antigo Direito medieval bárbaro era o *Salmann*, que posteriormente deu origem ao *Treuhand*[51].

O *Salmann* atuava na qualidade de fiduciário[52], em papel análogo ao do testamenteiro ou tutor. Ele recebia poderes do alienante e se obrigava, de forma solene, a transmitir os bens recebidos ao terceiro destinatário. Enquanto a propriedade não era transmitida ao destinatário, o *Salmann* exercia sobre ela um direito real, embora limitado pela *lex traditionis* ou pela *lex donationis*. O disponente e os seus herdeiros tinham o direito de retomar a coisa do *Salmann* ou de terceiros em caso de infidelidade ou abuso[53].

O *Treuhand*, assim como na *fiducia* romana, tinha a confiança (*Treu*) como substrato[54]. Em breve síntese, o fiduciante (*Treugeber*) entregava certa coisa (*Treugut*) ao fiduciário (*Treuhänder*), que, por sua vez, adquiria um direito próprio, circunscrito a uma determinada finalidade no interesse do fiduciante ou de um terceiro[55].

Também a *Treuhand* comportava diversas utilizações. O *Treuhänder* atuava como espécie de mandatário que recebia poderes limitados para celebrar diversos atos, tais como os esponsais no direito de família, a convenção

---

[49] SILVA, Fábio Rocha Pinto. *Garantias imobiliárias em contratos empresariais*: hipoteca e alienação fiduciária. São Paulo: Almedina, 2014, p. 47.

[50] PEREIRA, *Instituições de Direito Civil. Direitos Reais*, op. cit., p. 364.

[51] LIMA, *Negócio fiduciário*, op. cit., p. 88-91.

[52] Ibid., p. 151.

[53] Ibid., p. 96.

[54] FERREIRA, O "trust" anglo-americano e o "fideicomiso" latino-americano, op. cit., p. 196.

[55] FOERSTER, Gerd. *O "trust" do Direito Anglo-Americano e os negócios fiduciários no Brasil*: perspectiva de direito comparado (considerações sobre o acolhimento do "trust" pelo direito brasileiro). Porto Alegre: Sergio Antonio Fabris Ed., 2013, p. 196-197.

de herdeiro e executor testamentário no direito sucessório e, especialmente, a aquisição de propriedade e a entrega de bens em garantia de crédito, no âmbito do direito patrimonial[56].

A doutrina diverge acerca da limitação do direito de propriedade do fiduciário no Direito germânico. Para a primeira corrente, a limitação decorreria de transmissão da propriedade sob condição resolutiva, impedindo qualquer outro uso contrário ao fim estipulado pelas partes[57].

Já para a segunda corrente, o fiduciário adquiria tão somente um direito real limitado[58], não havendo transmissão definitiva de propriedade, mas sim a atribuição de poderes limitados pela finalidade do negócio celebrado[59]. Tal direito real limitado não se confundia com o direito de propriedade em si, que subsistia ao *Treugeber*, lhe permitindo retomar a *Treugut* por via de ação real[60].

Ao limitar o direito de propriedade do fiduciário, o Direito germânico eliminou um dos grandes inconvenientes da fidúcia do tipo romano. O cumprimento da obrigação de restituir o bem não era pautado tão somente na confiança depositada pelo fiduciante no fiduciário, e o fiduciante dispunha de meios jurídicos adequados para reaver o bem após o adimplemento integral da dívida.

Diante disso, passou-se a adotar a dicotomia entre a *fidúcia do tipo romano*, entendida como aquela cujo poder conferido ao fiduciário seria ilimitado, e o fator confiança, compreendido como a *fiducia* propriamente dita, seria um elemento essencial ao negócio jurídico; e a *fidúcia do tipo germânico*, na

---

[56] GOLÇALVES, *Da propriedade resolúvel*, op. cit., p. 223-224.

[57] Cf. Mário Júlio de Almeida Costa: "Com efeito, na `fiducia` de tipo romano, o fiduciário ficava investido de um poder jurídico pleno do ponto-de-vista-real, embora limitado pelas partes através da obrigação resultante do `pactum fiduciae`, para o conseguimento de um escopo mais restrito. Enquanto no negócio fiduciário de tipo germânico, ao invés, a determinação da finalidade exercia uma influência directa na esfera do poder jurídico do fiduciário, ao qual o direito era transmitido sob condição resolutiva, que se verificava no momento em que se atingia o escopo visado pelas partes, tornando-se ineficaz todo e qualquer uso contrário a esse fim convencionado." (ALMEIDA COSTA, Mário Júlio de. Alienação Fiduciária em Garantia e Aquisição de Casa Própria (Notas de Direito Comparado). In: TEPEDINO, Gustavo; FACHIN, Edson (org.). *Contratos em espécie*: atribuição patrimonial e garantia. São Paulo: Ed. Revista dos Tribunais, 2011, p. 427). No mesmo sentido entende Aderbal da Cunha Gonçalves, vide nota de rodapé 16.

[58] MESSINA, *Scritti Giuridici*, op. cit., p. 156 -157.

[59] CASTRO Y BRAVO, Federico. *Il negocio juridico*. Madrid: Civitas, 1985, p. 392.

[60] FERREIRA, O "trust" anglo-americano e o "fideicomiso" latino-americano, op. cit., p. 196.

O NEGÓCIO FIDUCIÁRIO

qual os poderes conferidos ao fiduciário seriam limitados pela própria finalidade da fidúcia, inexistindo possibilidade de abuso[61]. O elemento distintivo entre ambas seria, portanto, a posição jurídica do fiduciário[62].

Atualmente, a *Treuhand* continua vigente no Direito germânico. O *Treuhänder* não é considerado proprietário, mas apenas um administrador com poderes para gestão do patrimônio alheio. O direito sobre os bens administrados é transmitido sob condição, encargo ou termo, e limitado conforme a intenção das partes ao celebrar o negócio jurídico[63].

1.3. O *trust* e o *mortgage* no direito anglo-saxão

A propriedade como forma de garantia também foi adotada no Direito anglo-saxão, através do *trust* e do *mortgage*. Uma peculiaridade da *Common Law* consiste na possibilidade de desdobramento da propriedade de um mesmo bem entre credor e devedor[64], haja vista as raízes históricas feudais da propriedade no Direito anglo-saxão, possibilitando que dois direitos de propriedade de naturezas distintas – a propriedade legal (*legal interest* ou *legal property*) e a propriedade substancial ou equitativa (*equitable interest* ou *equitable property*)[65] – se acumulem sobre um mesmo bem de forma concomitante, sem se anularem[66].

O *trust* tem origem tanto nos *uses* do direito inglês, quanto no fideicomisso do Direito romano[67]. Até o final do século XIX, o Direito inglês possuía estrutura dualista abrangendo as regras da *common law*, derivada dos Tribunais Reais de Westminster, e as soluções de *equity*, aplicadas pelo Tribunal da Chancelaria. O conceito de *trust* consistiu na criação mais importante da *equity*, por se tratar de uma noção fundamental do direito inglês[68].

---

[61] MARTINS-COSTA, Judith. Os negócios fiduciários. Considerações sobre a possibilidade de acolhimento do "trust" no Direito brasileiro. *Revista dos Tribunais*, ano 79, jul. 1990, vol. 657, p. 38.

[62] VASCONCELOS, Pedro Pais de. *Contratos Atípicos*. 2ª ed. Coimbra: Almedina, 2009, p. 269.

[63] FOERSTER, *O "trust" do Direito Anglo-Americano e os negócios fiduciários no Brasil*, op. cit., p. 201-202.

[64] MOREIRA ALVES, *Da Alienação Fiduciária Em Garantia*, op. cit., p. 31-32.

[65] Idib., p. 29.

[66] GOMES, *Alienação fiduciária em garantia*, op. cit., p. 39

[67] FOERSTER, *O "trust" do Direito Anglo-Americano e os negócios fiduciários no Brasil*, op. cit., p. 71 e 190.

[68] Segundo René David, tal distinção foi superada com a "fusão da common law e da equity", mediante os *Judicature Acts* (1873-1875), que promoveram nova organização judiciária e supri-

Em linhas gerais, o *trust* pressupunha a existência de três partes: o proprietário dos bens (*settlor of trust*); o administrador dos bens (*trustee*); e o beneficiário (*cestui que trust* ou *beneficiary*), cujos interesses são administrados pelo *trustee*. O *trustee* se obrigava, pela *equity*, a exercer os direitos recebidos em *trust* em proveito de outras pessoas ou para permitir que se alcançasse fim certo, geralmente relacionado à administração patrimonial[69].

O *trustee*, contudo, não era mero administrador dos bens constituídos em *trust*, mas sim o seu proprietário, podendo, consequentemente, administrá-los da forma que melhor entendesse, e ainda dispor dos bens conforme a sua consciência, sendo a única limitação ao seu direito de propriedade de ordem moral. Os *cestui que trust* confiavam que a administração dos bens por parte do *trustee* seria feita de acordo com os padrões do *bonus pater familias*, todavia, não dispunham de qualquer mecanismo legal para fazer valer os seus direitos, cabendo tão somente solicitar a intervenção do Tribunal do Chanceler em caso de abuso pelo *trustee*[70].

O modelo de funcionamento do *trust* permitiu a sua utilização em diversas situações ao longo dos séculos no Direito anglo-americano[71]. Dentre as modalidades de *trust* existentes, merece destaque o *trust receipt*, consistente na operação cujo escopo é o financiamento da compra de mercadorias. O *trust receipt* é celebrado entre o vendedor, o comprador-devedor e o financiador-credor, sendo o último, na maior parte das vezes, uma instituição financeira.

Para possibilitar a compra de matéria-prima ou produtos semimanufaturados fabricados pelo vendedor, o comprador-devedor contraía empréstimo junto ao financiador-credor, que recebia as mercadorias do vendedor e as entregava ao comprador-devedor mediante o recebimento de um documento denominado *trust receipt*. Por meio deste, o comprador-devedor declarava que possuiria a coisa em nome do financiador, em confiança (*in trust*), e que pagaria o valor financiado com o produto da venda final[72]. Caso o comprovador-devedor não realizasse o pagamento da dívida, o financiador poderia reaver a propriedade do bem a qualquer tempo[73].

---

miram a distinção formal dos tribunais da *common law* e do Tribunal de *equity*. (DAVID, René. *Os grandes Sistemas do Direito Contemporâneo*. São Paulo: Martins Fontes, 1996, p. 300 e 315).

[69] MARTINS-COSTA, Os negócios fiduciários, op. cit., p. 39.

[70] DAVID, *Os grandes Sistemas do Direito Contemporâneo*, op. cit., p. 316-317.

[71] FOERSTER, O *"trust"* do Direito Anglo-Americano e os negócios fiduciários no Brasil, op. cit., p. 23.

[72] AMARAL NETO, A Alienação fiduciária em Garantia no Direito Brasileiro, op. cit., p. 321

[73] MOREIRA ALVES, *Da Alienação Fiduciária Em Garantia*, op. cit., p. 25-26.

O NEGÓCIO FIDUCIÁRIO

O *trust receipt* foi uma das inspirações para a alienação fiduciária no Brasil, tendo sido mencionado expressamente por BULHÕES PEDREIRA, um dos autores do projeto que deu origem à Lei 4.728/65, como sendo a sua figura correspondente[74].

Já o *mortgage*, em sua concepção clássica, consistia na transferência do direito de propriedade sobre um bem móvel (*personal property*) ou imóvel (*real property*) do fiduciante (*feoffor* ou *mortgagor*) ao fiduciário (*feofee* ou *mortgagee*), por meio de um ritual simbólico (*feoffement*), em analogia à *mancipatio* romana. Outra semelhança com o Direito romano consistia no fato de que, também no antigo Direito inglês, o direito de propriedade adquirido pelo fiduciário sobre o bem era ilimitado e pleno[75].

Os arranjos envolvendo o *mortgage* existiam antes mesmo da conquista da Inglaterra por William, o Conquistador, em 1066. No início, esse documento era uma mera escritura de propriedade (*deed of the land*), transferida pelo *mortgagor* ao *mortgagee* com as mesmas formalidades de uma transferência de propriedade decorrente de alienação.

A propriedade transferida ficava sujeita a duas peculiaridades: a possibilidade de o *mortgagee* despejar o *mortgagor* e ficar com a posse direta do bem, podendo também cobrar aluguéis que seriam abatidos do débito do *mortgagor*, e a necessidade de constar na escritura o valor do débito garantido e a data de pagamento acordada (*law day*). O *mortgagee* concedia ao *mortgagor* o direito de pagar o débito na *law day*, situação na qual a garantia ficaria sem efeito, retornando a propriedade ao *mortgagor*[76].

Posteriormente, passou a haver intervenção da *equity* na relação obrigacional com o intuito de coibir abusos, diante da possibilidade de o *mortgagee* permanecer com um bem de valor consideravelmente superior ao da dívida inadimplida. Foi então conferida ao *mortgagor* a possibilidade de fixação de prazo adicional para o adimplemento da obrigação (*equity of redemption*). Com isso, a propriedade no Direito anglo-saxão tornou-se mais próxima do negócio fiduciário do tipo germânico[77].

---

[74] GONÇALVES, *Da propriedade resolúvel*, op. cit., p. 259.

[75] LIMA, *Negócio fiduciário*, op. cit., p. 103-104.

[76] KRATOVIL, Robert. *Modern Mortgage Law and Practice*. Englewood Cliffs, N.J.: Prentice-Hall, Inc., 1972, p. 23-24.

[77] Cf. José Carlos Moreira Alves: "Assim, em se tratando de *mortgage* relativo a imóveis, pareceu muito rigorosa a consequência, em face da Common Law, de o credor tornar-se proprietário pleno da coisa com o não-pagamento do débito, razão por que a *Equity* (que é uma espécie de

1.4. O negócio fiduciário na dogmática moderna

Os pandectistas alemães introduziram o estudo do negócio fiduciário no final do século XIX, resgatando suas bases históricas para preencher lacunas e deficiências da legislação[78]. Quem primeiro utilizou a expressão negócio fiduciário (*fiduziariche Geschaft*) foi REGELSBERGER, em 1880, ao conceituá-lo como "um negócio seriamente querido, cuja característica consiste na incongruência ou na não homogeneidade entre o escopo querido pelas partes e os meios jurídicos empregados para atingi-lo"[79].

Desse conceito é possível extrair o elemento central do negócio fiduciário: a *desproporção entre meios e fins*, ou seja, a incongruência entre o meio jurídico empregado pelas partes para alcançar determinado efeito prático, que de outra forma não poderia ser alcançado por meio das normas de direito positivo[80]. O negócio fiduciário provoca um efeito jurídico mais amplo e forte visando à obtenção de um escopo econômico mais restrito e fraco, tal como ocorre quando se transfere a propriedade para se obter a garantia[81].

---

ius honorarium do direito anglo-saxônico) concedeu ao devedor, depois de escoado o prazo para o pagamento (até o qual a Common Law lhe conferia um legal *right to redeem*), um *equitable righ to redeem* denominado *equity of redemption*, que se traduz no direito de recuperar a propriedade da coisa, depois de vencida a dívida, se, dentro de prazo razoável concedido pelo Tribunal da Equity, o devedor solver o débito. Ao credor, entretanto, assiste o direito (*right to foreclose*) de propor, no Tribunal da Equity, ação (*action for the foreclosure*) para obter que se estabeleça para o devedor a alternativa de exercer a *equity of redemption* dentro do prazo, ou perder definitivamente a coisa." (MOREIRA ALVES, *Alienação Fiduciária Em Garantia*, op. cit., p. 30-31).

[78] AMARAL NETO, A Alienação fiduciária em Garantia no Direito Brasileiro, op. cit., p. 320.

[79] Tradução livre de "un negozio, seriamente voluto, la cui caratteristica consiste nell'incongruenza o inomogeneità tra lo scopo avuto di mira dalle parti e il mezzo giuridico impergato per raggiungerlo." (LIMA, *Negócio Fiduciário*, op. cit., p. 160).

[80] Cf. Tullio Ascarelli: "O característico do negócio fiduciário decorre do fato de se prender ele a uma transmissão da propriedade, mas de ser, o seu efeito de direito real, parcialmente neutralizado por uma convenção entre as partes em virtude da qual o adquirente pode aproveitar-se da propriedade que adquiriu, apenas para o fim especial visado pelas partes, sendo obrigado a devolvê-la desde que aquele fim seja preenchido. Ao passo que os efeitos do negócio adotado, vão além das intenções das partes, as ulteriores convenções obrigacionais visam justamente a restabelecer o equilíbrio; é assim possível o uso da transferência da propriedade para finalidades indiretas, ou seja, para fins de garantia, de mandato, de depósito. Mas os efeitos do direito real do negócio são, eles também, queridos e seriamente queridos pelas partes, que, na falta deles, nem poderiam alcançar o fim último visado; a realização deste não contraria, mas pressupõe a do fim típico do negócio adotado." (ASCARELLI, Tullio. *Problemas das Sociedades Anônimas e Direito Comparado*. 2ª Ed. São Paulo, Saraiva, 1945, p. 106).

[81] FERRARA, *Della Simulazione dei Negozi Giuricidi*, op. cit., p. 56-57.

O NEGÓCIO FIDUCIÁRIO

Além da desproporção entre meios e fins, outro elemento caracterizador do negócio fiduciário consiste na possibilidade de abuso por parte do fiduciário, em razão dos poderes recebidos do fiduciante. A amplitude de poderes permite ao fiduciário dar ao bem um fim diverso do acordado, assim como ficar com o bem para si após o adimplemento, ou aliená-lo para terceiros. O fator confiança, expressado na fidúcia, teria papel central para coibir qualquer comportamento do fiduciário contrário ao fim pactuado, pois o fiduciante confiaria na honra e lealdade dele, acreditando que seguiria fielmente as suas instruções e o encargo pactuado acerca da destinação do bem[82].

GOLTZ, partindo da construção teórica de REGESBERGER, afirmou que o negócio fiduciário resultaria da conjugação de dois contratos, sendo um *contrato real positivo*, por meio do qual se daria a transferência da propriedade ou do direito de crédito[83], e outro *contrato obrigatório negativo*, traduzido na obrigação de o fiduciário somente utilizar o bem conforme acordado e, após o adimplemento, restituí-lo ao fiduciante, através da celebração de um pacto fiduciário[84]. Tal construção ficou conhecida como a *teoria do duplo efeito* ou a *concepção dualista do negócio fiduciário*, por conjugar dois negócios jurídicos, os quais, apesar de conexos, seriam juridicamente autônomos[85].

A teoria do duplo efeito busca assentar suas bases no respeito à autonomia da vontade, sendo necessário demonstrar o efetivo desejo da duplicidade de efeitos pelas partes, com a finalidade de alcançar determinadas vantagens que não seriam possíveis através das fórmulas tradicionais, justificando a desproporção entre meios e fins[86]. As partes celebrariam negócios fiduciários para suprir uma lacuna do direito positivo, ao não oferecer uma forma correspondente a um determinado objetivo econômico[87].

Essa construção doutrinária tem raízes na fidúcia do tipo romano, na qual as partes celebravam dois negócios jurídicos distintos: o ato solene de atribuição do direito (*mancipatio* ou *in iure cessio*), por meio do qual se transferia a propriedade do bem, e o ato de natureza obrigacional, o *pactum*

---

[82] Ibid., p. 60.

[83] MOREIRA ALVES, *Da Alienação Fiduciária Em Garantia*, op. cit., p. 20.

[84] AMARAL NETO, A Alienação fiduciária em Garantia no Direito Brasileiro, op. cit., p. 320.

[85] GOMES, *Alienação fiduciária em garantia*, op. cit., p. 65-68.

[86] CASTRO Y BRAVO, *Il negocio juridico*, op. cit., p. 385.

[87] FERRARA, *Della Simulazione dei Negozi Giuricidi*, op. cit., p. 56.

fiduciae, traduzido na obrigação de o fiduciário restituir o bem que lhe foi transmitido em confiança, após o adimplemento da obrigação garantida.

Em contraposição à teoria do duplo efeito, GRASSETTI desenvolveu a *concepção monista do negócio fiduciário*, por meio do qual o negócio fiduciário não resultaria da conjugação de dois negócios jurídicos distintos. Segundo essa teoria, o negócio fiduciário seria um negócio jurídico unitário e causal, caracterizado pela *causa fiduciae*, atípica, e pela ausência de desproporção entre meios e fins, pois o meio empregado no negócio fiduciário seria o único capaz de levar ao fim pretendido[88].

A concepção de um negócio fiduciário uno se assemelha à fidúcia do tipo germânico, na qual o fiduciário adquire um direito com conteúdo limitado à sua finalidade, sem a possibilidade de abuso. Na dogmática moderna, foi SCHULTZE quem desenvolveu a construção germânica do negócio fiduciário, o qual seria limitado pela condição resolutiva verificada no momento em que a finalidade visada pelas partes é alcançada[89].

Em tais casos, todavia, não há fidúcia em sentido técnico, como na concepção romana, marcada pela desproporção entre meios e fins e pela possibilidade de abuso por parte do fiduciário. Assim, somente poderiam ser classificados como negócios fiduciários propriamente ditos aqueles do tipo romano[90].

A mesma limitação se verifica no caso dos negócios fiduciários legalmente típicos, dado que, uma vez disciplinado em lei, o elemento fidúcia, compreendido como a confiança recíproca entre as partes e a possibilidade de abuso do fiduciário, não desempenharia mais papel decisivo na celebração do negócio, diante da existência de instrumentos legais e coercitivos para garantir o cumprimento da obrigação[91].

Para admitir a existência de fidúcia nos negócios fiduciários típicos, seria necessário conceituar a fidúcia não como a confiança na pessoa do

---

[88] LIMA, *Negócio Fiduciário*, op. cit., p. 162.

[89] MOREIRA ALVES, *Da Alienação Fiduciária Em Garantia*, op. cit., p. 22.

[90] Ibid., p. 22-24.

[91] Com base na inexistência do elemento fidúcia nos negócios fiduciários típicos, para José Carlos Moreira Alves e Arnoldo Wald a alienação fiduciária em garantia do Direito brasileiro não seria espécie de negócio fiduciário, pois ambas as estruturas seriam substancialmente diversas. Cf. MOREIRA ALVES, *Da Alienação Fiduciária Em Garantia*, op. cit., p. 22-24 e WALD, Arnoldo. Da licitude da promessa de venda de coisa alheia. In: NERY JUNIOR, Nelson; NERY, Rosa Maria de Andrade (org.). *Responsabilidade civil*. Direito de obrigações e Direito Negocial. São Paulo: Ed. Revista dos Tribunais, 2010, p. 947, vol. II.

O NEGÓCIO FIDUCIÁRIO

credor fiduciário, mas sim como a confiança que regula a posição jurídica no caso concreto[92]. Usando como exemplo a alienação fiduciária em garantia, a própria lei eliminou todos os riscos envolvidos na possibilidade de o fiduciário não devolver o bem após o adimplemento da dívida, pois o fiduciante poderá reivindicá-lo com fundamento nas disposições legais aplicáveis, e não na correção moral do fiduciário[93].

Portanto, a alienação fiduciária em garantia não é espécie de negócio fiduciário propriamente dito, ou em sentido técnico, haja vista não estarem presentes os elementos essenciais da concepção romana de negócio fiduciário, aproximando-se muito mais do negócio fiduciário do tipo germânico.

1.5. Distinção de figuras semelhantes

Conforme Castro y Bravo, para que se possa afirmar que um negócio jurídico possui caráter fiduciário, será necessário realizar três operações conexas entre si. A primeira delas é estabelecer e provar os fatos analisados; a segunda, interpretá-los, deduzindo qual teria sido o verdadeiro propósito das partes com a celebração do negócio; e a terceira, classificar o negócio na categoria jurídica que resultasse mais adequada à sua natureza[94]. Em vista disso, cabe realizar algumas considerações a fim de distinguir o negócio fiduciário de outras figuras afins com as quais mantém pontos de aproximação[95], como o negócio indireto e o negócio simulado.

Para Ascarelli, o traço característico do negócio indireto consiste no objetivo de as partes alcançarem, conscientes e consensualmente, um fim que não é o típico do negócio adotado, como ocorre, por exemplo, no caso da transmissão da propriedade para fins de garantia. Diante disso, o

---

[92] Moreira Alves, *Da Alienação Fiduciária Em Garantia*, op. cit., p. 23.

[93] Para Orlando Gomes, o fator confiança na pessoa do fiduciante ainda teria uma parcela residual no sistema brasileiro, eis que ele permaneceria na posse do bem e se apresentaria, aos olhos da sociedade, como se fosse o seu proprietário pleno. A confiança residiria justamente no fato de o bem ficar sob a posse direta do fiduciante, e em caso de abuso, como negligência na conservação do bem, haveria diminuição da garantia. Também existiria a confiança por parte do fiduciante de que voltará a ser o proprietário pleno do bem no momento em que adimplir a sua dívida, muito embora, nesse caso, a confiança resida no sistema jurídico e nas normas cogentes que garantem o retorno da propriedade após o cumprimento do contrato, e não propriamente na conduta do fiduciário. (Gomes, *Alienação fiduciária em garantia*, op. cit., p. 19-21, 32-33 e 40-41).

[94] Castro y Bravo, Federico. *El negocio jurídico*. Madrid: Civitas, 1985, p. 439.

[95] Gomes, *Alienação fiduciária em garantia*, op. cit., p. 24.

negócio fiduciário seria espécie de negócio indireto, pois o fim do negócio visado pelas partes não corresponderia ao fim do negócio celebrado[96].

Os negócios indiretos surgiriam "como aplicações anormais de determinados negócios jurídicos", para preencher novas funções e responder a novos objetivos. A validade do negócio indireto estaria subordinada tanto às normas jurídicas concernentes ao tipo do negócio adotado, quanto àquelas que regem a função pretendida no caso concreto. Caso as partes utilizem um esquema típico com a finalidade de atingir fins ilícitos, consequentemente o negócio indireto celebrado será nulo[97].

Há três teorias acerca da relação entre o negócio fiduciário e o negócio indireto. A primeira, adotada por ASCARELLI, considera os negócios fiduciários compreendidos nos negócios indiretos, sendo os primeiros espécies dos segundos. A segunda, reconhece a existência de ambas as espécies, negócios fiduciários e negócios indiretos, mas nega que os negócios fiduciários utilizariam meios indiretos para atingirem resultados, razão pela qual não se confundiriam com os negócios indiretos. Por fim, a terceira teoria negaria autonomia aos negócios indiretos, sem identificá-los com os fiduciários[98].

Ao nosso ver, o negócio fiduciário pode ser classificado como espécie de negócio indireto caso se adote a concepção dualista, por meio da qual as partes celebrariam um contrato para a transmissão de propriedade, todavia, com a finalidade de garantia. O negócio indireto seria mais amplo, pois não compreenderia a celebração do pacto fiduciário. Caso se adote a concepção monista do negócio fiduciário, com causa própria, a *causa fiduciae*, não haverá divergência entre o fim pretendido e a função negocial típica[99], distinguindo-se, portanto, o negócio fiduciário do negócio indireto.

No caso do negócio simulado, a simulação se caracteriza pela divergência entre a vontade real e a vontade declarada pelas partes. Ou seja, com o intuito de simularem, as partes declaram algo que na realidade não desejam[100]. O negócio fiduciário, entretanto, não se confunde com o simulado,

---

[96] ASCARELLI, Tullio. *Problemas das sociedades anônimas e direito comparado.* 2ª ed. São Paulo: Saraiva, 1945, p. 106.

[97] Ibid., p. 104, 121 e 126.

[98] AZEVEDO, Álvaro Villaça. Negócio Fiduciário. In: FRANÇA, Rubens Limongi (coord.). *Enciclopédia Saraiva de Direito.* São Paulo: Saraiva, 1977, p. 155-169, v. 54.

[99] AMARAL NETO, A Alienação fiduciária em Garantia no Direito Brasileiro, op. cit., p. 322-324.

[100] ASCARELLI, *Problemas das sociedades anônimas e direito comparado,* op. cit., p. 120.

eis que este seria ficto e irreal; produziria uma aparência, um engano; e não buscaria alcançar um resultado econômico nem jurídico[101], sendo, em regra, absolutamente nulo e, consequentemente, incapaz de transmitir direitos[102].

---

[101] FERRARA, *Della Simulazione dei Negozi Giuricidi*, op. cit., p. 66.

[102] No Direito brasileiro, o art. 167, §1º, do Código Civil, enumera as situações nas quais haverá simulação nos negócios jurídicos, como quando aparentarem conferir ou transmitir direitos a pessoas diversas daquelas às quais realmente se conferem, ou transmitem; quando contiverem declaração, confissão, condição ou cláusula não verdadeira; e quando os instrumentos particulares forem antedatados, ou pós-datados. O *caput* do mesmo dispositivo prevê a nulidade do negócio jurídico simulado, ressalvando o que se dissimulou, se válido for na substância e na forma. O §2º, por fim, ressalva os direitos de terceiros de boa-fé em face dos contraentes do negócio jurídico simulado.

2
As Garantias Reais

No Brasil, a retomada das discussões sobre o negócio fiduciário no início do século XX ganhou força diante da possibilidade de uma alternativa às garantias tradicionais. O Código Civil de 1916, seguindo a tradição romana, previa como modalidades de garantia os direitos de natureza pessoal ou fidejussória, consistentes na fiança e no aval, e os direitos reais sobre coisa alheia, consistentes no penhor, na hipoteca e na anticrese[103].

As garantias reais têm como efeito básico separar do patrimônio do devedor[104] um bem destinado à segurança comum de todos os credores e afetá-lo ao pagamento prioritário de uma determinada obrigação[105], conferindo ao credor a pretensão de obter o pagamento da dívida com o valor de bem aplicado exclusivamente à sua satisfação[106]. A gravação do bem perdurará concomitantemente à existência da garantia, mesmo se transferido ao patrimônio de outrem ou se sobre ele for constituído direito real limitado ou medida constritiva[107].

---

[103] Não se pretende nesta obra expor as peculiaridades de cada uma das modalidades de garantias tradicionais, mas tão somente fornecer elementos gerais para a compreensão do sistema geral de garantias, do qual a alienação fiduciária em garantia passou a integrar.

[104] Código Civil, "art. 391. Pelo inadimplemento das obrigações respondem todos os bens do devedor." Código de Processo Civil, "art. 789. O devedor responde com todos os seus bens presentes e futuros para o cumprimento de suas obrigações, salvo as restrições estabelecidas em lei."

[105] PEREIRA, *Instituições de Direito Civil*. Direitos Reais, op. cit., p. 281.

[106] GOMES, Orlando. *Direitos reais*. 19ª ed. Atualizada por Luiz Edson Fachin. Rio de Janeiro: Forense, 2008, p. 378.

[107] PONTES DE MIRANDA, *Tratado de direito privado*: Parte Especial. Direitos reais de garantia, op. cit., p. 37.

Em linhas gerais, caso a obrigação não seja integralmente satisfeita em seu vencimento, o credor deverá promover a excussão do bem objeto da garantia. O produto da venda será destinado à satisfação do crédito, e eventual valor que sobejar deverá ser restituído ao devedor ou destinado ao pagamento de eventuais credores menos privilegiados. Caso o valor obtido com a excussão da garantia não seja suficiente para o pagamento da dívida e despesas, o devedor permanecerá pessoalmente obrigado pelo restante.

De tal mecanismo pode-se extrair os princípios gerais do sistema de garantias reais dispostos nos Código Civil: a especialidade, a indivisibilidade e a acessoriedade, assim como os principais efeitos dos direitos reais de garantia: os privilégios creditórios ou a prioridade em favor do credor, o direito de excussão, o direito de sequela, o direito de retenção, e a vedação ao pacto comissório.

O princípio da especialidade ou da especialização está relacionado ao vínculo da garantia com o patrimônio do devedor e com a solução de determinada dívida, para evitar a generalidade do gravame[108]. Os contratos que dão suporte à formação da garantia deverão conter requisitos mínimos para permitir a identificação da dívida e da garantia, como o valor do crédito, sua estimação ou valor máximo; o prazo fixado para pagamento; a taxa de juros, se houver, e as especificações do bem dado em garantia, sob pena de ineficácia[109].

O princípio da indivisibilidade pode ser compreendido em dois sentidos: a garantia adere ao bem por inteiro e em cada uma de suas partes, não sendo permitido eximir o bem do ônus ou aliená-lo parcialmente sem a anuência do credor garantido; e a garantia persiste integralmente em caso de pagamento parcial da obrigação, mesmo se compreender outros bens[110], salvo em caso de disposição expressa em contrário, ou caso o credor conceda a quitação parcial para liberar parte do bem gravado[111].

---

[108] Ibid., p. 48.

[109] "Art. 1.424. Os contratos de penhor, anticrese ou hipoteca declararão, sob pena de não terem eficácia:
I – o valor do crédito, sua estimação, ou valor máximo;
II – o prazo fixado para pagamento;
III – a taxa dos juros, se houver;
IV – o bem dado em garantia com as suas especificações."

[110] "Art. 1.421. O pagamento de uma ou mais prestações da dívida não importa exoneração correspondente da garantia, ainda que esta compreenda vários bens, salvo disposição expressa no título ou na quitação."

[111] PEREIRA, *Instituições de Direito Civil. Direitos Reais*, op. cit., p. 283.

AS GARANTIAS REAIS

O princípio da acessoriedade implica que a garantia não é autônoma, e só tem razão de ser em função da obrigação principal garantida. A extinção da obrigação principal extingue a garantia, mas o contrário não se verifica, pois, se o produto da excussão não for suficiente para o adimplemento total da dívida, o devedor permanecerá pessoalmente obrigado pelo restante[112]. Após a excussão da garantia, se persistir o crédito, o credor preferencial se converterá em quirografário[113].

Com relação aos efeitos dos direitos reais de garantia, o privilégio creditório ou a prioridade ou a prelação (*qui prior est tempore potior est iure*) é uma exceção ao princípio da *par conditio creditorum*, segundo o qual qualquer credor pode ir contra o patrimônio do devedor[114]. Com o privilégio creditório, o bem do devedor dado em garantia permanece vinculado ao adimplemento da obrigação perante um determinado credor[115], conferindo a ele a preferência sobre o preço apurado na excussão da garantia em relação a outros credores, conforme a prioridade na inscrição da garantia no registro, em se tratando de hipoteca[116].

Em regra, o credor mais antigo será pago antes do credor mais recente, considerando créditos e garantias de mesma natureza. Também no cenário de insolvência do devedor, o credor com garantia real receberá o seu crédito, limitado ao valor do bem, em ordem prioritária com relação aos créditos tributários, credores com privilégio especial, geral, quirografários e subordinados.

O direito de sequela decorre diretamente do privilégio atribuído ao credor, segundo o qual a garantia segue a coisa em poder de quem se encontre, mesmo no caso de transmissão do bem gravado[117], sendo, por-

---

[112] "Art. 1.430. Quando, excutido o penhor, ou executada a hipoteca, o produto não bastar para pagamento da dívida e despesas judiciais, continuará o devedor obrigado pessoalmente pelo restante."

[113] LOUREIRO, Francisco Eduardo. *Código Civil Comentado*. 2ª ed. São Paulo: Manole, 2008, p. 1.477.

[114] PONTES DE MIRANDA, *Tratado de direito privado*: Parte Especial. Direitos reais de garantia, op. cit., p. 67.

[115] "Art. 1.419. Nas dívidas garantidas por penhor, anticrese ou hipoteca, o bem dado em garantia fica sujeito, por vínculo real, ao cumprimento da obrigação."

[116] "Art. 1.422. O credor hipotecário e o pignoratício têm o direito de excutir a coisa hipotecada ou empenhada, e preferir, no pagamento, a outros credores, observada, quanto à hipoteca, a prioridade no registro."

[117] PEREIRA, *Instituições de Direito Civil*. Direitos Reais, op. cit., p. 277.

tanto, oponível *erga omnes*. O direito de excussão, por sua vez, confere ao credor a faculdade de promover a venda pública do bem para terceiros, para se pagar com o produto da alienação. Especificamente com relação à anticrese, o credor possui o direito de retenção[118], consistente na faculdade de conservar para si a coisa pertencente a outrem até a satisfação da dívida garantida[119].

Por fim, com relação ao pacto comissório, de origem romana, este pressupõe a existência de uma obrigação não vencida, e, portanto, inexigível; a constituição de garantia em favor do credor; e a estipulação de cláusula atribuindo ao credor o poder de ficar com o objeto da garantia, se a dívida não for paga no vencimento.

A vedação do pacto comissório teria como escopo um conjunto de preocupações aglutinadas em torno do desvio funcional da garantia prestada. Entre tais preocupações, a doutrina aponta, entre outros fatores, a tutela da vulnerabilidade do devedor, a vedação ao enriquecimento sem causa do credor, o desequilíbrio econômico, o interesse social na não difusão do pacto comissório, a repressão à usura, e a preservação da *par conditio creditorum*[120].

Consequentemente, os arts. 1.365 e 1.428 do Código Civil preveem a ilicitude do pacto comissório[121], sob pena de nulidade da cláusula, e não do negócio jurídico de garantia[122]. Não obstante, é lícito ao devedor dar a coisa em pagamento da dívida após o seu vencimento, configurando a hipótese de dação em pagamento[123].

---

[118] "Art. 1.423. O credor anticrético tem direito a reter em seu poder o bem, enquanto a dívida não for paga; extingue-se esse direito decorridos quinze anos da data de sua constituição."

[119] ESPINOLA, Eduardo. *Garantia e extinção das obrigações*. Obrigações solidárias e indivisíveis. Campinas: Bookseller, 2005, p. 272.

[120] Sobre o tema, veja-se: HADDAD, Luís Gustavo. *A proibição do pacto comissório no direito brasileiro*. São Paulo, 2013. Tese (Doutorado em Direito Civil). Faculdade de Direito, Universidade de São Paulo; e MONTEIRO FILHO, Carlos Edison do Rêgo. *Pacto comissório e pacto marciano no sistema brasileiro de garantias*. Rio de Janeiro: Processo, 2017.

[121] "Art. 1.428. É nula a cláusula que autoriza o credor pignoratício, anticrético ou hipotecário a ficar com o objeto da garantia, se a dívida não for paga no vencimento.
Parágrafo único. Após o vencimento, poderá o devedor dar a coisa em pagamento da dívida."

[122] PONTES DE MIRANDA, *Tratado de direito privado*: Parte Especial. Direitos reais de garantia, op. cit., p. 65.

[123] Para Luís Gustavo Haddad, no direito brasileiro há notável proximidade entre a dação em pagamento e o pacto comissório, que parecem convergir após o vencimento da dívida. Para o autor, existe "a percepção de que a vedação do pacto comissório é dirigida a uma conduta

2.1. A crise das garantias reais tradicionais

Ao longo do século XX, os direitos reais de garantia se tornaram insuficientes para atender às necessidades decorrentes da evolução e da complexidade das relações econômicas. O penhor não satisfazia as exigências da vida mercantil diante da necessidade de tradição da coisa empenhada, salvo exceções; a hipoteca, por sua vez, teria seu campo de incidência estreito demais, por abranger apenas imóveis, navios e aeronaves; e a anticrese estaria em completo desuso, surgindo a tendência moderna de suprimi-la como direito real de garantia[124].

Os três problemas principais envolvendo as modalidades clássicas de garantias reais consistem no custo e na morosidade para a execução da garantia em juízo e para a recuperação do crédito; na dificuldade de preservação da integralidade e da exclusividade da garantia; e na submissão a créditos especialmente privilegiados em caso de insolvência do devedor[125].

A morosidade e a dificuldade de recebimento do crédito pela via judicial provêm da crise do processo de execução. Atualmente, de modo geral, o Poder Judiciário não possui a estrutura necessária para prover, com eficiência, a recuperação célere do crédito, em decorrência da lentidão na condução dos trâmites processuais e da possibilidade de interposição de recursos contra as decisões proferidas, assim como a concessão de liminares, a oposição de embargos de terceiros, a oposição de embargos à penhora, entre outros[126].

A dificuldade de preservar a integralidade e a exclusividade da garantia está diretamente relacionada ao fato de que, na hipoteca, o devedor permanece com a propriedade e a posse direta do bem. Diante disso, o devedor poderá deixar de conservar devidamente o imóvel, ou ainda constituir outros ônus sobre ele, observada a ordem de preferência conforme a anterioridade dos registros na matrícula do imóvel.

Também no cenário de insolvência do devedor, a recuperação do crédito é um procedimento bastante moroso, eis que os credores hipotecá-

---

que, em substância, corresponde a uma dação em pagamento sob condição suspensiva, de dívida não vencida, cujo objeto é o bem dado em garantia." (HADDAD, *A proibição do pacto comissório no direito brasileiro*, op. cit., p. 30-31).

[124] PEREIRA, *Instituições de Direito Civil. Direitos Reais*, op. cit., p. 363.

[125] WALD, Do regime legal da alienação fiduciária de imóveis e sua aplicabilidade em operações de financiamento de banco de desenvolvimento, op. cit., p. 257-258.

[126] LOUREIRO, José Eduardo. Alienação Fiduciária de Coisa Imóvel. *Revista do Advogado*. Associação dos Advogados de São Paulo, nº 63, jun. 2001, p. 88.

rios e pignoratícios deverão habilitar o crédito e aguardar o pagamento de acordo com a ordem de preferência legal e a disponibilidade de patrimônio do devedor. Também existe o risco de o pagamento do crédito ser preterido por outros mais privilegiados, como o de credores trabalhistas, acidentários e os créditos decorrentes da restituição de adiantamento de câmbio[127]. Sob a égide da legislação falimentar anterior, o Decreto-lei 7.661/45, também preferia ao crédito com garantia real os créditos tributários e os encargos e dívidas da massa falida.

Todos esses fatores em conjunto contribuíram para uma maior dificuldade na recuperação do crédito, resultando no aumento da remuneração de juros e na retração no oferecimento de crédito, o que impacta diretamente o desenvolvimento de projetos comerciais e industriais no Brasil. Nesse cenário, é mais atrativa a aplicação de recursos para a obtenção de rendimentos do que a tomada de crédito. Há também impacto negativo na aquisição de bens de consumo por parte da população, desacelerando a economia.

Passou-se então a cogitar o aproveitamento da fidúcia para suprir as desvantagens das garantias reais tradicionais. Muito embora não houvesse previsão legal específica a amparar a possibilidade de celebração de negócios fiduciários no Código Civil de 1916, os negócios fiduciários passaram a ser utilizados com fundamento na autonomia privada e na liberdade de contratar[128]. Na prática, cabia aos Tribunais examinar o negócio celebrado no caso concreto para verificar a sua validade, e afastar a prática de negócio simulado[129].

---

[127] Súmula 307 do Superior Tribunal de Justiça (STJ): "A restituição de adiantamento de contrato de câmbio, na falência, deve ser atendida antes de qualquer crédito."

[128] Nesse sentido, Pontes de Miranda já discorria suas obras sobre a possibilidade da transmissão em segurança ou transmissão em garantia, que seria espécie de negócios fiduciários. Para o autor, o termo transmissão, utilizado ao invés do termo alienação, seria dotado de maior precisão, eis que não haveria, propriamente falando, a efetiva alienação do bem, diante da impossibilidade de o credor fiduciário dispor do bem dado em garantia, subsistindo ainda o dever de restituí-lo após a solução da dívida ou sua extinção por qualquer outro meio que encerrasse a relação jurídica obrigacional. (PONTES DE MIRANDA, *Tratado de Direito Privado*: Parte Especial. Direito das Coisas: Penhor Rural. Penhor Industrial. Penhor mercantil. Anticrese. Cédulas rurais pignoratícias, hipotecárias e mistas. Transmissões em garantia. São Paulo: Editora Revista dos Tribunais, 2012, Tomo XXI, p. 448).

[129] "I. Promessa de compra e venda. Ato jurídico simulado. Negócio fiduciário. Distinção jurídica. Efeitos. II. Se dos elementos informativos recompilados pelo julgado, conclui que a

AS GARANTIAS REAIS

A consolidação dessa situação levou PONTES DE MIRANDA a propor terminologia para distinguir as duas situações: os direitos *de* garantia, consistentes na hipoteca, no penhor e na anticrese, e os direitos *em* garantia, que seriam os direitos reais transferidos fiduciariamente para o credor[130].

Em paralelo, cogitou-se inserir o contrato de fidúcia no Projeto de Código de Obrigações de 1965, com inspiração no *trust* do Direito anglo-americano[131]. O contrato de fidúcia foi concebido por ORLANDO GOMES em projeto elaborado nas décadas de 1960 e 1970 e apresentado ao Congresso Nacional.

No contrato de fidúcia, "uma das partes, recebendo da outra bens móveis ou imóveis, assume o encargo de administrá-los em proveito do instituidor ou de terceiro, tendo, entretanto, a livre disposição dos mesmos, sem prejuízo do direito do beneficiário"[132]. Não obstante, a proposta de tipificação do contrato de fidúcia não foi aprovada, e até os dias atuais o legislador não positivou o negócio fiduciário no Direito brasileiro, mas tão somente uma das figuras dele derivada, a alienação fiduciária.

Sem uma sistematização clara, coerente e didática, a alienação fiduciária foi introduzida no Direito brasileiro pela Lei de Mercado de Capitais (Lei 4.728/65), e até os dias atuais está em constante modificação e evolução conforme as demandas de crédito da economia brasileira, por meio da edição de diversas legislações esparsas subsequentes. A falta de uma esquematização legal adequada acabou por interferir negativamente na regulamentação dessa nova modalidade de garantia, sobretudo no que diz

relação entre as partes constituía, apenas, negócio fiduciário, descabe na via extraordinária a reapreciação desses elementos de convencimento na busca de solução diversa. Aplicação da Súmula nº 279. III. Ademais, descaberia o recurso, porque, do argumento central da discussão, outro se lhe acresceu, inatacado na via extrema (Súmula, nº 283). Recurso não conhecido." (RE 68966, Relator Min. Thompson Flores, Segunda Turma, julgado em 25/09/1970, DJ 13-11-1970) e "Ação rescisória. Julgado que reconhece a existência de negócio fiduciário e lhe nega efeito "sob fundamento de fraude à lei". Distinção entre negócio fiduciário e simulação. Legitimidade do negócio fiduciário. Ofensa arts. 81, 82 e 765 do Código Civil com equipará-lo à simulação fraudulenta. Recurso extraordinário não conhecido." (RE 71616, Relator Min. Rodrigues Alckmin, Primeira Turma, julgado em 11/12/1973, DJ 08-08-1974).

[130] PONTES DE MIRANDA, *Tratado de direito privado. Direito das coisas*: Direitos reais de garantia, op. cit., p. 403.

[131] Cf. Caio Mário da Silva Pereira: "[...] o Projeto de Código de Obrigações voltou as suas vistas para a *fiducia cum amico*, ao passo que a Lei de Mercado de Capitais cogita da *fiducia cum creditore*." (PEREIRA, *Instituições de Direito Civil. Direitos Reais*, op. cit., p. 365).

[132] PEREIRA, *Instituições de Direito Civil*. Contratos, op. cit., p. 401.

respeito à utilização da alienação fiduciária de bens imóveis em garantia aos contratos empresariais.

2.2. A alienação fiduciária no mercado de capitais

No Brasil, desde 1930 houve a desaceleração da indústria nacional e do mercado consumidor, que ganhava maior relevo com a intensificação do êxodo rural e com o crescimento das cidades urbanas. Após diversos anos de significativo avanço industrial, no período pós-guerra o Brasil entrou em recessão. Para reverter este quadro, durante o regime militar foram elaborados planos de ação econômica com o objetivo de retomar o desenvolvimento do país.

Um dos principais pilares para promover o crescimento econômico do Brasil foi a atuação da empresa privada. Para tanto, surgiu a necessidade de captação de recursos da população para possibilitar novos investimentos, mediante a adoção de uma nova estrutura econômica-jurídica, o mercado de capitais. Por meio dele, as autoridades governamentais buscavam "incrementar o surgimento de novas fontes de produção e consumo, num ciclo espiral, dinâmico e progressivo, de circulação de riquezas, formado pelo complexo poupança-crédito-produção-consumo"[133].

Em linhas gerais, a Lei 4.728/65 conferiu papel de destaque ao Conselho Monetário Nacional e ao Banco Central da República do Brasil, responsáveis, respectivamente, pela disciplina e pela fiscalização dos mercados financeiro e de capitais. Entre outras inovações, a Lei 4.728/65 instituiu a alienação fiduciária de bem móvel, destinada ao mercado financeiro para lastrear as operações das companhias financiadoras que captassem recursos no mercado.

A alienação fiduciária foi largamente utilizada para garantir a concessão de crédito aos empresários e também aos consumidores, com a grande vantagem de não ser necessário ao devedor abrir mão da posse de seus bens, como ocorria no caso do penhor[134]. Este mecanismo jurídico surgiu em perfeita consonância com o objetivo econômico de estimular a produção industrial por meio da circulação de crédito, e de evitar a recessão econômica.

Ao possibilitar a aquisição de bens de consumo a prazo, as pessoas que até então não tinham acesso ao crédito puderam financiar a aquisição de

---

[133] RESTIFFE NETO, Paulo. *Garantia fiduciária:* direitos e ações. São Paulo: Ed. Revista dos Tribunais, 1976, p. 52.

[134] GOMES, *Alienação fiduciária em garantia,* op. cit., p. 18.

bens de consumo duráveis, como veículos e eletrodomésticos. Por sua vez, as instituições financeiras contavam com uma garantia robusta ao adimplemento da dívida, diante da transmissão da propriedade do bem objeto da garantia[135].

A redação original do art. 66, §2º, da Lei 4.728/65, dispunha que o domínio da coisa alienada seria transferido ao credor independentemente de sua tradição, continuando o devedor a possuí-la, em nome do credor, segundo as condições do contrato e com as responsabilidades de depositário.

Em caso de inadimplemento, o art. 66, §5º, possibilitava ao credor vender a coisa a terceiros e aplicar o preço da venda no pagamento de seu crédito e despesas decorrentes da cobrança, entregando ao devedor eventual saldo positivo apurado. O devedor permanecia pessoalmente obrigado se o preço da venda não bastasse para pagar o crédito.

A ausência de previsão legal expressa quanto à forma de excussão da garantia fiduciária ensejou a edição do Decreto-Lei 911/69, que alterou a redação do art. 66 da Lei 4.728/65 e aprimorou o conceito de alienação fiduciária. A lei passou a abordar o domínio resolúvel e o desdobramento da posse em direta, conferida ao fiduciante, e indireta, atribuída ao fiduciário, e a equiparar o fiduciante ao depositário, para todos os fins civis e penais[136].

Quanto à parte processual, o Decreto-Lei 911/69 previa no art. 2º a possibilidade de o fiduciário promover a excussão extrajudicial do bem para vender a coisa a terceiros no caso de inadimplemento ou mora das obrigações contratuais, independentemente de leilão, hasta pública, avaliação prévia ou qualquer outra medida judicial ou extrajudicial. Tal pre-

---

[135] WALD, Arnoldo. Da Alienação Fiduciária. *Revista Forense*, v. 227, jul./set. 1969, p. 377-381.

[136] A principal discussão com relação a esse ponto consistiu na possibilidade de prisão civil do devedor fiduciante, na condição de depositário infiel. Inicialmente, o STF considerou legítima a decretação da prisão civil do devedor fiduciante que não entregasse a coisa ou o seu equivalente em dinheiro (RE 206086/SP e HC 72.131/RJ). Não obstante, o entendimento que prevaleceu e atualmente é totalmente pacífico é de impossibilidade da prisão civil do devedor fiduciante ("Não cabe a prisão civil de devedor que descumpre contrato garantido por alienação fiduciária." – EREsp 149.518/GO), sobretudo em razão da ratificação da Convenção Americana sobre Direitos Humanos (Pacto de São José da Costa Rica) pelo Brasil. O art. 7º, item 7, prevê a impossibilidade de prisão por dívida, salvo em caso de inadimplemento de obrigação alimentar. O Pacto de São José da Costa Rica foi recepcionado pela ordem jurídica brasileira por meio do Decreto nº 678/92, com *status* de norma constitucional, derrogando todas as outras normas em sentido contrário.

visão conferiu grande vantagem à alienação fiduciária, pois possibilitava a satisfação do crédito de forma célere e desburocratizada, prescindindo de provimento jurisdicional.

Na impossibilidade de excussão extrajudicial da garantia, o Decreto--Lei 911/69 também introduziu a ação de busca e apreensão como meio processual hábil para reaver a posse do bem objeto da garantia. Uma vez comprovada a mora ou o inadimplemento por parte do fiduciante[137], o fiduciário poderia obter liminarmente a busca e apreensão do bem, trazendo maior segurança e efetividade para a nova modalidade de garantia.

Diante da crescente utilização da alienação fiduciária e de suas vantagens em comparação às demais modalidades de garantias tradicionais, a alienação fiduciária de bens móveis infungíveis foi estendida para além do mercado de capitais. Conforme será tratado adiante, o Código Civil de 2002 trouxe a propriedade fiduciária de coisa móvel nos arts. 1.361 a 1.368 como espécie de direito real derivado do direito de propriedade.

Posteriormente, a alienação fiduciária também passou a abranger os bens imóveis, no contexto do SFI, regido pela Lei 9.514/97, e os bens móveis fungíveis, direitos sobre coisas móveis e títulos de crédito, por meio da Medida Provisória 2.160-25/2001, convertida na Lei 10.931/2004, a qual, entre outras inovações, estendeu a alienação fiduciária de imóveis para garantir as obrigações em geral.

2.3. O contrato de alienação fiduciária

A alienação fiduciária é o contrato que dá suporte à constituição do direito real de propriedade fiduciária. O mesmo ocorre, por exemplo, com o contrato de penhor e com o contrato de hipoteca, que dão suporte, respectivamente, aos direitos reais de garantias de penhor e de hipoteca[138]. Analisaremos, portanto, a classificação, os requisitos de validade e os fato-

---

[137] Cf. Súmula 72 do STJ: "A comprovação da mora é imprescindível à busca e apreensão do bem alienado fiduciariamente." Segundo Daniel Amorim Assumpção Neves, a constituição e a comprovação da mora não se confundem, eis que a primeira é automática, pois o contrato prevê termo certo para o pagamento, ao passo que a segunda exige a cientificação do devedor como condição para o exercício da pretensão do credor ao procedimento da busca e apreensão do bem. (NEVES, Daniel Amorim Assumpção. *Manual de Direito Processual Civil*. Rio de Janeiro: Forense, 2014, p. 1483-1484).

[138] MOREIRA ALVES, *Da Alienação Fiduciária Em Garantia*, op. cit., p. 32-33 e PEREIRA, *Instituições de Direito Civil. Direitos Reais*, op. cit., p. 365.

res de eficácia do contrato de alienação fiduciária, para em seguida adentrarmos nas peculiaridades do objeto do contrato, a propriedade fiduciária.

2.3.1. Classificação

O contrato de alienação fiduciária pode ser classificado como bilateral, oneroso, complexo, acessório e solene.

Quanto à bilateralidade, o contrato de alienação fiduciária gera obrigações para ambas as partes contratantes, com eficácia obrigacional e efeito translativo, pois tende à transmissão de um direito real do fiduciante ao fiduciário, mediante registro do contrato. A disposição condicional da propriedade resulta de sua subordinação a um evento futuro e incerto, qual seja, o adimplemento da obrigação garantida.

Com relação à causa de atribuição patrimonial, trata-se de um negócio jurídico oneroso, diante da reciprocidade de ônus e de vantagens para ambas as partes contratantes: o fiduciante, mediante a transferência da propriedade do bem, obtém instrumento creditício para a aquisição daquele próprio bem ou para financiar outra atividade. O fiduciário, por sua vez, obterá a forma mais ampla de garantia para o retorno de seu investimento, em decorrência da efetiva transferência da propriedade fiduciária do bem, cuja excussão é célere e, em caso de inadimplemento, não se sujeitará à eventual insolvência do fiduciante.

Para ORLANDO GOMES, não seria possível enquadrar a alienação fiduciária dentro da subdivisão tradicional dos contratos onerosos em comutativos ou aleatórios, em razão de sua autonomia dogmática e causa peculiar. O consentimento do fiduciante não recai em uma transmissão definitiva de propriedade ao fiduciário, tampouco pretende o fiduciário a aquisição plena e definitiva do bem, mas sim a garantia de adimplemento da dívida[139].

No que tange à composição, o contrato de alienação fiduciária classifica-se como complexo, por ser composto de duas declarações de vontade geminadas[140] ou dois vínculos jurídicos justapostos, consistentes na transmissão da propriedade com a finalidade de garantia e no pacto de restituição do bem após o adimplemento da obrigação (correspondente ao *pactum fiduciae*), sem perder a sua estrutura unitária, eis que os dois vínculos são ínsitos ao próprio ato.

---

[139] GOMES, *Alienação fiduciária em garantia*, op. cit., p. 72-73.
[140] PEREIRA, *Instituições de Direito Civil. Direitos Reais*, op. cit., p. 367-368.

Por ser de natureza acessória, o contrato de alienação fiduciária em garantia não existe por si só e depende de um contrato principal, cujo conteúdo abrange a obrigação garantida pela alienação fiduciária, com o qual manterá vínculo de dependência, sendo ambos contratos coligados[141]. Segundo FRANCISCO MARINO, os contratos coligados são aqueles que "por força de disposição legal, da natureza acessória de um deles ou do conteúdo contratual (expresso ou implícito), encontra-se em relação de dependência unilateral ou recíproca"[142].

Diante da coligação entre o contrato principal e o contrato de alienação fiduciária, por força da natureza acessória da garantia fiduciária, eventual vício que macule a existência, a validade ou a eficácia do primeiro também afetará o segundo, que dele depende[143]. O oposto, todavia, não se verifica.

Por fim, com relação à forma, o contrato de alienação fiduciária é solene. No caso dos bens imóveis, poderá ser celebrado por escritura pública ou por instrumento particular com efeitos de escritura pública. Isso representa uma vantagem com relação ao contrato de hipoteca, haja vista a possibilidade de se afastar o alto custo da escritura pública[144].

2.3.2. Requisitos de validade e fatores de eficácia

O contrato de alienação fiduciária deverá seguir as regras aplicáveis aos negócios jurídicos em geral, dispostas no art. 104 do Código Civil, consistentes em agente capaz, objeto lícito, possível, determinado ou determinável, e forma prescrita ou não defesa em lei, assim como a legislação específica.

---

[141] GOMES, Orlando. *Introdução ao direito civil*. 21ª ed. Revista e atualizada por Edvaldo Brito e Reginalda Paranhos de Brito. Rio de Janeiro: Forense, 2016, p. 283.

[142] MARINO, Francisco Paulo De Crescenzo. *Contratos Coligados no Direito Brasileiro*. São Paulo: Saraiva, 2009, p. 99.

[143] TERRA, Marcelo. *Alienação Fiduciária de Imóvel em Garantia*. Porto Alegre: Sérgio Antonio Fabris, 1998, p. 23.

[144] As exceções seriam as hipotecas constituídas sobre imóveis com valor inferior a trinta vezes o maior salário mínimo vigente no país, por força do art. 108 do Código Civil ("Não dispondo a lei em contrário, a escritura pública é essencial à validade dos negócios jurídicos que visem à constituição, transferência, modificação ou renúncia de direitos reais sobre imóveis de valor superior a trinta vezes o maior salário mínimo vigente no país."), e as hipotecas firmadas no contexto do Sistema Financeiro Habitacional, conforme disposto no art. 26 do Decreto-lei 70/66 ("Todos os atos previstos neste decreto-lei, poderão ser feitos por instrumento particular, aplicando-se ao seu extravio, no que couber, o disposto no Título VII, do Livro IV, do Código de Processo Civil.").

Quanto aos requisitos subjetivos, figuram como partes do contrato de alienação fiduciária o devedor fiduciante e o credor fiduciário, dotados de capacidade de agir e legitimação. Em tese, qualquer pessoa, física ou jurídica, dotada de capacidade genérica para os atos da vida civil, poderá alienar fiduciariamente, desde que possua capacidade de disposição sobre o bem[145].

No caso dos bens imóveis, o art. 22, §1º, da Lei 9.514/97, prevê que a alienação fiduciária poderá ser contratada por qualquer pessoa, não sendo privativa das entidades atuantes no SFI. Em se tratando de bens móveis, no âmbito da Lei 4.728/65 e do Decreto-lei 911/69, prevalece o entendimento que somente podem figurar na posição de credor fiduciário as sociedades de crédito e financiamento autorizadas a funcionar pelas autoridades monetárias no país, e o procedimento de busca e apreensão é de uso restrito para as instituições financeiras *lato sensu* e para as pessoas jurídicas de direito público titulares de créditos fiscais ou previdenciários[146].

Quanto aos requisitos objetivos, no caso dos bens imóveis, a alienação fiduciária pode ter como objeto a propriedade plena, os bens enfitêuticos[147], o direito de uso especial para fins de moradia[148], o direito real de uso suscetível de alienação[149], e a propriedade superficiária[150], conforme rol do art. 22, §1º, da Lei 9.514/97.

---

[145] PEREIRA, *Instituições de Direito Civil*. Direitos Reais, op. cit., p. 368.

[146] Cf. dispõe o art. 8º-A do Decreto-lei 911/69, incluído pela Lei 10.931/04: "O procedimento judicial disposto neste Decreto-Lei aplica-se exclusivamente às hipóteses da Seção XIV da Lei no 4.728, de 14 de julho de 1965, ou quando o ônus da propriedade fiduciária tiver sido constituído para fins de garantia de débito fiscal ou previdenciário.". No mesmo sentido é o entendimento do STJ (REsp 1311071/SC, Rel. Min. Ricardo Villas Bôas Cueva, Terceira Turma, DJe 24.3.2017).

[147] "Art. 2.038: Fica proibida a constituição de enfiteuses e subenfiteuses, subordinando-se as existentes, até sua extinção, às disposições do Código Civil anterior, Lei nº 3.071, de 1º de janeiro de 1916, e leis posteriores."

[148] Medida Provisória 2.220/2001, "art. 1º. Aquele que, até 22 de dezembro de 2016, possuiu como seu, por cinco anos, ininterruptamente e sem oposição, até duzentos e cinquenta metros quadrados de imóvel público situado em área com características e finalidade urbanas, e que o utilize para sua moradia ou de sua família, tem o direito à concessão de uso especial para fins de moradia em relação ao bem objeto da posse, desde que não seja proprietário ou concessionário, a qualquer título, de outro imóvel urbano ou rural. (Redação dada pela Lei nº 13.465/2017)."

[149] Decreto-lei 271/67, "art. 7º. É instituída a concessão de uso de terrenos públicos ou particulares remunerada ou gratuita, por tempo certo ou indeterminado, como direito real resolúvel, para fins específicos de regularização fundiária de interesse social, urbanização, industrialização, edificação, cultivo da terra, aproveitamento sustentável das várzeas, preservação das

Com relação aos bens móveis, o rol é mais extenso. Podem ser alienados fiduciariamente bens móveis infungíveis e fungíveis, títulos de crédito[151], valores mobiliários como ações[152], debêntures[153], partes beneficiárias[154] e bônus de subscrição[155], aeronaves[156] e embarcações[157].

comunidades tradicionais e seus meios de subsistência ou outras modalidades de interesse social em áreas urbanas. (Redação dada pela Lei nº 11.481/2007)."

[150] Cf. Daniel Amorim Assumpção Neves: "A propriedade superficiária é um direito real imobiliário, temporário e autônomo, de fazer, ou de manter construção ou plantação em solo alheio, conferindo ao titular (superficiário) a propriedade resolúvel da construção ou plantação, separada da propriedade do solo. [...] A superfície enseja um fenômeno de superposição de duas propriedades distintas. Enquanto o superficiário adquire a propriedade resolúvel das acessões (construções e plantações), o proprietário fundeiro mantém a titularidade sobre o solo. Ou seja: ao contrário da dogmática dos direitos reais tradicionais de fruição (v.g., enfiteuse, usufruto), não há um desdobramento dos poderes dominiais, e sim a criação de duas propriedades autônomas." (NEVES, *Manual de Direito Processual Civil*, op. cit., p. 1.491-1.492).

[151] Lei nº 4.728/65, "art. 66-B, §3º. É admitida a alienação fiduciária de coisa fungível e a cessão fiduciária de direitos sobre coisas móveis, bem como de títulos de crédito, hipóteses em que, salvo disposição em contrário, a posse direta e indireta do bem objeto da propriedade fiduciária ou do título representativo do direito ou do crédito é atribuída ao credor, que, em caso de inadimplemento ou mora da obrigação garantida, poderá vender a terceiros o bem objeto da propriedade fiduciária independente de leilão, hasta pública ou qualquer outra medida judicial ou extrajudicial, devendo aplicar o preço da venda no pagamento do seu crédito e das despesas decorrentes da realização da garantia, entregando ao devedor o saldo, se houver, acompanhado do demonstrativo da operação realizada. (Incluído pela Lei 10.931/2004)."

[152] Lei nº 6.404/76, "art. 113. O penhor da ação não impede o acionista de exercer o direito de voto; será lícito, todavia, estabelecer, no contrato, que o acionista não poderá, sem consentimento do credor pignoratício, votar em certas deliberações.
Parágrafo único. O credor garantido por alienação fiduciária da ação não poderá exercer o direito de voto; o devedor somente poderá exercê-lo nos termos do contrato."

[153] Lei nº 6.404/76, "art. 58. A debênture poderá, conforme dispuser a escritura de emissão, ter garantia real ou garantia flutuante, não gozar de preferência ou ser subordinada aos demais credores da companhia."

[154] Lei nº 6.404/76, "art. 50. As partes beneficiárias serão nominativas e a elas se aplica, no que couber, o disposto nas seções V a VII do Capítulo III."

[155] Lei nº 6.404/76, "art. 78. Os bônus de subscrição terão a forma nominativa. Parágrafo único. Aplica-se aos bônus de subscrição, no que couber, o disposto nas Seções V a VII do Capítulo III."

[156] Lei 7.565/86, "art. 148. A alienação fiduciária em garantia transfere ao credor o domínio resolúvel e a posse indireta da aeronave ou de seus equipamentos, independentemente da respectiva tradição, tornando-se o devedor o possuidor direto e depositário com todas as responsabilidades e encargos que lhe incumbem de acordo com a lei civil e penal."

[157] Lei 11.786/08, "art. 9º. Nas operações garantidas pelo FGCN, exceto para as embarcações destinadas às atividades de micro e pequeno empresário do setor pesqueiro e de transporte

AS GARANTIAS REAIS

Evidentemente, os bens devem ser suscetíveis de alienação a fim de possibilitar o exercício da faculdade de disposição da coisa pelo fiduciante, sob pena de nulidade, por impossibilidade do objeto. Excluem-se, portanto, os bens gravados por cláusula de inalienabilidade, e os bens inalienáveis por força de lei.

O art. 1.361, §3º, do Código Civil, admite a aquisição pelo devedor do bem a ser alienado fiduciariamente após a celebração do contrato. Com a aquisição da propriedade superveniente, os efeitos da transferência da propriedade fiduciária retroagirão desde o arquivamento do contrato, admitindo-se a alienação fiduciária em garantia de bens futuros[158].

O principal efeito do contrato de alienação fiduciária é a constituição do direito real de propriedade fiduciária, mediante registro, sem o qual o contrato de alienação fiduciária terá efeitos apenas na esfera obrigacional, e não na esfera real[159]. No caso dos bens imóveis, o registro do contrato é realizado no Registro de Imóveis competente[160], e, no caso dos bens móveis, no Registro de Títulos e Documentos do domicílio do devedor, ou, no caso de veículos, na repartição competente para o licenciamento, mediante anotação no certificado de registro[161].

No caso da alienação fiduciária de bens imóveis, todos os requisitos para a transmissão de bens imóveis dever ser cumpridos no momento de registro do contrato, tais como a apresentação de certidões negativas e o pagamento de emolumentos[162], com exceção do Imposto de Transmissão

---

aquaviário interno de passageiro, poderá ser exigida, cumulativamente ou não, a constituição das seguintes contra-garantias por aquele Fundo, sem prejuízo de outras: [...]
II – alienação fiduciária ou hipoteca da embarcação objeto do financiamento;"

[158] O mesmo se aplica com relação às dívidas garantidas por penhor, hipoteca e anticrese, conforme art. 1.420, §1º do Código Civil: "A propriedade superveniente torna eficaz, desde o registro, as garantias reais estabelecidas por quem não era dono."

[159] BRANDELLI, Leonardo. Alienação fiduciária de bens imóveis. In: FARIA, Renato Vilela; CASTRO, Leonardo Freitas de Moraes e (Coord.). *Operações imobiliárias*: Estruturação e tributação. São Paulo: Saraiva, 2016, p. 77.

[160] Lei 9.514/97, "art. 23. Constitui-se a propriedade fiduciária de coisa imóvel mediante registro, no competente Registro de Imóveis, do contrato que lhe serve de título."

[161] "Art. 1.361. [...] §1º. Constitui-se a propriedade fiduciária com o registro do contrato, celebrado por instrumento público ou particular, que lhe serve de título, no Registro de Títulos e Documentos do domicílio do devedor, ou, em se tratando de veículos, na repartição competente para o licenciamento, fazendo-se a anotação no certificado de registro."

[162] WALD, Do regime legal da alienação fiduciária de imóveis e sua aplicabilidade em operações de financiamento de banco de desenvolvimento, op. cit., p. 266-267.

de Bens Imóveis, o qual só será devido em caso de inadimplemento da dívida garantida[163], para consolidar a propriedade do bem ao fiduciário.

2.4. A propriedade fiduciária

O Código Civil de 2002 trouxe uma nova modalidade de direito real de garantia, a propriedade fiduciária, por meio da qual, mediante o registro do contrato de alienação fiduciária, a propriedade resolúvel de determinado bem do devedor é transferida para o credor, com o escopo de garantia da obrigação. Ao contrário dos demais direitos reais de garantia tradicionais, no qual a garantia é constituída sobre coisa alheia, na alienação fiduciária a garantia passa a ser constituída sobre coisa que passou a ser do credor, mediante a transferência da propriedade fiduciária.

A propriedade fiduciária não consta expressamente no rol de diretos reais do art. 1.225 do Código Civil. Segundo GUSTAVO TEPEDINO, a discussão sobre o princípio do *numerus clausus* dos direitos reais tem sido superado pela doutrina tradicional, diante do "espaço concedido à autonomia privada para estabelecer um diversificado conteúdo de vínculos jurídicos, no âmbito das figuras de direito real previstas pelo legislador"[164].

A propriedade fiduciária deriva do direito de propriedade previsto no art. 1.225, I, do Código Civil, mas com ele não se confunde[165]. Ao contrário da propriedade tradicional, que se presume plena e exclusiva[166], a propriedade fiduciária é resolúvel, pois se reverte automaticamente em favor do devedor fiduciante na hipótese de adimplemento, e, consequentemente, é transitória com relação ao domínio afeto ao credor fiduciário, como ocorre com as demais modalidades tradicionais dos direitos reais de garantia[167].

---

[163] Lei 9.514/97, "art. 26, §7º. Decorrido o prazo de que trata o §1º sem a purgação da mora, o oficial do competente Registro de Imóveis, certificando esse fato, promoverá a averbação, na matrícula do imóvel, da consolidação da propriedade em nome do fiduciário, à vista da prova do pagamento por este, do imposto de transmissão inter vivos e, se for o caso, do laudêmio."

[164] TEPEDINO, Gustavo. *Comentários ao código civil*: direito das coisas (Arts. 1.196 a 1.276). São Paulo: Saraiva, 2011, Tomo 14, p. 195.

[165] "Art. 1.367: A propriedade fiduciária em garantia de bens móveis ou imóveis sujeita-se às disposições do Capítulo I do Título X do Livro III da Parte Especial deste Código e, no que for específico, à legislação especial pertinente, não se equiparando, para quaisquer efeitos, à propriedade plena de que trata o art. 1.231."

[166] "Art. 1.231: A propriedade presume-se plena e exclusiva, até prova em contrário."

[167] RESTIFFE, Paulo Sergio; RESTIFFE NETO, Paulo. *Propriedade fiduciária imóvel*: nas modalidades de financiamento mercadológico e autofinanciamento consorcial e transmissão

AS GARANTIAS REAIS

A constituição da propriedade fiduciária também possibilita o exercício dos direitos e deveres inerentes ao devedor fiduciante e ao credor fiduciário, assim como o desdobramento da posse do bem em direta e indireta.

2.4.1. Pontos de contato com a propriedade resolúvel e com os direitos reais de garantia

O art. 1.361 do Código Civil qualifica a propriedade fiduciária como espécie de propriedade resolúvel. Conforme preveem os arts. 1.359 e 1.360 do Código Civil, a resolução da propriedade poderá ser condicionada pelo implemento de condição ou advento de termo, restando resolvidos também os direitos reais concedidos na pendência da propriedade. O proprietário, em cujo favor se opera a resolução, poderá reivindicar a coisa do poder de quem a possua ou a detenha.

A propriedade resolúvel está subordinada a uma causa originária prevista no próprio título de sua constituição, com efeitos *ex tunc*, por apagar todos os atos pretéritos praticados durante a vigência da propriedade resolúvel, como se nunca tivesse existido[168]. Caso a propriedade se resolva por causa superveniente diversa, os efeitos gerados serão *ex nunc*, ou seja, as consequências não retroagirão. Nesse caso, a resolução se opera a partir do ato que a determinou e os direitos constituídos antes da resolução permanecem válidos e eficazes[169].

Tanto a propriedade resolúvel quanto a propriedade fiduciária são modalidades de propriedade de eficácia pendente, assim compreendidas como "as situações jurídicas dominiais em que haja uma transitoriedade imanente, isto é, aquelas que se caracterizam pela possibilidade de desaparecer do patrimônio do titular"[170].

Embora sejam propriedades limitadas, a propriedade resolúvel e a propriedade fiduciária possuem diferenças. Enquanto a limitação da proprie-

---

dos novos direitos fiduciários e seus reflexos na recuperação judicial ou falência. São Paulo, Malheiros, 2009, p. 15.

[168] GONÇALVES, *Da propriedade resolúvel*, op. cit., p. 204-205.

[169] PEREIRA, *Instituições de Direito Civil. Direitos Reais*, op. cit., p. 82. Confira-se também o Enunciado 509 da V Jornada de Direito Civil: "A resolução da propriedade, quando determinada por causa originária, prevista no título, opera *ex tunc* e *erga omnes*; se decorrente de causa superveniente, atua *ex nunc* e *inter partes*." Disponível em: http://www.cjf.jus.br/enunciados/enunciado/578. Acesso em 20 dez. 2020.

[170] PENTEADO, Luciano de Camargo. *Direito da Coisas*. São Paulo: Revista dos Tribunais, 2012, p. 479.

dade resolúvel ocorre pelo implemento de condição ou pelo advento de termo, previstos contratualmente ou decorrentes da lei[171], na propriedade fiduciária a limitação do direito de propriedade decorre de seu escopo de garantia, sendo a condição resolutiva o adimplemento da obrigação garantida pelo devedor fiduciante.

Além disso, diferentemente do que ocorre na propriedade resolúvel, na propriedade fiduciária o credor fiduciário não pode se comportar como se fosse o proprietário pleno do bem, diante do desdobramento da posse na vigência da propriedade fiduciária. A posse direta permanecerá com o devedor fiduciante e ao credor fiduciário será transmitida apenas a posse indireta, limitando as faculdades de usar e fruir o bem.

Sob uma perspectiva finalística, apesar de a propriedade fiduciária estar prevista no Título III do Livro do Direito das Coisas do Código Civil, o qual dispõe sobre a propriedade, ela se assemelha muito mais aos direitos reais de garantia, como o penhor e a hipoteca, previstos no Título X, do que ao direito de propriedade considerado em sua concepção tradicional.

A principal diferença entre os direitos reais de garantia tradicionais e a propriedade fiduciária é que, nos primeiros, o bem dado em garantia fica sujeito ao cumprimento da obrigação por um vínculo real, enquanto, na segunda, a propriedade fiduciária do bem é transmitida ao credor fiduciário para garantir o cumprimento da obrigação. Ou seja, no primeiro caso, o vínculo é sobre coisa alheia, enquanto no segundo, sobre coisa própria, decorrente da transferência da propriedade. As vantagens ao credor são maiores no segundo caso, em razão do maior afastamento do risco de insolvência do devedor, pois a propriedade fiduciária não se submete à falência ou à recuperação judicial.

A maior afinidade da propriedade fiduciária com os direitos reais de garantia implica que a primeira deverá se submeter aos princípios e regras orientadores dos segundos[172]. Tanto é que o legislador, por meio da Lei 13.043/2014, acrescentou o art. 1.367 ao Código Civil, para sujeitar a propriedade fiduciária em garantia de bens móveis ou imóveis às disposições gerais aplicáveis aos direitos reais de garantia, e para ressalvar expressa-

---

[171] Como ocorre, por exemplo, nos casos de fideicomisso (art. 1.951 do Código Civil), compra com pacto de retrovenda (art. 505 do Código Civil) e na doação com cláusula de reversão (art. 547 do Código Civil).

[172] LOUREIRO, *Código Civil Comentado*, op. cit., p. 1379.

AS GARANTIAS REAIS

mente que a propriedade fiduciária não se equipara à propriedade plena, para quaisquer efeitos[173].

Como será tratado adiante, a aproximação finalística da propriedade fiduciária com os direitos reais de garantia é relevante para a interpretação sistemática do instituto e para a integração de lacunas nos casos omissos, tais como no regramento da excussão da garantia fiduciária de bem imóvel aplicável às obrigações em geral.

2.4.2. Os direitos decorrentes do desdobramento da posse

A constituição da propriedade fiduciária implica o desdobramento da posse em direta, para o devedor fiduciante, e em indireta, para o credor fiduciário[174]. A possibilidade de desdobramento da posse também está prevista no art. 1.197 do Código Civil[175].

O devedor fiduciante, na qualidade de possuidor direto do bem, poderá usar e fruir a coisa segundo a sua destinação, às suas custas e riscos *(ius utendi e fruendi)*. No caso de bens móveis, como depositário, é obrigado a empregar na guarda da coisa a diligência exigida por sua natureza e a entregá-la ao credor fiduciário, se a dívida não for paga no vencimento[176]. Quanto aos bens imóveis, o devedor fiduciante, enquanto adimplente, poderá utilizar livremente o imóvel objeto da alienação fiduciária, por sua conta e risco[177].

Há três correntes doutrinárias principais acerca da posição jurídica do devedor fiduciante. Para a primeira corrente, o devedor fiduciante seria pro-

---

[173] "Art. 1.367. A propriedade fiduciária em garantia de bens móveis ou imóveis sujeita-se às disposições do Capítulo I do Título X do Livro III da Parte Especial deste Código e, no que for específico, à legislação especial pertinente, não se equiparando, para quaisquer efeitos, à propriedade plena de que trata o art. 1.231."

[174] "Art. 1.361. [...] § 2º. Com a constituição da propriedade fiduciária, dá-se o desdobramento da posse, tornando-se o devedor possuidor direto da coisa."

[175] "Art. 1.197. A posse direta, de pessoa que tem a coisa em seu poder, temporariamente, em virtude de direito pessoal, ou real, não anula a indireta, de quem aquela foi havida, podendo o possuidor direto defender a sua posse contra o indireto."

[176] "Art. 1.363. Antes de vencida a dívida, o devedor, a suas expensas e risco, pode usar a coisa segundo sua destinação, sendo obrigado, como depositário:
I – a empregar na guarda da coisa a diligência exigida por sua natureza;
II – a entregá-la ao credor, se a dívida não for paga no vencimento."

[177] Lei 9.514/97, "art. 24. O contrato que serve de título ao negócio fiduciário conterá: [...] V – a cláusula assegurando ao fiduciante, enquanto adimplente, a livre utilização, por sua conta e risco, do imóvel objeto da alienação fiduciária;"

prietário sob condição suspensiva, considerando a dupla face da titularidade sobre o bem. O credor fiduciário, em contrapartida, seria proprietário sob condição resolutiva[178]. Para a segunda corrente, o devedor fiduciante possuiria uma expectativa de direito, de vir a ser o proprietário pleno do bem após o adimplemento da dívida garantida[179].

Por fim, a terceira corrente, da qual nos filiamos, tem como base o disposto no art. 1.368-B do Código Civil, incluído pela Lei 13.043/14, segundo o qual a alienação fiduciária confere direito real de aquisição ao fiduciante, ao seu cessionário ou ao seu sucessor[180]. Tal direito real seria concorrente e antagônico à propriedade fiduciária do credor fiduciário, pois ambos incidiriam sobre o mesmo bem, e o robustecimento de um implicaria, necessariamente, o definhamento do outro[181].

O credor fiduciário, na qualidade de proprietário fiduciário do bem, poderá aliená-lo a terceiros que efetuem o pagamento da dívida do fiduciante, operando-se a cessão de crédito. Nessa hipótese, o terceiro pagador da dívida, interessado ou não, se sub-rogará de pleno direito no crédito e na propriedade fiduciária[182].

Tendo em vista a limitação intrínseca às faculdades de proprietário, a propriedade fiduciária guarda semelhança com o patrimônio de afetação, separado do patrimônio geral do credor fiduciário, para satisfazer o interesse do devedor fiduciante, mediante o pagamento da dívida. O credor fiduciário só terá o direito de dispor do bem, e não de usá-lo ou de frui-lo, e o bem não responderá por suas dívidas perante outros credores[183].

Como o devedor fiduciante e o credor fiduciário são possuidores do bem, ambos têm a faculdade de reaver a coisa de quem a possua ou dete-

---

[178] Cf. GOMES, *Alienação fiduciária em garantia*, op. cit., p. 39; e GONÇALVES, *Da propriedade resolúvel*, op. cit, p. 278.

[179] MARTINS, Raphael Manhães. A Propriedade Fiduciária no Direito Brasileiro: uma Proposta para a Construção Dogmática do Modelo. *Revista Síntese Direito Imobiliário*. Vol. 1, n. 1 (jan./ fev. 2011). São Paulo: IOB, 2011, p. 106.

[180] "Art. 1.368-B. A alienação fiduciária em garantia de bem móvel ou imóvel confere direito real de aquisição ao fiduciante, seu cessionário ou sucessor."

[181] ROCHA, Mauro Antonio. (Im)possibilidade de registro imobiliário da alienação fiduciária condicionada ou superveniente – 2º grau. In: ROCHA, Mauro Antônio; KIKUNAGA, Marcus Vinicius (org.). *Alienação fiduciária de bem imóvel*. 20 anos da Lei 9.514/97. Aspectos polêmicos. São Paulo: Lepanto, 2017, p. 130-134.

[182] "Art. 1.368. O terceiro, interessado ou não, que pagar a dívida, se sub-rogará de pleno direito no crédito e na propriedade fiduciária."

[183] NEVES, *Manual de Direito Processual Civil*, op. cit., p. 1.481.

nha injustamente. Em caso de esbulho, turbação ou ameaças, a defesa do direito de posse poderá ser exercida por meio das ações possessórias cabíveis, consistentes, respectivamente, na reintegração de posse, na manutenção de posse, e no interdito proibitório, disciplinadas nos arts. 554 a 568 do Código de Processo Civil.

As ações possessórias também podem ser propostas pelo credor fiduciário contra o devedor fiduciante na hipótese de inadimplemento da dívida seguida de consolidação da propriedade plena do bem, caso haja recusa por parte do devedor fiduciante de restituir voluntariamente a posse direta do bem[184], ou se o devedor fiduciante colocar em risco de perda ou tentar alienar o bem. O devedor fiduciante também poderá propor ação possessória contra o credor fiduciário caso ele tente, de maneira ilícita, retomar a posse direta do bem enquanto o devedor estiver adimplente perante suas obrigações[185].

No caso específico de bens móveis alienados fiduciariamente para instituições financeiras *lato sensu* ou para pessoas jurídicas de direito público titulares de créditos fiscais ou previdenciários, também será possível a recuperação da posse por meio da ação de busca e apreensão prevista no Decreto-lei 911/67[186].

Na hipótese de falência ou de recuperação judicial do devedor fiduciante, o credor fiduciário poderá reaver para si o bem objeto da garantia, sem concorrer com outros credores. Conforme será tratado adiante, isso representa uma grande vantagem em comparação aos créditos com garantia real tradicional, como o penhor e a hipoteca. Na situação oposta, de falência do credor fiduciário, o devedor fiduciante poderá pagar a dívida e exercer a pretensão restitutória contra a massa falida, retornando o bem alienado à sua propriedade livre[187].

---

[184] Lei 9.514/97, "art. 30. É assegurada ao fiduciário, seu cessionário ou sucessores, inclusive o adquirente do imóvel por força do público leilão de que tratam os §§ 1º e 2º do art. 27, a reintegração na posse do imóvel, que será concedida liminarmente, para desocupação em sessenta dias, desde que comprovada, na forma do disposto no art. 26, a consolidação da propriedade em seu nome."

[185] LOUREIRO, *Código Civil Comentado*, op. cit., p. 1.364.

[186] "Art. 3º. O proprietário fiduciário ou credor poderá, desde que comprovada a mora, na forma estabelecida pelo §2º do art. 2º, ou o inadimplemento, requerer contra o devedor ou terceiro a busca e apreensão do bem alienado fiduciariamente, a qual será concedida liminarmente, podendo ser apreciada em plantão judiciário."

[187] PEREIRA, *Instituições de Direito Civil. Direitos Reais*, op. cit., p. 376

2.4.3. A propriedade com finalidade de garantia no Direito comparado

Atualmente, a transferência da propriedade com a finalidade de garantia também é adotada por outros sistemas jurídicos de tradição romano-germânica e anglo-saxã, dada a base histórica comum, objeto do primeiro capítulo.

A legislação francesa tipificou a transferência de propriedade em garantia ao cumprimento de determinada obrigação na Lei 2009-526, de 12 de maio de 2009. Referida lei inseriu no *Code Civil* o Capítulo VIII referente à propriedade transferida a título de garantia (*De la propriété cédée à titre de garantie*), disciplinada nos arts. 2488-1 a 2488-5 do Título II, referente às garantias reais (*Des sûretés réelles*).

Em linhas gerais, Código Civil francês prevê ser possível transferir a propriedade de bens imóveis a título de garantia de uma obrigação por meio de um contrato de fidúcia, comparável ao contrato de alienação fiduciária no Direito brasileiro[188]. Caso a dívida garantida não seja adimplida no prazo acordado, o credor fiduciário poderá dispor livremente do bem cedido em garantia, e o valor do bem deverá ser determinado por um perito designado em conjunto pelas partes ou judicialmente. A propriedade fiduciária francesa também é limitada por sua finalidade específica de garantia, eis que o fiduciário não possui todas as prerrogativas inerentes ao direito de propriedade tradicional[189].

Diferentemente do Direito brasileiro, no Direito francês a propriedade fiduciária poderá garantir créditos diferentes daqueles mencionados no ato constitutivo da garantia, desde que tal possibilidade esteja expressamente prevista. O devedor fiduciante também poderá oferecer a propriedade de bem imóvel em garantia a mais de um credor, mesmo que o credor originário ainda não tenha sido pago. Tais disposições são de ordem pública e não podem ser modificadas pela vontade das partes, sendo qual-

---

[188] O contrato de fidúcia francês, contudo, possui escopo muito mais amplo, dispondo o art. 2011 do Código Civil francês que "A fidúcia é a operação por meio da qual um ou mais constituintes transferem bens, direitos ou garantias, ou um conjunto de bens, direitos ou garantias, presentes ou futuros, a um ou mais fiduciários que, mantendo-os separados de seus patrimônios próprios, atuarão para uma finalidade determinada em benefício de um ou mais beneficiários.". (Tradução livre). O contrato de fidúcia foi inserido no Código Civil Francês pela Lei 2007-211, de 19 de fevereiro de 2007.

[189] EMERICH, Yaell. Les fondements conceptuels de la fiducie face au trust de la common law: entre droit des contrats et droit des biens. *Revue Internationale de Droi Comparé*, n. 1, 61ème année, jan./mar., 2009, p. 68.

quer cláusula contrária a elas considerada como não escrita, nos termos do art. 2488-5.

Na Itália, apesar das origens romanas da fidúcia, não há no *Codice Civile* a previsão de uso da propriedade com função de garantia. A discussão quanto à possibilidade de se celebrar negócios fiduciários no Direito italiano está intrinsecamente relacionada à proibição do pacto comissório, traduzida na nulidade de qualquer pacto autorizando a transferência do bem dado em garantia ao credor, em caso de inadimplemento da dívida[190].

Após a retomada das discussões modernas sobre o negócio fiduciário, em um primeiro momento a doutrina italiana aceitou amplamente a validade da *fiducia cum creditore*, justificada no momento de transmissão de direito. Dizia-se que, nos negócios fiduciários, a propriedade seria transmitida imediatamente, mediante o acordo de vontade das partes, e não no momento de eventual inadimplemento da dívida, no qual incidiria a proibição do pacto comissório.

A partir de uma decisão da *Corte Suprema di Cassazione* proferida em 1983, o juízo de licitude ou ilicitude dos negócios fiduciários passou a ser realizado não apenas tendo em conta o momento de transmissão da propriedade, mas também outros indícios de natureza material, com o objetivo de identificar os casos envolvendo a celebração fraudulenta de pacto comissório, como, por exemplo, quando inexistir proporcionalidade entre o valor da garantia e o da dívida garantida[191].

No Direito português existe a previsão de propriedade resolúvel, entendida como propriedade sob condição ou propriedade temporária[192], e também de institutos que adotam a propriedade com a finalidade de garantia, como a compra e venda com reserva de propriedade[193], a venda a retro[194] e a locação financeira[195].

---

[190] "Art. 2744. É nulo o pacto por meio do qual se convencione que, na ausência de pagamento do crédito no termo fixado, a propriedade da coisa hipotecada ou penhorada passe ao credor. O pacto é nulo também se posterior à constituição da hipoteca ou do penhor." (Tradução livre).

[191] CARNEVALI, Ugo. Negozio giurudico. Negozio fiduciario. In: *Enciclopedia Giuridica*. Roma: IDEI, 1990, p. 7, vol. XX.

[192] Código Civil português, "art. 1.307: 1. O direito de propriedade pode constituir-se sob condição. 2. A propriedade temporária só é admitida nos casos especialmente previstos na lei. 3. À propriedade sob condição é aplicável o disposto nos artigos 272º a 277º."

[193] Código Civil português, "art. 409: Nos contratos de alienação é lícito ao alienante reservar para si a propriedade da coisa até ao cumprimento total ou parcial das obrigações da outra parte ou até à verificação de qualquer outro evento."

Não obstante, a lei é silente quanto à propriedade fiduciária. As principais objeções à propriedade fiduciária no Direito português consistem nos princípios do *numerus clausus* ou da tipicidade dos direitos reais; da causalidade dos negócios jurídicos e da unidade patrimonial, bem como na proibição ao pacto comissório. Durante o período de vigência do Código Português de 1867, os negócios fiduciários foram veementemente repudiados, muito embora, na prática, as partes continuassem a os celebrar e os cumprir, mas utilizando outras denominações[196].

Com relação à possibilidade de se celebrar negócios fiduciários em geral, a doutrina portuguesa clássica, capitaneada por JOSÉ BELEZA DOS SANTOS, defendia a sua inadmissibilidade, sob o argumento de que a causa do contrato seria diversa daquela pressuposta pela lei para lhe atribuir efeitos. O pacto fiduciário seria incompatível com o contrato positivo de transmissão, e o negócio jurídico, consequentemente, seria nulo[197].

Segundo a doutrina mais recente, contudo, a divergência entre o fim visado pelas partes e a função típica do tipo contratual não implica a invalidade, mas sim a atipicidade do negócio jurídico. Para PEDRO PAIS DE VASCONCELOS, o negócio fiduciário seria compatível com o Direito português, e admissível com base na autonomia privada[198].

---

[194] Código Civil português, "art. 927: Diz-se a retro a venda em que se reconhece ao vendedor a faculdade de resolver o contrato."

[195] Decreto 149/95, "art. 1º: Locação financeira é o contrato pelo qual uma das partes se obriga, mediante retribuição, a ceder à outra o gozo temporário de uma coisa, móvel ou imóvel, adquirida ou construída por indicação desta, e que o locatário poderá comprar, decorrido o período acordado, por um preço nele determinado ou determinável mediante simples aplicação dos critérios nele fixados."

[196] ANDRADE, Margarida Costa. A propriedade fiduciária. In: *Separata de II Seminário Luso-Brasileiro de Direito Registral* (Coimbra – 10 e 11 de maio de 2007). Coimbra Editora: 2009, p. 63.

[197] SANTOS, José Beleza dos. *A simulação em direito civil*. 2ª ed. São Paulo: Lejus, 1999, p. 94-97.

[198] Conforme explica Pedro Pais de Vasconcelos, ao se contrapor à tese de José Beleza dos Santos: "Beleza dos Santos confundiu as questões e misturou os problemas. Da divergência entre a causa (função) concreta do negócio fiduciário e a causa (função) típica do tipo adotado (tipo de referência), concluiu pela ilicitude. Não o deveria ter feito. O que está em causa na divergência entre a função típica do tipo de referência e a função concreta do contrato fiduciário é a qualificação. O que está em questão na apreciação do mérito da função concreta do contrato fiduciário é a licitude. Retomando o exemplo da venda em garantia, utilizado por Beleza dos Santos, a divergência entre a causa (função) típica da compra e venda e a causa (função) concreta, que é a de garantia, tem apenas como consequência a conclusão de que o contrato não é uma compra e venda, não obstante a designação que lhe foi dada pelas partes. Do juízo de mérito a que o contrato se tem, como qualquer outro, de submeter pode resultar

AS GARANTIAS REAIS

Atualmente, existe em Portugal a figura do *trust*, limitada às atividades *off shore* na zona franca da Madeira[199], e a alienação fiduciária em garantia, restrita ao mercado de valores mobiliários, para garantir obrigações abrangidas por um contrato de garantia financeira cuja prestação consista em uma liquidação em numerário ou na entrega de instrumentos financeiros[200]. A doutrina portuguesa mais moderna menciona o interesse de alargar o âmbito de incidência da alienação fiduciária, a exemplo do que ocorre no Direito brasileiro, apontado por MARGARIDA COSTA ANDRADE como uma "experiência muitíssimo bem-sucedida"[201].

Na Common Law, as garantias históricas do *mortgage* e do *trust* continuam tendo plena aplicabilidade. O *mortgage* é utilizado com o escopo de transmitir determinado bem móvel (*chattel mortgage*) ou imóvel (*mortgage of realty*) do devedor ao credor, em garantia ao adimplemento de uma obrigação. Embora haja distinções no regime legal aplicável ao *mortgage*, a depender da natureza do bem, em linhas gerais o devedor transfere, sob condição resolutiva, a propriedade legal do bem ao credor por meio de um documento denominado *bill of sale*, permanecendo o devedor com a propriedade substancial e com a posse do bem[202].

O *trust*, por sua vez, estaria relacionado a duas ideais básicas, consistentes na flexibilidade do instituto, cujas diversas possibilidades de uso

---

como conclusão que não merece tutela jurídica, isto é, que é ilícito porque celebrado em fraude, por exemplo, à proibição do pacto comissório ou porque usurário, ou por outra razão." (VASCONCELOS, *Contratos atípicos*, op. cit., p. 284-285).

[199] Cf. Decreto-Lei 352-A/88. De acordo com Margarida Costa Andrade: "O objetivo deste diploma, no entanto, visa tão-somente a instituição de *trusts* apenas destinados a atividades *off-shore*, ou seja, com base num critério de extraterritorialidade, sem qualquer interferência no ordenamento jurídico interno e exclusivamente protagonizado por pessoas colectivas – as *trust companies* – que usufruem do mesmo estatuto." (ANDRADE, A propriedade fiduciária, op. cit., p. 64).

[200] Cf. Decreto-Lei 195/2004, "art. 14. Nos contratos de alienação fiduciária em garantia, deve o beneficiário, até à data convencionada para o cumprimento das obrigações financeiras garantidas: a) Restituir ao prestador a garantia financeira prestada ou objecto equivalente; b) Entregar ao prestador quantia em dinheiro correspondente ao valor que o objecto da garantia tem no momento do vencimento da obrigação de restituição, nos termos acordados pelas partes e segundo critérios comerciais razoáveis; c) Livrar-se da sua obrigação por meio de compensação, avaliando-se o crédito do prestador nos termos da alínea anterior."

[201] ANDRADE, A propriedade fiduciária, op. cit., p. 80.

[202] ALMEIDA COSTA, Alienação Fiduciária em Garantia e Aquisição de Casa Própria (Notas de Direito Comparado), op. cit., p. 427-428.

permitiriam a sua aplicação a todas as áreas do direito, e na simplicidade de sua constituição para a afetação de um patrimônio a um determinado propósito[203].

Dentre as diversas aplicações do *trust* na Common Law, pode-se citar os *land trusts* ou *trusts* imobiliários, de maior aproximação com a propriedade fiduciária. O patrimônio afetado consistirá em um imóvel cuja destinação irá variar conforme a natureza da transação, que poderá ter função de garantia (*security trusts*), de custódia de bens (*holding trusts*) ou ainda de administração de fundos de investimentos (*investment trusts*)[204].

Há uma tendência de aceitação da propriedade como forma de garantia nos países da União Europeia[205], conforme se depreende da Diretiva 2002/47/CE do Parlamento Europeu e do Conselho, de 6 de junho de 2002, cuja finalidade é aumentar a segurança jurídica dos acordos de garantia financeira mediante a uniformização e desoneração das transações comerciais[206]. A possibilidade da transmissão da propriedade de bens em garantia é uma das tendências atuais globais em matéria de Direito das Garantias, alinhada às exigências financeiras do mercado[207].

2.5. A supergarantia do crédito e suas implicações sistêmicas

A propriedade fiduciária foi designada como "supergarantia"[208], diante dos poderes conferidos ao credor em comparação com as demais modalidades de garantias reais tradicionais. Em resumo, as vantagens da alienação fiduciária consistem na simplicidade para a constituição da garantia,

---

[203] FOERSTER, *O "trust" do Direito Anglo-Americano e os negócios fiduciários no Brasil*, op. cit., p. 147.

[204] Confira-se o exemplo apresentado por Gerd Foerster acerca dos *security trusts* ou *trusts* imobiliários em garantia: "Determinada empresa, já proprietária de uma gleba, intende explorá-la, captando recursos dentre um determinado público interessado em adquirir partes ou unidades do empreendimento a ser construído. Desta forma, transfere o imóvel a um 'trustee', cuja tarefa, além de administrar propriamente o imóvel, consiste em fracionar o projeto imobiliário em unidades de venda, e colocá-las junto ao público investidor. Captando os recursos, repassa-os diretamente à empresa. Quando o empreendimento estiver concluído, o 'trustee' transfere a titularidade das unidades aos beneficiários." (FOERSTER, *O "trust" do Direito Anglo-Americano e os negócios fiduciários no Brasil*, op. cit., p. 170-172).

[205] SILVA, *Garantias imobiliárias em contratos empresariais*, op. cit., p. 30.

[206] Disponível em: https://vlex.pt/vid/europeu-acordos-garantia-financeira-36397008. Acesso em 20 dez. 2020.

[207] LEITÃO, *Garantia das Obrigações*, op. cit., p. 27.

[208] NORONHA, A alienação fiduciária em garantia e o *leasing* financeiro como supergarantias das obrigações, op. cit., p. 740.

na celeridade do procedimento para a excussão extrajudicial e na maior segurança proporcionada ao credor com relação ao retorno do crédito, inclusive no cenário de insolvência do devedor.

Com relação à simplicidade na constituição da garantia, a possibilidade de se firmar o contrato de alienação fiduciária por instrumento particular, ao invés de escritura pública, representa em uma vantagem em comparação com a hipoteca, em razão de menores custos e burocracia. O procedimento registral será mais célere e menos custoso, eis que o imposto de transmissão de bens imóveis *inter vivos* somente incidirá na hipótese de consolidação plena da propriedade na pessoa do credor fiduciário, após o inadimplemento e não purgação da mora pelo devedor fiduciante.

Da mesma forma, o procedimento para a excussão extrajudicial da garantia será mais célere e desburocratizado que pela via executiva judicial. Nesta, além da morosidade do Poder Judiciário, o credor também poderá se deparar com a oposição do devedor por meio de embargos, exceções e diversos outros recursos, com o intuito de postergar ao máximo a execução da garantia e, consequentemente, a satisfação do crédito.

A maior segurança proporcionada ao credor com relação ao retorno dos investimentos realizados está intrinsecamente relacionada ao bom funcionamento do mercado de crédito imobiliário no Brasil, considerando o contexto de criação da Lei 9.514/97. Isso porque, ao se transferir a propriedade fiduciária do bem objeto da garantia para o credor, eventual insolvência do devedor não poderá atingir o bem, e o credor poderá reaver o bem para si sem concorrer com outros credores[209].

A esse respeito, o art. 49, §3º, da Lei 11.101/05, prevê que, no caso de recuperação judicial do devedor fiduciante, o credor proprietário fiduciário de bens móveis ou imóveis não se submeterá aos efeitos da recuperação judicial. A única limitação prevista na lei consiste na impossibilidade de o credor vender ou retirar do estabelecimento do devedor os bens de capital essenciais à atividade empresarial no período de suspensão de 180 dias[210].

---

[209] Lei 9.514/97, "art. 32. Na hipótese de insolvência do fiduciante, fica assegurada ao fiduciário a restituição do imóvel alienado fiduciariamente, na forma da legislação pertinente."

[210] Lei 11.101/05, "art. 49. [...] §3º. Tratando-se de credor titular da posição de proprietário fiduciário de bens móveis ou imóveis, de arrendador mercantil, de proprietário ou promitente vendedor de imóvel cujos respectivos contratos contenham cláusula de irrevogabilidade ou irretratabilidade, inclusive em incorporações imobiliárias, ou de proprietário em contrato de venda com reserva de domínio, seu crédito não se submeterá aos efeitos da recuperação

Com o objetivo de preservar a empresa em recuperação judicial, o STJ entendeu ser possível permanecer na posse do devedor os bens indispensáveis para a manutenção das atividades empresariais por prazo superior ao de suspensão legal, como seria, por exemplo, o caso de imóvel alienado fiduciariamente que serve de planta industrial para a sociedade empresária em recuperação judicial[211]. A desvantagem ao devedor fiduciante seria tão somente a impossibilidade de negociar deságio ou condições especiais de renegociação da dívida com o credor fiduciário, diferentemente dos demais credores.

No caso de falência do devedor, o bem objeto da garantia permanecerá vinculado ao cumprimento da obrigação, na qualidade de patrimônio de

---

judicial e prevalecerão os direitos de propriedade sobre a coisa e as condições contratuais, observada a legislação respectiva, não se permitindo, contudo, durante o prazo de suspensão a que se refere o § 4º do art. 6º desta Lei, a venda ou a retirada do estabelecimento do devedor dos bens de capital essenciais a sua atividade empresarial."

[211] "Conflito de competência. Imissão de posse no juízo cível. Arresto de imóvel no juízo trabalhista. Recuperação judicial em curso. Credor titular da posição de proprietário fiduciário. Bem na posse do devedor. Princípios da função social da propriedade e da preservação da empresa. Competência do juízo da recuperação. 1. Em regra, o credor titular da posição de proprietário fiduciário de bem imóvel (Lei federal n. 9.514/97) não se submete aos efeitos da recuperação judicial, consoante disciplina o art. 49, §3º, da Lei 11.101/05. 2. Na hipótese, porém, há peculiaridade que recomenda excepcionar a regra. É que o imóvel alienado fiduciariamente, objeto da ação de imissão de posse movida pelo credor ou proprietário fiduciário, é aquele em que situada a própria planta industrial da sociedade empresária sob recuperação judicial, mostrando-se indispensável à preservação da atividade econômica da devedora, sob pena de inviabilização da empresa e dos empregos ali gerados. 3. Em casos que se pode ter como assemelhados, em ação de busca e apreensão de bem móvel referente à alienação fiduciária, a jurisprudência desta Corte admite flexibilização à regra, permitindo que permaneça com o devedor fiduciante " bem necessário à atividade produtiva do réu" (v. REsp 250.190-SP, Rel. Min. Aldir Passarinho Junior, Quarta Turma, DJ 02/12/2002). 4. Esse tratamento especial, que leva em conta o fato de o bem estar sendo empregado em benefício da coletividade, cumprindo sua função social (CF, arts. 5º, XXIV, e 170, III), não significa, porém, que o imóvel não possa ser entregue oportunamente ao credor fiduciário, mas sim que, em atendimento ao princípio da preservação da empresa (art. 47 da Lei 11.101/05), caberá ao Juízo da Recuperação Judicial processar e julgar a ação de imissão de posse, segundo prudente avaliação própria dessa instância ordinária. 5. Em exame de conflito de competência pode este Superior Tribunal de Justiça declarar a competência de outro Juízo ou Tribunal que não o suscitante e o suscitado. Precedentes. 6. Conflito conhecido para declarar a competência do Juízo da 2ª Vara Cível de Itaquaquecetuba – SP, onde é processada a recuperação judicial da sociedade empresária." (CC 110.392/SP, Rel. Ministro Raul Araújo, Segunda Seção, julgado em 24/11/2010, DJe 22/03/2011).

AS GARANTIAS REAIS

afetação, e não integrará a massa falida enquanto pendente o adimplemento. Se este ocorrer, a propriedade do bem se consolidará com a massa falida; se não, o credor fiduciário poderá requerer a restituição do bem[212] e deverá promoverá a excussão extrajudicial sem concorrer com os demais credores. Eventual saldo remanescente após a venda do imóvel deverá ser arrecadado em favor da massa falida[213].

A título comparativo, no cenário de falência, o credor hipotecário, apesar de ser titular de um direito real de garantia, deverá aguardar a realização de todas as restituições antes do recebimento de seu crédito, limitado ao valor do bem gravado, e o pagamento de créditos extraconcursais, créditos trabalhistas vencidos três meses antes da decretação da falência, créditos derivados da legislação do trabalho, limitados a 150 salários mínimos por credor, e créditos decorrentes de acidentes de trabalho.

Sob o ponto de vista do credor fiduciário, portanto, a alienação fiduciária de bens imóveis é muito mais vantajosa do que a hipoteca no cenário de insolvência do devedor. Com isso, a alienação fiduciária se consolidou como a principal modalidade de garantia real, ficando em segundo plano a utilização das garantias reais clássicas.

Em contrapartida aos inúmeros benefícios da alienação fiduciária para os credores, o devedor ficará em uma situação muito mais gravosa do que na hipótese de constituição de direito real de garantia sobre os seus bens. Em caso de inadimplemento, o devedor fiduciante perderá o bem e as parcelas já pagas, e terá que arcar com as despesas para a excussão da garantia. Caso haja qualquer ilegalidade ao longo do procedimento extrajudicial de excussão da garantia, também terá o ônus de iniciativa para recorrer ao Poder Judiciário, mediante a contratação de advogados e o adiantamento de custas e despesas processuais[214].

---

[212] Lei 11.101/05, "art. 85. O proprietário de bem arrecadado no processo de falência ou que se encontre em poder do devedor na data da decretação da falência poderá pedir sua restituição."
[213] Lei 11.101/05, "art. 119 [...] IX. os patrimônios de afetação, constituídos para cumprimento de destinação específica, obedecerão ao disposto na legislação respectiva, permanecendo seus bens, direitos e obrigações separados dos do falido até o advento do respectivo termo ou até o cumprimento de sua finalidade, ocasião em que o administrador judicial arrecadará o saldo a favor da massa falida ou inscreverá na classe própria o crédito que contra ela remanescer."
[214] BEZERRA FILHO, Manoel Justino. A execução extrajudicial do contrato de alienação fiduciária de bem imóvel – exame crítico da lei 9.514, de 20.11.1997. *Revista dos Tribunais*, v. 93, n. 819, jan. 2004, p. 74-75.

Diante disso, questiona-se a justificativa para a criação de um credor superprivilegiado no sistema brasileiro de garantias, em detrimento do devedor, de todos os demais credores e da ordem econômica como um todo, considerando o proposito maior de tutela do crédito. Para alguns autores, a preferência do credor fiduciário não teria uma justificativa de ordem social ou de interesse público, sendo resultado de situações casuísticas reguladas pelo legislador e pautada conforme a anterioridade da garantia[215].

Os autores com posição contrária à supremacia da garantia fiduciária sustentam que a Lei 9.514/97 foi desenhada para atender aos interesses das instituições financeiras, e todo o arcabouço jurídico montado acabou por privilegiar demasiadamente o credor fiduciário. A preferência absoluta privilegiaria de forma desarrazoada o interesse do mercado financeiro em detrimento dos detentores de privilégios legais e dos empregados, nas hipóteses de insolvência. Os demais credores do devedor fiduciante também seriam prejudicados com a exclusão do bem alienado fiduciariamente e a consequente diminuição do patrimônio geral do devedor, sobretudo quando houver excesso de garantia[216].

Já os autores favoráveis aos privilégios dos credores fiduciários argumentam que tais poderes se justificam para a criação de um ambiente propício à retomada do desenvolvimento econômico, sendo os privilégios conferidos também aos credores de contratos decorrentes de arrendamento mercantil, de compra e venda com reserva de domínio e de antecipação de recursos ao exportador em função de contrato de câmbio.

Como tais credores não se submetem aos efeitos da recuperação judicial do devedor, poderão praticar juros menores, pois os *spreads* não serão impactados pelo risco de insolvência[217]. Assim, ao excluir tais créditos da recuperação judicial, o legislador optou pelo não enfraquecimento das respectivas formas de garantia, sob pena de aumento do risco do negócio e da taxa de juros[218].

A segunda posição parece ser a mais acertada, sob o prisma do escopo maior de tutela das relações econômicas, a autonomia da vontade e a liber-

---

[215] SILVA, *Garantias imobiliárias em contratos empresariais*, op. cit., p. 179-180.

[216] LOUREIRO, Alienação Fiduciária de Coisa Imóvel, op. cit., p. 88-95.

[217] COELHO, Fábio Ulhôa. *Comentários à Lei de falências e de recuperação de empresas*. São Paulo: Revista dos Tribunais, 11ª ed., 2016, p. 186-187.

[218] AMENDOLARA, Cesar. Alienação fiduciária como instrumento de fomento à concessão de crédito. In: FONTES, Marcos Rolim Fernandes; WAISBERG, Ivo (coord.). *Contratos Bancários*. São Paulo: Quartier Latin, 2006, p. 185-187.

dade das partes de contratarem e pactuarem as garantias mais adequadas aos seus propósitos, sopesando ônus e vantagens. Ainda que a situação do devedor fiduciante seja mais gravosa em comparação ao cenário dos direitos reais de garantia tradicionais, a contratação da garantia é facultativa e o devedor poderá se beneficiar de taxas de juros mais atrativas. Outra vantagem relevante é a possibilidade de o devedor obter instrumento creditício independentemente da existência de qualquer patrimônio garantidor prévio seu ou de terceiros, nas hipóteses de contratação do financiamento para aquisição do bem objeto da garantia fiduciária.

A alegação de uma suposta diminuição artificial do patrimônio do devedor, capaz de prejudicar os demais credores, também não se sustenta. Não há qualquer óbice a impedir o devedor solvente de dispor livremente de seu patrimônio da forma como desejar, inclusive o alienando fiduciariamente para a obtenção de crédito.

Caso a disposição seja realizada em prejuízo de outros credores, o Código Civil já contempla a figura da fraude contra credores, abrangendo a anulabilidade de contratos onerosos firmados pelo devedor insolvente e a presunção de serem fraudatórias as garantias de dívidas dadas pelo devedor insolvente a um credor em prejuízo dos demais[219]. Em qualquer hipótese, a possibilidade de enriquecimento indevido de qualquer uma das partes deverá ser combatida, por meio da interpretação adequada dos dispositivos da Lei 9.514/97, conforme será tratado no quinto capítulo.

Em uma perspectiva sistêmica, a alienação fiduciária veio ao encontro dos anseios de mercado para proporcionar maior segurança e agilidade ao retorno de investimentos, haja vista a crise das modalidades clássicas dos direitos reais de garantia. Consequentemente, haverá a redução das taxas de juros e o barateamento do crédito, fomentando o desenvolvimento econômico.

Mesmo sob o ponto de vista do devedor fiduciante e de seus demais credores, os benefícios dessa nova modalidade de garantia compensam eventuais desvantagens que são passíveis de superação, sobretudo considerando o cenário econômico do país atualmente, no qual a recuperação da economia é uma medida prioritária, com capacidade de influenciar positivamente outros setores a ela direta ou indiretamente relacionados.

---

[219] "Art. 159. Serão igualmente anuláveis os contratos onerosos do devedor insolvente, quando a insolvência for notória, ou houver motivo para ser conhecida do outro contratante."
"Art. 163. Presumem-se fraudatórias dos direitos dos outros credores as garantias de dívidas que o devedor insolvente tiver dado a algum credor."

3
A Alienação Fiduciária de Bens Imóveis

A alienação fiduciária de bens imóveis foi introduzida no Direito brasileiro pela Lei 9.514/97, e foi alterada diversas vezes por leis esparsas posteriores. O seu âmbito de incidência foi alargado para além do SFI, com o propósito de garantir as obrigações em geral. Para melhor compreensão do contexto legislativo motivador da criação da alienação fiduciária de imóveis no Brasil, analisaremos o cenário de financiamento imobiliário e habitacional que antecedeu a criação do SFI, e as principais mudanças implementadas.

Em síntese, a evolução do regime jurídico de financiamento imobiliário pode ser compreendida em três fases sucessivas. A primeira delas, que perdurou até 1964, corresponderia ao período paternalista ou patriarcal, no qual o financiamento era concedido pelo próprio Estado para alguns privilegiados.

A segunda fase, correspondente ao período de intervenção estatal, se iniciou com a criação do Banco Nacional de Habitação (BNH), em 1964, e continuou até o advento da Lei 9.514/97. Nessa fase, o Estado utilizou recursos do sistema financeiro para promover uma política de subsídios para o SFH, a qual não foi bem-sucedida diante da elevada inflação verificada no período, culminando em crise imobiliária.

Por fim, desde 1997 está em vigor a fase da desregulamentação, introduzida pela Lei 9.514/97, que reduziu a presença do Estado no setor imobiliário e instituiu inovações como a uniformização da correção monetária e dos encargos, a securitização de recebíveis imobiliários, e a utilização da alienação fiduciária de imóveis como instrumento de garantia do mercado imobiliário[220].

3.1. O contexto prévio do SFH

Uma das primeiras políticas habitacionais do Brasil consistiu na Fundação Casa Popular, criada pelo Governo Federal em 1946, para promover a habitação social no Brasil, juntamente com as Caixas Econômicas e os Institutos de Previdência. Em razão do cenário social verificado à época, marcado pela inflação, pelo crescimento urbano acelerado e desordenado e pela ausência de mecanismos asseguradores da manutenção do valor real dos créditos concedidos[221], o setor imobiliário não era alvo de investidores privados, restando a cargo do Estado e de poucas instituições o papel de fomentar a política habitacional[222].

Com o intuito de enfrentar o crescente déficit habitacional, a Lei 4.380/64 implementou o SFH, destinado a facilitar e a promover a construção e a aquisição da casa própria ou da moradia, especialmente para as classes de menor renda da população, por meio da atuação conjunta do BNH[223], de órgãos públicos e da iniciativa privada.

É possível identificar a presença de forte intervenção estatal no SFH. Esta se dava através da atuação de órgãos federais, estaduais e municipais e com relação à imposição de regras às operações de financiamento imobiliário destinadas à moradia popular, sujeitas ao reajuste das prestações mensais de amortização e de juros, com base no índice geral de preços mensalmente apurado pelo Conselho Nacional de Economia, conforme as alterações no poder aquisitivo da moeda nacional e na variação do salário mínimo.

Em linhas gerais, o SFH captava recursos por meio dos depósitos realizados nas contas vinculadas ao Fundo de Garantia do Tempo de Serviço

---

[220] WALD, Arnoldo. Alguns aspectos do regime jurídico do Sistema Financeiro Imobiliário (Lei 9.514/97). *Revista de Direito Bancário e do Mercado de Capitais*. Ed. Revista dos Tribunais, ano 2, n. 4, jan.-abr., 1999, p. 13–15.

[221] Cf. consta no item 1 da Exposição de Motivos Interministerial 032, de 9 de junho de 1997, do Projeto de Lei 3.242/97, que deu origem à Lei 9.514/97.

[222] ELIAS FILHO, Rubens Carmo. O Sistema de Financiamento Imobiliário e o Patrimônio de Afetação, para a retomada do mercado imobiliário. In: FONTES, Marcos Rolim Fernandes; WAISBERG, Ivo (coord.). *Contratos Bancários*. São Paulo: Quartier Latin, 2006, p. 249-250.

[223] Posteriormente, o BNH foi extinto pelo Decreto-Lei nº 2.291/86, e incorporado à Caixa Econômica Federal, que o sucedeu em todos os seus direitos e obrigações.

A ALIENAÇÃO FIDUCIÁRIA DE BENS IMÓVEIS

(FGTS) e no Sistema Brasileiro de Poupança e Empréstimo, o qual englobava a Caderneta de Poupança e as Letras Imobiliárias. Tais recursos eram aplicados na execução de programas de financiamento, inclusive habitacionais e de desenvolvimento urbano, garantidos por caução de títulos de crédito ou por hipoteca da unidade habitacional financiada[224]. A Resolução 25/67, do Conselho de Administração do BNH, instituiu o Fundo de Compensação de Valores Salariais para garantir ao mutuário a quitação de sua dívida ao final do prazo contratual nos mútuos decorrentes de financiamentos habitacionais[225].

No que diz respeito à garantia hipotecária, o Decreto-lei 70/66 instituiu a possibilidade de emissão de cédulas hipotecárias para a representação dos respectivos créditos hipotecários, bem como a licitude da cobrança do crédito hipotecário vinculado ao SFH pela via judicial executiva e extrajudicial.

O procedimento da execução judicial foi disciplinado pela Lei 5.741/71, que dispôs sobre a proteção do financiamento de bens imóveis vinculados ao SFH. Em síntese, o devedor em mora é citado pessoalmente para pagar o valor do saldo devedor, ou depositá-lo em juízo, no prazo de vinte e quatro horas, sob pena de penhora do imóvel hipotecado. Na hipótese de oposição de embargos rejeitados, o imóvel é alienado em praça pública por preço não inferior ao saldo devedor. Caso não haja licitantes, o Juiz adjudicará, no prazo de quarenta e oito horas, o imóvel hipotecado ao credor exequente, ficando o devedor executado exonerado da obrigação de pagar o restante da dívida.

Quanto ao procedimento de execução extrajudicial, de acordo com os arts. 31 e 32 do Decreto-lei 70/66, caso o devedor não pague a dívida hipotecária vencida, no todo ou em parte, o credor poderá formalizar junto ao agente fiduciário a solicitação de execução da dívida[226]. O agente fiduciário,

---

[224] ELIAS FILHO, O Sistema de Financiamento Imobiliário e o Patrimônio de Afetação, para a retomada do mercado imobiliário, op. cit., p. 252-255.

[225] Cf. consta no item 2 da Exposição de Motivos Interministerial 032, de 9 de junho de 1997, do Projeto de Lei 3.242/97, que deu origem à Lei 9.514/97.

[226] Nos termos do art. 30 do Decreto-lei 70/66, o agente fiduciário, no caso das hipotecas compreendidas pelo Sistema Financeiro da Habitação, é o Banco Nacional da Habitação, atualmente sucedido pela Caixa Econômica Federal. Nas demais hipotecas, poderá figurar como agente fiduciário as instituições financeiras, inclusive sociedades de crédito imobiliário, credenciadas junto ao Banco Central, nas condições autorizadas pelo Conselho Monetário Nacional.

por sua vez, promoverá a notificação do devedor nos dez dias subsequentes, para purgar a mora no prazo de vinte dias. Se não houver a purgação da mora, o imóvel hipotecado será submetido a um primeiro leilão público no prazo de quinze dias, cujo lance mínimo deverá corresponder ao saldo devedor acrescido de despesas.

Se tal montante não for atingido, nos quinze dias seguintes será realizado um segundo leilão, no qual será aceito o maior lance apurado, ainda que inferior ao valor da dívida e das despesas. Nessa hipótese, ao contrário da execução judicial da Lei 5.741/71, o art. 32, §2º, do Decreto-lei 70/66 previa expressamente a possibilidade de o credor cobrar do devedor, por via executiva, o valor remanescente de seu crédito, sem conferir ao devedor qualquer direito de retenção ou indenização sobre o imóvel alienado.

Ou seja, a opção do credor pela via extrajudicial é muito mais vantajosa do que a via judicial, pois, na primeira hipótese, o imóvel poderá ser leiloado por qualquer valor no segundo leilão, e o credor ainda poderá cobrar do devedor o valor remanescente de seu crédito. Na ação executiva judicial, por outro lado, só são aceitos lances superiores ao valor da dívida, e na ausência de lances nesse patamar mínimo, o imóvel será adjudicado ao credor, ficando o devedor exonerado de pagar a ele qualquer valor remanescente.

Ao nosso ver, não há qualquer razoabilidade em se estabelecer um tratamento mais benéfico ao credor optante pela via extrajudicial em detrimento da via judicial. A via extrajudicial, por sua natureza, já é mais vantajosa ao credor, por consistir em um procedimento mais célere e eficiente para a excussão do bem e o recebimento do crédito, com praticamente nenhuma intervenção por parte do devedor ou de terceiros, os quais terão o ônus de buscar o Poder Judiciário para coibir eventuais abusos.

A possibilidade de cobrança do crédito hipotecário pela via extrajudicial recebeu diversas críticas da doutrina e da jurisprudência. O extinto Primeiro Tribunal de Alçada Cível do Estado de São Paulo chegou a editar a Súmula 39, para declarar a inconstitucionalidade dos arts. 30, parte final, e arts. 31 a 38 do Decreto-lei 70/66, sob o entendimento de que tais dispositivos violariam os preceitos constitucionais de inafastabilidade da apreciação judiciária, do Juiz Natural e do devido processo legal, assim como os direitos ao contraditório, à ampla defesa e à moradia[227].

---

[227] Constituição Federal, "art. 5º [...] XXXV – a lei não excluirá da apreciação do Poder Judiciário lesão ou ameaça a direito; [...]"

A ALIENAÇÃO FIDUCIÁRIA DE BENS IMÓVEIS

Não obstante, o entendimento que prevaleceu no Supremo Tribunal Federal (STF) foi favorável à constitucionalidade do Decreto-lei 70/66 e da execução hipotecária extrajudicial, considerando a possibilidade de o devedor recorrer ao Poder Judiciário para salvaguardar os seus direitos caso houvesse qualquer ilicitude[228]. A decisão foi acertada, pois além de inexistir violação aos dispositivos constitucionais mencionados, contribuiu para promover maior eficiência para a satisfação do crédito e evitar a propositura de novas ações judiciais.

A hipoteca também recebeu críticas pela morosidade para a excussão da garantia, em razão da lentidão do rito processual judicial e da possibilidade de oposição de embargos por parte do devedor e de terceiros e da interposição de recursos capazes de atrasar em diversos anos a satisfação do crédito. Também contribuiu para o desprestígio da hipoteca o privilégio de créditos de outras naturezas, como os trabalhistas e os fiscais, sobre os créditos com garantia real nas execuções concursais. Sobre o crédito hipotecário ainda prevalecem as despesas condominiais em atraso e os honorários advocatícios[229].

Outro fator relevante para a decadência da hipoteca consistiu na Súmula 308 do STJ, que prevê a ineficácia da hipoteca firmada entre a construtora e o agente financeiro perante os adquirentes do imóvel, seja anterior ou posterior à celebração da promessa de compra e venda. A Súmula 308 é uma consequência jurídica da predominância do fim habitacional na coligação entre o contrato de hipoteca e os demais contratos tendentes à

XXXVII – não haverá juízo ou tribunal de exceção; [...]

LIV – ninguém será privado da liberdade ou de seus bens sem o devido processo legal;

LV – aos litigantes, em processo judicial ou administrativo, e aos acusados em geral são assegurados o contraditório e ampla defesa, com os meios e recursos a ela inerentes; [...]"

"Art. 6º. São direitos sociais a educação, a saúde, a alimentação, o trabalho, a moradia, o transporte, o lazer, a segurança, a previdência social, a proteção à maternidade e à infância, a assistência aos desamparados, na forma desta Constituição."

[228] "Execução extrajudicial. Decreto-Lei Nº 70/66. Constitucionalidade. Compatibilidade do aludido diploma legal com a Carta da República, posto que, além de prever uma fase de controle judicial, conquanto *a posteriori*, da venda do imóvel objeto da garantia pelo agente fiduciário, não impede que eventual ilegalidade perpetrada no curso do procedimento seja reprimida, de logo, pelos meios processuais adequados. Recurso conhecido e provido." (RE 223.075-DF, Relator(a): Min. Ilmar Galvão, Primeira Turma, julgado em 23/06/1998, DJ 06-11-1998).

[229] RESTIFFE; RESTIFFE NETO, *Propriedade fiduciária imóvel*, op. cit., p. 21-22 e 25.

aquisição da casa própria[230]. Na prática, esta súmula reduziu a hipoteca a um simples direito pessoal firmado entre a construtora e o agente financeiro, contribuindo para a substituição da hipoteca pela alienação fiduciária de imóveis.

Ao final da década de 70 e durante os anos 80, o Brasil enfrentou severa crise econômica, marcada pela inflação e pela grande retração do setor imobiliário, agravando o déficit habitacional. A inflação levou ao aumento da inadimplência, diante da discrepância entre o montante do débito financiado e o valor do imóvel, e os vários planos econômicos concebidos à época afetaram negativamente as instituições financeiras, contribuindo para o desprestígio do SFH[231].

Em conclusão, o SFH não foi bem-sucedido em seu propósito inicial de promover a construção e a aquisição de moradia à população brasileira, dando ensejo a um terreno fértil para a adoção de uma nova política de financiamento imobiliário totalmente reformulada, no bojo da qual foi instituída a garantia fiduciária de bens imóveis.

3.2. A implementação do SFI pela Lei 9.514/97

Segundo consta na Exposição de Motivos Interministerial 32, de 9 de junho de 1997, no Projeto de Lei 3.242/97, que originou a Lei 9.514/97, o SFI "orienta-se segundo as diretrizes de desregulamentação da economia e modernização dos instrumentos e mecanismos de financiamento à atividade produtiva.".

Além da preocupação com o atendimento da demanda por imóveis residenciais e não residenciais e com a geração de empregos na indústria da construção civil, o principal foco do legislador foi promover o desenvolvimento de um mercado de financiamento imobiliário em bases autossustentáveis. Para tanto, foram desenvolvidos mecanismos para a mobilização dos capitais necessários para a dinamização do sistema e para a canalização de recursos, e garantias efetivas de retorno dos recursos aplicados para atrair investidores.

A finalidade do SFI é "promover o financiamento imobiliário em geral, segundo condições compatíveis com as da formação dos fundos respectivos",

---

[230] MARINO, *Contratos Coligados no Direito Brasileiro*, op. cit., p. 213-214.

[231] WALD, Do regime legal da alienação fiduciária de imóveis e sua aplicabilidade em operações de financiamento de banco de desenvolvimento, op. cit., p. 261.

A ALIENAÇÃO FIDUCIÁRIA DE BENS IMÓVEIS

conforme prevê o art. 1º da Lei 9.514/97. Referida lei tem cunho eminentemente econômico, para consolidar um mercado atrativo e seguro e reter as aplicações de médio e de longo prazo, tendo sido o escopo social de resolver o problema habitacional delegado para o segundo plano[232].

Podem operar no SFI as caixas econômicas, os bancos comerciais, os bancos de investimento, os bancos com carteira de crédito imobiliário, as sociedades de crédito imobiliário, as associações de poupança e empréstimo, as companhias hipotecárias e outras entidades, a critério do Conselho Monetário Nacional. Tais agentes estão autorizados a efetuar as operações de financiamento imobiliário em geral, segundo condições de mercado livremente pactuadas entre as partes, observadas as condições essenciais diretamente relacionadas à viabilidade e à manutenção do SFI.

Enquanto as entidades financeiras operam no mercado primário, as entidades não financeiras, ou seja, as companhias securitizadoras de créditos imobiliários, vão realizar atividade conexa no mercado secundário, por meio da aquisição e da securitização dos créditos imobiliários, através da emissão e colocação, no mercado financeiro, de Certificados de Recebíveis Imobiliários (CRI).

Os CRI são títulos de crédito nominativos, de livre circulação, lastreados em créditos imobiliários, constitutivos de promessa de pagamento em dinheiro, registrados e negociados por meio de sistemas centralizados de custódia e liquidação financeira de títulos privados[233]. Para resguardar o interesse dos investidores, o registro de companhia aberta de companhia securitizadora de créditos imobiliários e a oferta pública de distribuição dos CRI devem seguir as regras previstas na Instrução nº 414, de 30 de dezembro de 2004, da Comissão de Valores Imobiliários.

---

[232] MEZZARI, Mario Pazutti. *Alienação Fiduciária da Lei n. 9.514, de 20-11-1997.* São Paulo: Saraiva, 1998, p. 4.

[233] Cf. Melhim Namem Chalhub: "Trata-se de emissão de títulos com características mais atraentes para os investidores. Os títulos não representam simples obrigações da empresa emissora, mas, sim, títulos garantidos por um conjunto de créditos segregados num patrimônio de afetação, que é destinado exclusivamente ao pagamento dos respectivos subscritores. Por esse modo, o produto dos créditos que constituem lastro da emissão é destinado ao pagamento dos títulos adquiridos pelos investidores; de outra parte, tais títulos ficam protegidos contra eventual insolvência da empresa emissora." (CHALHUB, Melhim Namem. Alienação fiduciária de bens imóveis. Aspectos da formação, execução e extinção do contrato. In: DIP, Ricardo; JACOMINO, Sérgio (org.). *Direito Registral.* Registro imobiliário: propriedade e direitos reais limitados. São Paulo: Ed. Revista dos Tribunais, 2013, p. 790, vol. V).

Para exemplificar a dinâmica de funcionamento do SFI, imagine-se a concessão de um financiamento no valor de R$ 100.000,00 pelo banco "B" ao consumidor "C", para adquirir um imóvel construído pela empreendedora "E". O valor total do imóvel financiado será pago por "B" diretamente à "E", e, no mesmo ato, "E" irá transferir a propriedade do imóvel para "C", mediante a alienação fiduciária em garantia em favor de "B". Assim, "C" efetuará o pagamento das parcelas do financiamento diretamente para "B", o qual, na qualidade de titular do crédito devido por "C", poderá cedê-lo para a securitizadora "S". "S" passará a ser a nova credora de "C", e, mediante a emissão de Termo de Securitização de Créditos[234], poderá dividir o crédito, por exemplo, em cem partes iguais para a emissão de cem CRI, no valor de R$ 1.000,00 cada, os quais serão lançados no mercado financeiro, para aquisição pelos investidores.

A operação de financiamento imobiliário consiste em um negócio jurídico complexo, inter-relacionado nos seus sujeitos, objeto e forma, diante da pluralidade de agentes, como a instituição financeira, a construtora ou a incorporadora do imóvel, o adquirente do imóvel tomador do financiamento, a companhia securitizadora, o investidor que adquirirá os títulos emitidos, e ainda o Oficial do Registro de Imóveis, além de terceiros como garantes, leiloeiros e arrematantes[235].

Para maior proteção dos investidores, a lei prevê no art. 9º e seguintes a possibilidade de a companhia securitizadora instituir regime fiduciário sobre os créditos imobiliários, mediante a declaração unilateral da companhia securitizadora no Termo de Securitização de Créditos[236].

---

[234] Nos termos do art. 8º da Lei 9.514/97, deverá constar no Termo de Securitização de Crédito a identificação do devedor e o valor de cada crédito que lastreie a emissão, com a individuação do imóvel a que esteja vinculado e a indicação do Cartório de Registro de Imóveis em que esteja registrada a respectiva matrícula, bem como a indicação do ato pelo qual o crédito foi cedido; a identificação dos títulos emitidos; e a constituição de outras garantias de resgate dos títulos da série emitida, se for o caso.

[235] RESTIFFE; RESTIFFE NETO, *Propriedade fiduciária imóvel*, op. cit., p. 30.

[236] Nesse caso, também deverá constar no Termo de Securitização de Crédito, que deverá ser averbado junto aos Registros de Imóveis em que estejam matriculados os respectivos imóveis: a constituição do regime fiduciário sobre os créditos que lastreiem a emissão; a constituição de patrimônio separado, integrado pela totalidade dos créditos submetidos ao regime fiduciário que lastreiem a emissão; a afetação dos créditos como lastro da emissão da respectiva série de títulos; a nomeação do agente fiduciário, com a definição de seus deveres, responsabilidades e remuneração, bem como as hipóteses, condições e forma de sua destituição ou substituição e as demais condições de sua atuação; e a forma de liquidação do patrimônio separado.

Os créditos que lastreiam os títulos passam a ser segregados do patrimônio da companhia securitizadora até o resgate total de todos os títulos da mesma série, destinados específica e exclusivamente para satisfazer os direitos dos investidores e as obrigações inerentes ao título afetado. Os créditos estarão isentos de qualquer ação ou execução proposta contra a companhia securitizadora e não são passíveis de constituição de garantias ou de excussão por quaisquer outros credores.

A companhia securitizadora possui diversos deveres legais, tais como administrar cada patrimônio separado; manter registros contábeis independentes em relação a cada um deles; elaborar e publicar as respectivas demonstrações financeiras; e ainda responder com a totalidade de seu patrimônio pelos prejuízos causados por descumprimento de disposição legal ou regulamentar, por negligência, administração temerária ou desvio da finalidade do patrimônio separado. A lei também prevê a nomeação de um agente fiduciário com poderes para representar os investidores.

Todos esses mecanismos foram instituídos com o objetivo de incentivar e viabilizar o mercado imobiliário no Brasil a longo prazo. Em se tratando de financiamento imobiliário, muitas vezes os financiamentos somente serão completamente quitados após diversos anos, ou mesmo décadas. Há, portanto, uma preocupação central com relação à remuneração e à recomposição do investimento inicial, que refletiu na instituição de garantias e instrumentos céleres e efetivos para propiciar o retorno dos recursos aplicados.

3.3. As garantias e os instrumentos aplicáveis às operações do SFI

O rol do art. 17 da Lei 9.514/97 prevê que as operações de financiamento imobiliário em geral podem ser garantidas, respectivamente, por: (i) hipoteca; (ii) cessão fiduciária de direitos creditórios decorrentes de contratos de alienação de imóveis, (iii) caução de direitos creditórios ou aquisitivos decorrentes de contratos de venda ou promessa de venda de imóveis; (iv) alienação fiduciária de coisa imóvel; e (iv) anticrese.

Além dessas modalidades de garantia, também discorreremos brevemente sobre outros dois instrumentos relevantes às operações do SFI previstos na Lei 9.514/97, a cessão de crédito e o arrendamento mercantil de imóvel.

3.3.1. Hipoteca e anticrese

A hipoteca consiste no instrumento de garantia clássico adotado largamente no SFH. Não obstante, a tendência atual é ser cada vez menos utilizada diante da implementação da alienação fiduciária de imóveis, que eliminou pontos críticos comprometedores da eficiência da hipoteca.

Como visto, na alienação fiduciária de imóvel ocorre a transferência da propriedade fiduciária ao credor, com o escopo de garantir o recebimento do crédito. Outra vantagem é a possibilidade de o credor atuar em nível cartorial registrário para a desconstituição do vínculo contratual e para a excussão da garantia, sem ter que recorrer ao Poder Judiciário. Também são notórias as vantagens na hipótese de insolvência do devedor, por não se submeter ao concurso de credores[237].

A anticrese, outra modalidade de direito real de garantia tradicional, recai sobre determinado bem imóvel e possibilita a percepção de frutos e rendimentos pelo credor, em compensação da dívida, juros e capital. O art. 17, §3º, da Lei 9.514/97 prevê que as operações do SFI que envolvam locação poderão ser garantidas suplementarmente por anticrese. Esse dispositivo, entretanto, tem pouca aplicabilidade prática, haja vista o crescente desuso da anticrese e das desvantagens em comparação com o penhor e com a hipoteca, pois exige a entrega da posse do imóvel ao credor[238].

3.3.2. Cessão fiduciária de direitos creditórios

Na cessão fiduciária de direitos creditórios, o objeto da garantia é o direito de crédito, que pode estar materializado em títulos de crédito, como, por exemplo, uma cédula de crédito bancária emitida em garantia à contratação de um mútuo, ou em recebíveis, consistentes em direitos de crédito originados do faturamento de bens e serviços, como duplicatas, notas promissórias, etc[239].

A cessão fiduciária de direitos creditórios foi originalmente prevista pelos arts. 22 e 23 da Lei 4.864/65, ao criar medidas para o estímulo da indústria de construção civil. Segundo a lei, os créditos das caixas econômicas e das sociedades de crédito imobiliário poderiam ser garantidos pela

---

[237] RESTIFFE; RESTIFFE NETO, *Propriedade fiduciária imóvel*, op. cit., p. 71.

[238] GOMES, *Direitos reais*, op. cit., p. 405-408.

[239] AMENDOLARA, Alienação fiduciária como instrumento de fomento à concessão de crédito, op. cit., p. 188-189.

cessão fiduciária dos direitos decorrentes dos contratos de alienação das unidades habitacionais integrantes do projeto financiado.

A cessão fiduciária também foi estendida aos direitos sobre coisas móveis e títulos de créditos pela Lei 10.931/2014, ao acrescentar o art. 66-B e respectivos parágrafos à Lei 4.728/65, na seção referente à alienação fiduciária em garantia no mercado financeiro e de capitais.

Nos termos do art. 18 e seguintes da Lei 9.514/97, a cessão fiduciária de direitos creditórios ocorre por meio da transferência ao credor cessionário da titularidade dos créditos cedidos, até a liquidação da dívida garantida. O credor cessionário poderá conservar e recuperar a posse dos títulos representativos dos créditos cedidos contra qualquer detentor; promover a intimação dos devedores que não paguem ao cedente; usar das ações, recursos e execuções, judiciais e extrajudiciais, para receber os créditos cedidos e exercer os direitos conferidos no contrato de alienação do imóvel; e receber diretamente dos devedores os créditos cedidos fiduciariamente, devendo creditar ao cedente os valores que sobejarem, após a dedução de despesas de cobrança e administração.

Eventual saldo remanescente poderá ser cobrado do devedor se as importâncias recebidas não bastarem para o pagamento integral da dívida e de seus encargos. Na hipótese de falência do cedente, fica assegurada ao cessionário a restituição dos títulos representativos dos créditos cedidos fiduciariamente.

A doutrina diverge quanto à submissão do crédito decorrente da cessão fiduciária em garantia de direitos creditórios e de títulos de crédito aos efeitos da recuperação judicial. Para a corrente minoritária, como o direito real de garantia se constitui sobre coisa alheia, ou seja, sobre o direito creditório ou sobre o título de crédito do cedente, e não sobre coisa própria do credor, não se aplicaria a exceção prevista no art. 49, §3º, da Lei 11.101/05[240].

---

[240] "Art. 49, §3º. Tratando-se de credor titular da posição de proprietário fiduciário de bens móveis ou imóveis, de arrendador mercantil, de proprietário ou promitente vendedor de imóvel cujos respectivos contratos contenham cláusula de irrevogabilidade ou irretratabilidade, inclusive em incorporações imobiliárias, ou de proprietário em contrato de venda com reserva de domínio, seu crédito não se submeterá aos efeitos da recuperação judicial e prevalecerão os direitos de propriedade sobre a coisa e as condições contratuais, observada a legislação respectiva, não se permitindo, contudo, durante o prazo de suspensão a que se refere o §4º do art. 6º desta Lei, a venda ou a retirada do estabelecimento do devedor dos bens de capital essenciais a sua atividade empresarial."

Segundo essa corrente, é necessário distinguir a *propriedade fiduciária* da *titularidade fiduciária* constante na redação do art. 1.368-A do Código Civil[241]. O cessionário do título de crédito não faria jus à qualidade de proprietário fiduciário, pois o direito real de garantia recairia sobre coisa alheia. Como a Lei 11.101/05 é posterior à Lei 9.514/97 e à Lei 10.931/04, e como o art. 49, §3º da Lei 11.101/05 faz referência expressa ao proprietário fiduciário de bens móveis ou imóveis, a cessão fiduciária de títulos de crédito não se amoldaria à exceção legal, mas sim à previsão do *caput* do art. 49, que sujeita todos os créditos existentes na data do pedido à recuperação judicial[242].

Já para a corrente majoritária, a cessão fiduciária seria modalidade de negócio fiduciário de constituição de propriedade fiduciária, juntamente com a alienação fiduciária, eis que a segregação seria inerente à natureza de toda e qualquer garantia fiduciária[243]. O termo *titularidade* teria sido empregado pelo legislador ao tratar da cessão fiduciária apenas por técnica jurídica[244]. Portanto, a cessão fiduciária estaria abrangida pelo art. 49, §3º, da Lei 11.101/65.

A divergência também refletiu nos Tribunais, e atualmente prevalece junto ao STJ o entendimento segundo o qual a cessão fiduciária de direitos creditórios sobre coisas móveis, bem como sobre títulos de crédito, são negócios fiduciários e não se sujeitam aos efeitos da recuperação judicial do devedor[245]. O entendimento está alinhado com o propósito maior de

---

[241] "Art. 1.368-A. As demais espécies de propriedade fiduciária ou de titularidade fiduciária submetem-se à disciplina específica das respectivas leis especiais, somente se aplicando as disposições deste Código naquilo que não for incompatível com a legislação especial."

[242] RESTIFFE; RESTIFFE NETO, *Propriedade fiduciária imóvel*, op. cit., p. 36-39.

[243] CHALHUB, Melhim Namen. *Alienação Fiduciária. Negócio Fiduciário.* 5ª ed. Rio de Janeiro: Forense, 2017, p. 292 e FERNANDES, Jean Carlos. *Cessão Fiduciária de Títulos de Crédito.* A posição do Credor Fiduciário na Recuperação Judicial da Empresa. Rio de Janeiro: Ed. Lumen Juris, 2009, 194-195.

[244] Raphael Manhães Martins aponta a utilização indevida de sinédoque por parte do legislador, ao tomar o gênero pela espécie, e a espécie pelo gênero, ao introduzir no direito brasileiro figuras derivadas da propriedade fiduciária sem que haja uma correta sistematização, em razão do casuísmo do legislador. Entre elas, o autor faz referência ao *domínio resolúvel* citado pela Lei 4.728/65; a *propriedade resolúvel* e a constituição de um *regime fiduciário* mencionados pela Lei 9.514/97; e a *afetação patrimonial* da Lei 10.931/2004. (MARTINS, A Propriedade Fiduciária no Direito Brasileiro, op. cit., p. 103-104).

[245] "Recurso Especial. Recuperação Judicial. Cédula de crédito garantida por cessão fiduciária de direitos creditórios. Natureza jurídica. Propriedade fiduciária. Não sujeição ao

A ALIENAÇÃO FIDUCIÁRIA DE BENS IMÓVEIS

tutela das relações econômicas e de fomento ao crédito, ainda que, tecnicamente, a alienação fiduciária e a cessão fiduciária de direitos creditórios sejam figuras distintas.

Para PAULO RESTIFFE NETO e PAULO SÉRGIO RESTIFFE, o art. 17, II, da Lei 9.514/97, abrange tanto a cessão fiduciária de direitos creditórios decorrentes de contratos de alienação de imóveis, como a cessão fiduciária de direitos aquisitivos sobre o imóvel, eis que o art. 21 prevê a possibilidade de se instituir caução sobre os direitos aquisitivos sobre imóvel, ainda que em construção, os quais são passíveis de transmissão[246]. A caução de títulos de crédito estava prevista nos arts. 789 a 795 Código Civil de 1916, e não possui correspondência no Código Civil de 2002[247].

---

processo de recuperação judicial. 'Trava bancária'. 1. A alienação fiduciária de coisa fungível e a cessão fiduciária de direitos sobre coisas móveis, bem como de títulos de crédito, possuem a natureza jurídica de propriedade fiduciária, não se sujeitando aos efeitos da recuperação judicial, nos termos do art. 49, § 3º, da Lei nº 11.101/2005. 2. Recurso especial não provido." (REsp 1202918/SP, Rel. Ministro Ricardo Villas Bôas Cueva, Terceira Turma, julgado em 07/03/2013, DJe 10/04/2013). Trecho do voto vencedor do Ministro Ricardo Villas Bôas Cuevas: "[...] Desse modo, é inarredável a conclusão de que nosso ordenamento contempla a propriedade fiduciária que decorre de alienação fiduciária de bens móveis, infungíveis (artigos 1.361 a 1.368-A do Código Civil) e fungíveis (art. 66-B da Lei no 4.728, de 1965) e a cessão fiduciária de direitos sobre coisas móveis ou de títulos de crédito. [...] Em outra perspectiva, não há falar em ofensa ao princípio da preservação da empresa, pois a análise evolutiva da legislação relacionada aos institutos jurídicos ora em estudo evidencia que o intento da lei ao criar um mecanismo jurídico que permite a obtenção de empréstimo a juros mais baixos, é o de promover um ambiente propício ao desenvolvimento econômico, especialmente em casos em que a ausência de lastro patrimonial, em regra, impossibilitava essa alternativa.". Também merece destaque a fundamentação do voto vencido da Ministra Nancy Andrighi: "Seja como for, sem nos aprofundarmos na análise das características que compõem cada espécie de fidúcia, o que releva para o deslinde da presente controvérsia é a constatação de que alienação fiduciária e cessão fiduciária constituem modalidades distintas de negócio fiduciário. [...] Dessa forma, não há como incluir a cessão fiduciária de direitos de crédito no bojo do §3º do art. 49 da Lei nº 11.101/05. Por se tratar de uma regra de exceção, limitadora de direitos, a boa hermenêutica exige que a referida norma seja interpretada restritivamente, sendo incabível qualquer forma de presunção, analogia ou ampliação."

[246] RESTIFFE; RESTIFFE NETO, *Propriedade fiduciária imóvel*, op. cit., p. 55.

[247] Diante disso, os autores sugerem a aplicação supletiva das regras do penhor especial, ou seja, do penhor de direitos sobre coisas móveis e do penhor de títulos de crédito, previstas nos arts. 1.451 a 1.460 do Código Civil de 2002, no que não houver incompatibilidade com o disposto no art. 21 e seus respectivos parágrafos. (Ibid., p. 28-29).

3.3.3. Cessão de crédito

A Lei 9.514/97 prevê a possibilidade de cessão do crédito objeto da alienação fiduciária, e a transmissão dos direitos do fiduciante sobre o imóvel[248]. Tais dispositivos são de grande relevância, por viabilizar a capitalização permanente do incorporador imobiliário, em decorrência da possibilidade de transferir o seu crédito à empresa de securitização no mercado secundário.

Diante da ausência de disposição legal expressa na Lei 9.514/97, a cessão de crédito deverá seguir as regras gerais previstas nos arts. 286 a 298 do Código Civil. O contrato de cessão deverá ser celebrado por instrumento público, ou por instrumento particular com as solenidades previstas no art. 654, §1º, do Código Civil, sob pena de eficácia perante terceiros[249], e ser registrado junto à matrícula do imóvel no Registro de Imóveis competente, haja vista a transmissão de um direito imobiliário[250].

A única exceção quanto à aplicabilidade do Código Civil seria com relação ao art. 290, sendo desnecessária a notificação do devedor para que a cessão de crédito tenha eficácia com relação a ele, já que o art. 35 da Lei 9.514/97 prevê expressamente a dispensa de notificação[251].

O devedor fiduciante também poderá transmitir os seus direitos e obrigações sobre o imóvel objeto da alienação fiduciária, desde que haja a anuência expressa do credor fiduciário[252], em paralelo ao disposto no art. 299 do Código Civil[253].

---

[248] "Art. 28. A cessão do crédito objeto da alienação fiduciária implicará a transferência, ao cessionário, de todos os direitos e obrigações inerentes à propriedade fiduciária em garantia."
"Art. 29. O fiduciante, com anuência expressa do fiduciário, poderá transmitir os direitos de que seja titular sobre o imóvel objeto da alienação fiduciária em garantia, assumindo o adquirente as respectivas obrigações."

[249] "Art. 288. É ineficaz, em relação a terceiros, a transmissão de um crédito, se não celebrar-se mediante instrumento público, ou instrumento particular revestido das solenidades do §1º do art. 654."

[250] WALD, Do regime legal da alienação fiduciária de imóveis e sua aplicabilidade em operações de financiamento de banco de desenvolvimento, op. cit., p. 267.

[251] "Art. 35. Nas cessões de crédito a que aludem os arts. 3º, 18 e 28, é dispensada a notificação do devedor."

[252] "Art. 29. O fiduciante, com anuência expressa do fiduciário, poderá transmitir os direitos de que seja titular sobre o imóvel objeto da alienação fiduciária em garantia, assumindo o adquirente as respectivas obrigações."

[253] "Art. 299. É facultado a terceiro assumir a obrigação do devedor, com o consentimento expresso do credor, ficando exonerado o devedor primitivo, salvo se aquele, ao tempo da assunção, era insolvente e o credor o ignorava."

A ALIENAÇÃO FIDUCIÁRIA DE BENS IMÓVEIS

Os direitos aquisitivos do devedor fiduciante sobre o imóvel também podem ser objeto de penhora por outros credores[254], sendo nesse caso desnecessária a anuência do credor fiduciário[255]. A exceção à possibilidade de penhora ocorre caso o imóvel constitua bem de família do devedor, conforme entende atualmente o STJ[256].

[254] Código de Processo Civil, "art. 835. A penhora observará, preferencialmente, a seguinte ordem: [...] XII – direitos aquisitivos derivados de promessa de compra e venda e de alienação fiduciária em garantia;"

[255] "Processual Civil. Recurso especial. Direitos do fiduciante sobre bem submetido a contrato de alienação fiduciária. Penhora. Possibilidade. 1. A pretensão da Fazenda não consiste na penhora do bem objeto de alienação fiduciária, mas sim dos direitos que o devedor fiduciante possui sobre a coisa. 2. Referida pretensão encontra guarida na jurisprudência deste Tribunal Superior que, ao permitir a penhora dos direitos do devedor fiduciante oriundos do contrato de alienação, não traz como requisito a anuência do credor fiduciário. Precedentes: AgInt no AREsp 644.018/SP, Rel. Ministra Maria Isabel Gallotti, Quarta Turma, DJe de 10/06/2016 ST; AgRg no REsp 1.459.609/RS, de minha relatoria, Segunda Turma, DJe 4/12/2014; STJ, REsp 1.051.642/RS, Rel. Ministra Denise Arruda, Primeira Turma, DJe 2/2/2010; STJ, REsp 910.207/MG, Rel. Ministro Castro Meira, Segunda Turma, DJ 25/10/2007. 3. Esclarece-se, por oportuno, que a penhora, na espécie, não tem o condão de afastar o exercício dos direitos do credor fiduciário resultantes do contrato de alienação fiduciária, pois, do contrário, estaríamos a permitir a ingerência na relação contratual sem lei que o estabeleça. Até porque os direitos do devedor fiduciante, objeto da penhora, subsistirão na medida e na proporção que cumprir com suas obrigações oriundas do contrato de alienação fiduciária. 4. Recurso especial provido." (REsp 1697645/MG, Rel. Ministro Og Fernandos, Segunda Turma, julgado em 19/04/2018, DJe 25/04/2018).

[256] "Recurso especial. Direito processual civil. Bem imóvel. Alienação fiduciária em garantia. Direitos do devedor fiduciante. Penhora. Impossibilidade. Bem de família legal. Lei nº 8.009/1990. 1. Recurso especial interposto contra acórdão publicado na vigência do Código de Processo Civil de 2015 (Enunciados Administrativos nºs 2 e 3/STJ). 2. Cinge-se a controvérsia a definir se os direitos (posse) do devedor fiduciante sobre o imóvel objeto do contrato de alienação fiduciária em garantia podem receber a proteção da impenhorabilidade do bem de família legal (Lei nº 8.009/1990) em execução de título extrajudicial (cheques). 3. Não se admite a penhora do bem alienado fiduciariamente em execução promovida por terceiros contra o devedor fiduciante, haja vista que o patrimônio pertence ao credor fiduciário, permitindo-se, contudo, a constrição dos direitos decorrentes do contrato de alienação fiduciária. Precedentes. 4. A regra da impenhorabilidade do bem de família legal também abrange o imóvel em fase de aquisição, como aqueles decorrentes da celebração do compromisso de compra e venda ou do financiamento de imóvel para fins de moradia, sob pena de impedir que o devedor (executado) adquira o bem necessário à habitação da entidade familiar. 5. Na hipótese, tratando-se de contrato de alienação fiduciária em garantia, no qual, havendo a quitação integral da dívida, o devedor fiduciante consolidará a propriedade para si, deve prevalecer a regra de impenhorabilidade. 6. Recurso especial provido." (REsp 1677079/SP, Rel. Ministro Ricardo Villas Bôas Cueva, Terceira Turma, julgado em 25/09/2018, DJe 01/10/2018).

O bem alienado fiduciariamente, por sua vez, não poderia ser alienado ou penhorado por terceiros em razão de outras dívidas do fiduciante, pois passou a integrar o patrimônio do credor fiduciário[257].

3.3.4. Arrendamento mercantil de imóveis

A Lei 9.514/97 prevê o arrendamento mercantil de imóveis[258], uma modalidade do arrendamento mercantil financeiro derivado do *leasing*, de origem norte-americana[259]. O arrendamento mercantil em geral é disciplinado pela Lei 6.099/74, e, na definição de ASSUMPÇÃO NEVES[260] consiste no

> contrato pelo qual uma pessoa natural ou jurídica, desejando utilizar determinado equipamento ou certo imóvel, procede para que uma instituição financeira adquira o referido bem e alugue-o por prazo certo, estabelecendo que, finda a locação, haverá a tríplice opção de devolução do bem, renovação da locação por valor inferior ao primeiro período ou aquisição do bem por preço residual fixado inicialmente no contrato.

Apesar de o *leasing* se assemelhar à propriedade fiduciária, por conferir a posse direta ao usuário e a posse indireta ao proprietário do bem,

---

[257] "Processual Civil e Tributário. Execução fiscal. Bem móvel com alienação fiduciária. Constrição dos direitos. Possibilidade. 1. O STJ firmou o entendimento de que o bem alienado fiduciariamente, por não integrar o patrimônio do devedor, não pode ser objeto de penhora. Nada impede, contudo, que os direitos do devedor fiduciante oriundos do contrato sejam constritos. 2. Recurso Especial provido." (REsp 1646249/RO, Rel. Ministro Herman Benjamin, Segunda Turma, julgado em 03/04/2018, DJe 24/05/2018).

[258] Confira-se as disposições da Lei 9.514/97 acerca do arrendamento mercantil de imóveis: "Art. 5º As operações de financiamento imobiliário em geral, no âmbito do SFI, serão livremente pactuadas pelas partes, observadas as seguintes condições essenciais: [...] §2º. As operações de comercialização de imóveis, com pagamento parcelado, de arrendamento mercantil de imóveis e de financiamento imobiliário em geral poderão ser pactuadas nas mesmas condições permitidas para as entidades autorizadas a operar no SFI."[...]
"Art. 36. Nos contratos de venda de imóveis a prazo, inclusive alienação fiduciária, de arrendamento mercantil de imóveis, de financiamento imobiliário em geral e nos títulos de que tratam os arts. 6º, 7º e 8º, admitir-se-á, respeitada a legislação pertinente, a estipulação de cláusula de reajuste e das condições e critérios de sua aplicação."
"Art. 37. Às operações de arrendamento mercantil de imóveis não se aplica a legislação pertinente à locação de imóveis residenciais, não residenciais ou comerciais."

[259] Para Fernando Noronha, o *leasing* seria uma modalidade de garantia imprópria, e assim como a alienação fiduciária, também uma "supergarantia". (NORONHA, A alienação fiduciária em garantia e o *leasing* financeiro como supergarantias das obrigações, op. cit., p. 740 e 751-753).

[260] NEVES, *Manual de Direito Processual Civil*, op. cit., p. 1489.

ambos não se confundem. No primeiro, inexiste propriedade resolúvel em favor do arrendador, tampouco direito real de aquisição por parte do arrendatário, pois o pagamento das prestações se situa em um contexto meramente obrigacional[261].

Além disso, o credor do *leasing* deverá ser necessariamente uma pessoa jurídica[262], e o objeto do contrato deverá ser um bem móvel ou imóvel pronto para o uso na atividade econômica do arrendatário[263], o que acaba por limitar o escopo de garantia, em comparação à alienação fiduciária[264].

No âmbito específico do arrendamento mercantil de imóveis, a Lei 10.188/2001 instituiu o Programa de Arrendamento Residencial para o atendimento da necessidade de moradia da população de baixa renda, sob a forma de arrendamento residencial com opção de compra de bens imóveis.

O Programa de Arrendamento Residencial é regido pelo Ministério das Cidades e operacionalizado pela Caixa Econômica Federal, com recursos advindos da integralização de cotas, por meio do Fundo de Arrendamento Residencial. No Programa Minha Casa, Minha Vida, criado pela Lei 11.977/2009, a União também passou a integralizar cotas, com o objetivo de implementar o programa social de moradia para famílias com renda mensal de até R$ 4.650,00. Os imóveis financiados pelo Programa de Arrendamento Residencial têm imunidade tributária, sendo isentos do pagamento de IPTU[265].

---

[261] Ibid., p. 1490.

[262] Lei 6.099/74, "art. 1º. O tratamento tributário das operações de arrendamento mercantil reger-se-á pelas disposições desta Lei.
Parágrafo único – Considera-se arrendamento mercantil, para os efeitos desta Lei, o negócio jurídico realizado entre pessoa jurídica, na qualidade de arrendadora, e pessoa física ou jurídica, na qualidade de arrendatária, e que tenha por objeto o arrendamento de bens adquiridos pela arrendadora, segundo especificações da arrendatária e para uso próprio desta."

[263] "[...] Somente se caracteriza como arrendamento mercantil a operação cujo uso sejam bens móveis ou imóveis prontos para serem utilizados, pela arrendatária, em sua atividade econômica, alcançando tal disposição, implícita na lei, os bens no ato da celebração do contrato." (REsp 78.022/PR, Rel. Min. Peçanha Martins, Segunda Turma, julgado em 06/03/1997, DJ 22/04/1997, p. 14408).

[264] Mario Pazutti Mezzari aponta ainda a inexistência de previsão no rol do art. 167 da Lei dos Registros Públicos para o registro do *leasing* imobiliário, o que faz com que tal instrumento, na prática, tenha aplicação restrita para fins de garantia imobiliária. (MEZZARI, *Alienação Fiduciária da Lei n. 9.514, de 20-11-1997*, op. cit., p. 9-10).

[265] Confira-se trecho da decisão proferida pelo Tribunal Pleno do STF, presidido pelo Ministro Dias Toffoli, no âmbito do RE 928902: "O Tribunal, por maioria, apreciando o tema 884 da

3.4. As inovações da Lei 10.931/04

Conforme constou no Projeto de Lei 2.109/99, um dos eventos motivadores da Lei 10.931/04 foi a falência da Encol, uma das maiores empresas de construção civil do Brasil, que deixou quase 700 obras paralisadas, afetando aproximadamente 42 mil famílias[266]. A principal preocupação do legislador, portanto, foi criar mecanismos jurídicos para a proteção do adquirente de imóvel em construção, na hipótese de falência da incorporadora ou da construtora, na tentativa de dirimir o cenário de insegurança jurídica.

Diante da semelhança de objeto, foram anexados ao Projeto de Lei 2.109/99 o Projeto de Lei 3.751/2000[267] e o Projeto de Lei 3.065/2004[268], os quais dispunham sobre o patrimônio de afetação de incorporações imobiliárias e outras matérias distintas. Após a aprovação do texto final, a Lei 10.931/04 restou dividida em seis capítulos, tratando de matérias diversas, tais como o regime especial tributário do patrimônio de afetação; a Letra de Crédito Imobiliário; a Cédula de Crédito Bancário; os contratos de financiamento de imóveis, e outros.

Em um primeiro momento, a Lei 10.931/04 foi criticada por tratar de matérias desconexas em sua natureza, o que violaria o art. 7º, incisos I, II e III, da Lei Complementar 95/98, referente às regras para a estruturação de leis[269].

repercussão geral, deu provimento ao recurso extraordinário para extinguir a execução com relação aos valores cobrados a título de IPTU, condenando-se o recorrido ao pagamento das custas e honorários advocatícios, nos termos do voto do Relator, vencido o Ministro Marco Aurélio. Em seguida, por maioria, fixou-se a seguinte tese: 'Os bens e direitos que integram o patrimônio do fundo vinculado ao Programa de Arrendamento Residencial – PAR, criado pela Lei 10.188/2001, beneficiam-se da imunidade tributária prevista no art. 150, VI, a, da Constituição Federal', vencido o Ministro Marco Aurélio. Falaram: pela recorrente, o Dr. Gryecos Attom Valente Loureiro; pelo amicus curiae Associação Brasileira das Secretarias de Finanças das Capitais Brasileiras – ABRASF, o Dr. Ricardo Almeida Ribeiro da Silva; e, pelo *amicus curiae* Município de São Paulo, o Dr. Felipe Granado Gonzáles, Procurador do Município de São Paulo. Ausentes, justificadamente, os Ministros Gilmar Mendes e Ricardo Lewandowski. Presidência do Ministro Dias Toffoli. Plenário, 17.10.2018."

[266] Disponível em: http://www.camara.gov.br/proposicoesWeb/prop_mostrarintegra? codteor=1124581& filename=Dossie+-PL+2109/1999. Acesso em 20 dez. 2020.

[267] Disponível em: http://imagem.camara.gov.br/Imagem/d/pdf/DCD22NOV2000. pdf#page=99. Acesso em 20 dez. 2020.

[268] Disponível em: http://www.camara.gov.br/proposicoesWeb/prop_mostrarintegra? codteor=200814& filename=PL+3065/2004. Acesso em 20 dez. 2020.

[269] LC 95/98, "art. 7º. O primeiro artigo do texto indicará o objeto da lei e o respectivo âmbito de aplicação, observados os seguintes princípios:

I – excetuadas as codificações, cada lei tratará de um único objeto;

A ALIENAÇÃO FIDUCIÁRIA DE BENS IMÓVEIS

Também foram feitas críticas a alguns dispositivos legais isolados, como o art. 28, que prevê ser a cédula de crédito bancário um título executivo extrajudicial. Tais críticas, contudo, não foram acolhidas pela jurisprudência, sendo reconhecida a constitucionalidade da Lei 10.931/04[270].

3.4.1. A extensão da alienação fiduciária de imóveis às obrigações em geral

A inovação da Lei 10.931/04 mais relevante para o propósito desta obra consiste no art. 51, que estendeu a possibilidade de a alienação fiduciária de imóvel garantir as obrigações em geral[271]. Desde então, a alienação fiduciária de bens imóveis passou a ser plenamente admissível para garantir as obrigações decorrentes de contratos empresariais[272].

II – a lei não conterá matéria estranha a seu objeto ou a este não vinculada por afinidade, pertinência ou conexão;

III – o âmbito de aplicação da lei será estabelecido de forma tão específica quanto o possibilite o conhecimento técnico ou científico da área respectiva; [...]"

[270] "[...] A alegação da inconstitucionalidade da Lei 10.931/2004, que criou essa modalidade de título de crédito, era totalmente inconsistente, sendo matéria superada na jurisprudência, não havendo sequer a alegada violação à regra da Lei Complementar 95/98. Essa norma, em suas Seções I e II, estabeleceu apenas uma orientação programática geral a respeito da redação das leis, sem estabelecer sanção para o eventual descumprimento pelo legislador. Assim, mesmo que um ou mais artigos de determinado diploma legal, afastando-se da orientação geral contida no artigo 7º, I e II, dessa Lei Complementar, venham a tratar de matéria alheia a seu principal objeto, indicado na ementa e no respectivo artigo 1º, não há que se falar em sua inconstitucionalidade por afronta ao artigo 59, parágrafo único, da Constituição Federal, se o processo legislativo foi normal e ela foi votada e aprovada como um todo. No caso específico da Lei 10.931/2004, por outro lado, nem mesmo essa falha ocorreu propriamente, pois embora o seu artigo primeiro tenha sido restrito, sua ementa indicou claramente todos os elementos componentes do seu amplo objeto, incluindo entre eles as cédulas de crédito bancário." (TJSP. Agravo de Instrumento 0315328-48.2010.8.26.0000. Rel. Desembargador Ulisses do Vale Ramos, 13ª Câmara de Direito Privado, julgado em 26.8.2010).

[271] "Art. 51. Sem prejuízo das disposições do Código Civil, as obrigações em geral também poderão ser garantidas, inclusive por terceiros, por cessão fiduciária de direitos creditórios decorrentes de contratos de alienação de imóveis, por caução de direitos creditórios ou decorrentes de contratos de venda ou promessa de venda de imóveis e por alienação fiduciária de coisa imóvel."

[272] Tal abertura legal também conferiu maiores subsídios para amparar a interpretação de que a garantia fiduciária poderá, inclusive, ser oferecida por um terceiro que não seja o devedor da obrigação principal, o que já era admitido pelo STJ em se tratando de bens móveis (REsp 16242/SP e REsp 138421/RJ). Cândido Rangel Dinamarco defende a possibilidade de que terceiros ofereçam bens imóveis em garantia fiduciária de crédito alheio com base em

Posteriormente, a Lei 9.514/97 também foi alterada para refletir esta possibilidade, primeiro pela Lei 11.076/04, e depois pela Lei 11.481/07 atualmente em vigor. O art. 22, §1º, possibilita a contratação da alienação fiduciária por qualquer pessoa física ou jurídica, não sendo privativa das entidades que operam no SFI.

A redação do art. 51 decorreu do Projeto de Lei 3.065/04, cuja principal preocupação era promover maior acesso ao crédito com menor custo. Embora o contexto motivador de tal propósito ainda fosse o do mercado imobiliário, consta na Exposição de Motivos 27/2007 a preocupação de desenvolvimento do mercado de crédito de maneira geral, englobando todos os segmentos da economia brasileira. De acordo com o Projeto de Lei 3.065/04[273]

> a importância do bom funcionamento do mercado de crédito brasileiro para o desenvolvimento da economia nacional é um fato incontestável. A adequada disponibilização de recursos creditórios, de maneira eficiente e a um baixo custo, é essencial não só para viabilizar a produção, com implicações diretas sobre a geração de emprego e renda, mas também para o fomento à poupança e ao investimento, ou mesmo para a solução de problemas de natureza social relacionados à habitação, saneamento básico, dentre outros. 3. Há o entendimento de que a legislação em vigor que trata das operações de crédito de maneira geral e de outras matérias correlatas carece de dispositivos que reduzam a insegurança econômica e jurídica dessas operações, criando óbices ao bom funcionamento do mercado e à garantia do mutuário. Essa deficiência legal tem, na prática, os efeitos de limitar o acesso ao crédito, de reduzir os recursos disponibilizados e de elevar o custo das operações, em prejuízo do todo social e, em particular, do cidadão comum, tomador do crédito. Além

quatro argumentos principais: o primeiro seria a natureza bifronte da alienação fiduciária em garantia, que é um ato de transferência de domínio, mas cuja motivação econômica é a obtenção de crédito; o segundo argumento consiste na equivalência econômica da alienação fiduciária a outros institutos de finalidade análoga de garantia, como a hipoteca; o terceiro argumento está baseado na previsão legal do art. 764 do Código Civil, que autoriza a constituição de direitos reais de garantia em relação a obrigações das quais não participa o ofertante do bem; e, por fim, o quarto argumento consiste no amplo poder de disposição, elemento integrante da propriedade previsto no art. 524 do Código Civil. (DINAMARCO, Cândido Rangel. Alienação fiduciária de bens imóveis (parecer). *Revista de Direito Imobiliário*, ano 24, n. 51, São Paulo, jul./dez., 2001, p. 242).

[273] Disponível em: http://www.camara.gov.br/proposicoesWeb/prop_mostrarintegra? codteor=200814& filename=PL+3065/2004. Acesso em: 20 dez. 2020.

A ALIENAÇÃO FIDUCIÁRIA DE BENS IMÓVEIS

disso, como ilustrado em diversos casos do passado, muitas vezes essa insegurança jurídica implica o não cumprimento da entrega devida do imóvel financiado ao mutuário ou, ainda, a entrega a um custo maior do que o inicialmente contratado. 4. É com o objetivo de promover o acesso ao crédito em maior volume, a um custo mais baixo, de maneira eficiente e em condições economicamente viáveis, em especial, no segmento do financiamento imobiliário, que são apresentadas as alterações ora consolidadas no Projeto de Lei em tela.

Tais argumentos foram repetidos no parecer da Comissão Especial, que se manifestou favoravelmente à aprovação da Lei 10.931/2004. O foco de atenção do legislador se estendeu para além do setor imobiliário, ao possibilitar a garantia das obrigações em geral por meio da alienação fiduciária de bens imóveis, de cessão fiduciária de direitos creditórios decorrentes de contratos de alienação de imóveis e de caução de direitos creditórios ou aquisitivos decorrentes de contratos de venda ou promessa de venda de imóveis.

Atualmente, não há restrições na utilização da alienação fiduciária de bens imóveis, que poderá garantir financiamentos habitacionais e imobiliários; operações bancárias em geral; operações nas quais nenhuma das partes contratantes seja instituição financeira, bem como a cessão desses créditos referidos a terceiros[274]. A alienação fiduciária de bens imóveis poderá ter como objeto o "fornecimento de recursos para incrementar a atividade lucrativa do tomador e não, necessariamente, a compra ou constrição de bem imóvel de valor aproximado ao do financiamento"[275], o que é essencial para a plena aplicabilidade da garantia aos contratos empresariais.

Os Tribunais já se manifestaram favoravelmente quanto à possibilidade de a alienação fiduciária ser utilizada para além do setor de financiamento habitacional e imobiliário, para garantir qualquer operação de crédito[276], diante do disposto no art. 51 da Lei 10.931/04, no art. 22, §1º, da Lei 9.514/97 e ainda da Súmula 28 do STJ[277].

---

[274] WALD, Arnoldo. A alienação fiduciária de imóveis. Revista de Direito Bancário e do Mercado de Capitais. *Ed. Revista dos Tribunais*, ano 1, n. 2, maio-agosto, 1998, p. 317.

[275] CHALHUB, Melhim Namem; DANTZGER, Afrânio Carlos Camargo. Propriedade fiduciária: contrato de alienação fiduciária de bens imóveis e recuperação extrajudicial do crédito habitacional e empresarial. In: FARIA, Renato Vilela; CASTRO, Leonardo Freitas de Moraes e (coord.). *Operações imobiliárias*: Estruturação e tributação. São Paulo: Saraiva, 2016, p. 148.

[276] "Agravo Interno. Agravo em Recurso Especial. Alienação fiduciária sobre bem imóvel. Desvio de finalidade. Ausência. 1. É legítima a celebração de contrato de alienação fiduciária de

3.4.2. O patrimônio de afetação e outras inovações

Também merecem menção as outras inovações da Lei 10.931/04, que consolidaram e aprimoraram as previsões anteriores de medidas provisórias. Dentre elas, destacamos, conforme a ordem de numeração dos artigos, os novos meios para a captação de recursos no SFI; a "regra do incontroverso"; a instituição do patrimônio de afetação; a admissão da alienação fiduciária de coisa fungível e a cessão fiduciária de direitos sobre coisas móveis, como títulos de crédito; a inclusão de novos dispositivos na Lei 9.514/97, para possibilitar a dação em pagamento e a cobrança de taxa de ocupação; e a inclusão do art. 1.368-A ao Código Civil, que prevê a aplicação subsidiária do Código Civil às espécies de propriedade fiduciária reguladas por leis especiais, naquilo que não for incompatível.

Com relação aos novos meios para a captação de recursos no SFI, a Lei 10.931/04 instituiu nos arts. 12 a 17 a possibilidade de emissão de Letra de Crédito Imobiliário pelos bancos comerciais, bancos múltiplos com carteira de crédito imobiliário, associações de poupança e empréstimo, com-

---

imóvel como garantia de toda e qualquer obrigação pecuniária, podendo inclusive ser prestada por terceiros, não havendo que se cogitar de desvio de finalidade. Precedentes. 2. Agravo interno a que se nega provimento." (STJ. AI no AgRg no AREsp 772.722/PR, Rel. Ministra Maria Isabel Galotti, Quarta Turma, julgado em 18/04/2017, DJe 25/04/2017); "Bem imóvel – Cédula de crédito bancário de capital de giro, garantida com cláusula de alienação fiduciária – Ação anulatória – Demanda de devedores fiduciantes – Sentença de improcedência – Manutenção do julgado – Cabimento – Alegação de desvio de finalidade na instituição de alienação fiduciária de imóvel vinculado à abertura de crédito para capital de giro – Inconsistência jurídica – Inexistência de restrição no bojo da Lei nº 9.514/97 – Garantia da alienação fiduciária que não está vinculada somente a contratos envolvendo o Sistema Financeiro Imobiliário. Apelo dos autores desprovido." (TJSP; Apelação 1007816-77.2014.8.26.0405; Relator (a): Marcos Ramos; 27ª Câmara Extraordinária de Direito Privado; Data do Julgamento: 16/10/2017); e "Contrato de mútuo com pacto adjeto de alienação fiduciária de bem imóvel. Declaratória de nulidade de cláusula contratual do pacto acessória. Ação julgada improcedente. Abusividade da cláusula. Não ocorrência. Vinculação a contrato de empréstimo para capital de giro. Possibilidade. Ausência de vedação legal. Sentença mantida. Recurso desprovido. Não existindo mínimo subsídio que possa atestar abusividade do pacto acessório de garantia fiduciária no contrato entabulado, a única solução possível é a improcedência da ação declaratória de nulidade contratual. A alienação fiduciária de coisa imóvel pode ser livremente pactuada pelas partes, nada impedindo sua vinculação a contrato de empréstimo para capital de giro em favor de pessoa jurídica." (TJSP. Apelação nº 0039357-75.2009.8.26.0000. 32º Câmara de Direito Privado. Des. Rel. Kioitsi Chicuta, Data de Julgamento: 22/01/2015).
[277] Súmula 28: "O contrato de alienação fiduciária em garantia pode ter por objeto bem que já integrava o patrimônio do devedor."

A ALIENAÇÃO FIDUCIÁRIA DE BENS IMÓVEIS

panhias hipotecárias e demais espécies de instituições que venham a ser autorizadas pelo Banco Central do Brasil.

Também foi instituída a Cédula de Crédito Imobiliário nos arts. 18 a 25, emitida pelo credor imobiliário para a representação do crédito, de forma integral ou fracionária. Tais títulos de crédito passaram a vigorar juntamente com os CRI instituídos pela Lei 9.514/97 e com a Cédula Hipotecária e a Letra Hipotecária, que já existiam no SFH.

Para promover o investimento nos fundos imobiliários e fomentar o desenvolvimento do respectivo mercado, atualmente a Instrução 1585/2015, da Secretaria da Receita Federal, isenta de Imposto de Renda a remuneração produzida por Letras Hipotecárias, CRI e Letra de Crédito Imobiliário[278].

Já a inovação da "regra do incontroverso", prevista nos arts. 49 e 50[279], teve como intuito "moralizar as demandas de mutuários contra os agentes financeiros, na medida em que, na maioria dos litígios, a discussão diz respeito a menor parte da dívida, como o cálculo dos juros remuneratórios"[280]. Dessa regra decorre que, nas ações judiciais propostas pelos mutuários contra as instituições financeiras, deverá ser discriminado na petição inicial, sob pena de inépcia, o valor incontroverso. Este valor deverá continuar sendo pago pelo devedor no tempo e no modo contratados, ou depositado em juízo.

Em caso de não pagamento tempestivo das parcelas e dos encargos incontroversos, incluindo tributos e taxas condominiais incidentes sobre

---

[278] Instrução 1585/2015, "art. 55. São isentos do imposto sobre a renda ou tributados à alíquota 0 (zero), na fonte e na declaração de ajuste anual, quando auferidos por pessoa física: [...] II – a remuneração produzida por letras hipotecárias, certificados de recebíveis imobiliários e letras de crédito imobiliário; [...]"

[279] Lei 10.931/04, "art. 49. No caso do não-pagamento tempestivo, pelo devedor, dos tributos e das taxas condominiais incidentes sobre o imóvel objeto do crédito imobiliário respectivo, bem como das parcelas mensais incontroversas de encargos estabelecidos no respectivo contrato e de quaisquer outros encargos que a lei imponha ao proprietário ou ao ocupante de imóvel, poderá o juiz, a requerimento do credor, determinar a cassação de medida liminar, de medida cautelar ou de antecipação dos efeitos da tutela que tenha interferido na eficácia de cláusulas do contrato de crédito imobiliário correspondente ou suspendido encargos dele decorrentes." "Art. 50. Nas ações judiciais que tenham por objeto obrigação decorrente de empréstimo, financiamento ou alienação imobiliários, o autor deverá discriminar na petição inicial, dentre as obrigações contratuais, aquelas que pretende controverter, quantificando o valor incontroverso, sob pena de inépcia."

[280] ELIAS FILHO, O Sistema de Financiamento Imobiliário e o Patrimônio de Afetação, para a retomada do mercado imobiliário, op. cit., p. 268.

o imóvel, o credor poderá requerer ao juiz a cassação de tutela provisória que tenha interferido na eficácia de cláusulas do contrato ou suspendido os encargos contratuais. Tais dispositivos têm como propósito desestimular a propositura de ações visando exclusivamente a protelar o pagamento da dívida, em prejuízos do mercado imobiliário como um todo.

Além da regra do incontroverso, uma das maiores preocupações motivadoras da Lei 10.931/04 foi a instituição do patrimônio de afetação, mediante a inclusão dos arts. 31-A a 31-F e respectivos parágrafos na Lei 4.591/64.

O patrimônio de afetação é uma ferramenta para a segregação do risco empresarial e a proteção de empregados, consumidores e investidores no cenário de insolvência da sociedade empresária. Através dele, parte do patrimônio da sociedade é separado para vinculação a uma determinada finalidade, e não se comunicará com o patrimônio principal[281].

A ideia central do legislador era atribuir a cada incorporação imobiliária o caráter de patrimônio de afetação, com o objetivo de vincular o conjunto de direitos e obrigações do empreendimento a um fim determinado, qual seja, a consecução do empreendimento, por meio da constituição de um patrimônio separado e independente, que não responderia pelas dívidas do incorporador. Assim, os interesses dos adquirentes das unidades em construção receberiam maior proteção em situações como a verificada no caso da falência da Encol, beneficiando toda a cadeia de financiamento imobiliário[282].

---

[281] Fabio Ulhôa Coelho discorre sobre as implicações da vinculação recíproca do patrimônio separado: "(i) o credor titular de passivo separado, ao buscar em juízo a realização de seu crédito, não pode pleitear a expropriação de bem ou direito do patrimônio principal do devedor, sem antes exaurir-se o respectivo patrimônio separado; (ii) o credor titular de passivo não separado, ao buscar em juízo a realização de seu crédito, não tem direito à expropriação de bens ou direitos componentes do ativo separado; (iii) a instituição do patrimônio separado pode definir que os bens e direitos do patrimônio principal do devedor não respondem pelo passivo separado, mesmo após o exaurimento do ativo separado; (iv) somente no caso de liquidação de todos os passivos separados, o eventual saldo no ativo separado reintegra-se ao patrimônio principal do devedor, encerrando-se, então, a separação patrimonial." (COELHO, *Comentários à Lei de falências e de recuperação de empresas*, op. cit., p. 431-432).

[282] Cf. constou na justificativa do Projeto de Lei 2.109/99: "De fato, mediante afetação, cada empreendimento imobiliário passaria a constituir um patrimônio autônomo e passaria a ser tratado como que uma 'empresa' autônoma. Por essa forma, os créditos trabalhistas, previdenciários, fiscais, com garantia real etc., todos eles estarão vinculados especificamente a cada empreendimento, não se comunicando com os créditos vinculados ao patrimônio geral do incorporador ou com os créditos vinculados a cada um dos outros patrimônios

A ALIENAÇÃO FIDUCIÁRIA DE BENS IMÓVEIS

Por meio do regime de afetação, o terreno e as acessões objeto da incorporação imobiliária, bem como os demais direitos vinculados, constituirão patrimônio de afetação separado do patrimônio do incorporador, não se comunicando com o patrimônio geral do incorporador nem mesmo na hipótese de falência ou de insolvência civil.

O patrimônio de afetação se destina exclusivamente à consecução da incorporação e à entrega das unidades imobiliárias aos respectivos adquirentes, respondendo apenas pelas dívidas e obrigações vinculadas à incorporação respectiva. A lei prevê ainda diversos deveres ao incorporador, que responderá pelos prejuízos causados ao patrimônio de afetação[283].

A alienação fiduciária de bem imóvel, o patrimônio de afetação e a regra do incontroverso são instrumentos aptos a fomentar a indústria imobiliária pela conjugação de elementos favoráveis a todos os integrantes do sistema: o incorporador se beneficia de recursos para a construção das unidades, tanto por meio da securitização quanto por meio da antecipação de seus recebíveis; o investidor poderá aplicar recursos a longo prazo, diante da existência de uma garantia moderna que permite a recuperação eficaz e célere, eis que lastreada nos imóveis financiados; e o adquirente poderá

separados; assim, na hipótese de quebra, o concurso dos credores há de circunscrever-se ao empreendimento a que os créditos estiverem vinculados, de modo que seus valores não sejam diminuídos por efeito de intercomunicação de dívidas constituídas pelo incorporador para finalidades diversas daquela incorporação específica. A segregação se justifica porque, em regra, parte ponderável de uma incorporação imobiliária sustenta-se com os recursos financeiros entregues ao incorporador pelos adquirentes ou por eventual financiador da obra. Por essa razão, é de todo recomendável a delimitação dos riscos desse negócio, para que, na hipótese de falência do incorporador, os adquirentes possam assumir a obra e, assim fazendo, estejam seguros de que credores estranhos àquele empreendimento não poderão agredir aquele patrimônio." Disponível em: http://www.camara.gov.br/proposicoesWeb/prop_mostrarintegra?codteor=1124581& filename=Dossie +PL+2109/1999. Acesso em 20 dez. 2020.
[283] Nesse ponto, apesar de reconhecer que a afetação das incorporações imobiliárias constituiu uma garantia de incomparável eficácia em favor dos credores vinculados a cada negócio incorporativo, Melhim Namem Chalhub aponta algumas distorções do regime legal, ao discorrer que "a Lei 10.931/2004 desviou-se do fundamento axiológico que justifica a qualificação da incorporação imobiliária como um patrimônio de afetação, ao deixar sua adoção a critério exclusivo do empresário e não como garantia natural daqueles que a ele confiaram suas economias, e, além disso, ao imputar aos adquirentes a responsabilidade pessoal do pagamento dos débitos da empresa falida." (CHALHUB, Melhim Namem. A Afetação do Acervo das Incorporações Imobiliárias. In: TUTIKIAN, Cláudia Fonseca; TIMM, Luciano Benetti; PAIVA, João Pedro Lamana. (coord). *Novo Direito Imobiliário e Registral*. São Paulo: Quartier Latin, 2ª ed., 2008, p. 33).

contratar empréstimos por condições melhores e valores mais acessíveis, com a maior garantia de entrega do imóvel, mediante a instituição do patrimônio de afetação[284].

Outra alteração relevante trazida pela Lei 10.931/04 foi a inclusão do art. 66-B à Lei 4.728/14, que, em seu §3º, passou a admitir expressamente a alienação fiduciária de coisa fungível e a cessão fiduciária de direitos sobre coisas móveis e títulos de crédito. Conforme abordado, tal ampliação do escopo da alienação fiduciária e da cessão fiduciária em garantia representou um enorme avanço no sistema de garantias por conta de sua maior eficácia em comparação com as modalidades tradicionais.

No âmbito da Lei 9.514/97, foram acrescentados dispositivos importantes como a possibilidade de dação em pagamento[285]; o pagamento de taxa de ocupação pelo fiduciante ao fiduciário desde a data da consolidação da propriedade fiduciária no patrimônio do credor, até a data de imissão na posse[286]; e a possibilidade de os contratos com pacto adjeto de alienação fiduciária serem celebrados por meio de instrumento particular, com efeitos de escritura pública[287].

Por fim, o art. 38, que trouxe a possibilidade de os contratos com pacto adjeto de alienação fiduciária serem celebrados por meio de instrumento particular, o qual foi alterado pela Lei 11.706/04, para adequar a possibilidade de celebração por instrumento particular com efeitos de escritura pública.

Outro dispositivo chave consistiu na inclusão do art. 1.368-A ao Código Civil. Segundo ele, o Código Civil se aplica subsidiariamente às demais espécies de propriedade fiduciária submetidas à disciplina específica das respectivas leis especiais, naquilo que não for incompatível com a legisla-

---

[284] ELIAS FILHO, O Sistema de Financiamento Imobiliário e o Patrimônio de Afetação, para a retomada do mercado imobiliário, op. cit., p. 276.

[285] "Art. 26, §8º. O fiduciante pode, com a anuência do fiduciário, dar seu direito eventual ao imóvel em pagamento da dívida, dispensados os procedimentos previstos no art. 27."

[286] "Art. 37-A. O devedor fiduciante pagará ao credor fiduciário, ou a quem vier a sucedê-lo, a título de taxa de ocupação do imóvel, por mês ou fração, valor correspondente a 1% (um por cento) do valor a que se refere o inciso VI ou o parágrafo único do art. 24 desta Lei, computado e exigível desde a data da consolidação da propriedade fiduciária no patrimônio do credor fiduciante até a data em que este, ou seus sucessores, vier a ser imitido na posse do imóvel."

[287] "Art. 38. Os atos e contratos referidos nesta Lei ou resultantes da sua aplicação, mesmo aqueles que visem à constituição, transferência, modificação ou renúncia de direitos reais sobre imóveis, poderão ser celebrados por escritura pública ou por instrumento particular com efeitos de escritura pública. (Redação dada pela Lei 11.076, de 2004)."

ção especial. Nos termos do Parecer da Comissão Especial, essa previsão legal teve como propósito compatibilizar o instituto da propriedade fiduciária com as diversas legislações especificas[288].

Inegável, portanto, que o declínio do SFH, seguido pela instituição do SFI por meio da Lei 9.514/97, com as melhorias trazidas pela Lei 10.931/04, revolucionou não apenas o mercado de construção civil e de fundos imobiliários, como todo o sistema de garantias do Direito brasileiro. Isso ocorreu mediante a adoção de figuras modernas e mais atrativas em termos de celeridade e de eficácia para a recuperação do crédito, como a alienação fiduciária de bens imóveis e a cessão fiduciária de direitos creditórios decorrentes de contratos de alienação de imóveis.

O SFH não deixou de existir com o implemento do SFI, pois ambos atuam como sistemas complementares. O SFH continua utilizando os recursos do Sistema Brasileiro de Poupança e Empréstimo e do FGTS, sendo as regras contratuais parametrizadas pelo Governo, com limitação no valor do imóvel financiado e a aplicação de taxa de juros tabelada.

No SFI, por sua vez, não há restrição de valores ou teto para juros, sendo as condições negociadas livremente entre as partes e os recursos captados no mercado[289]. Enquanto a finalidade da primeira tem como foco a aquisição da casa própria, na segunda a preocupação maior é promover o financiamento imobiliário em geral, segundo condições compatíveis com as da formação dos fundos respectivos.

Diante das inúmeras vantagens da alienação fiduciária em comparação com a hipoteca, na prática, até mesmo os contratos oriundos do SFH passaram a ser garantidos pela alienação fiduciária de imóveis, conforme autorizado pelo art. 14, inc. II, do Regulamento anexo à Resolução 2.519/98 do Banco Central do Brasil[290]. JOSÉ EDUARDO LOUREIRO pondera que

---

[288] Disponível em: http://www.camara.gov.br/proposicoesWeb/prop_mostrarintegra?codteor=1124581& filename=Dossie+-PL+2109/1999. Acesso em 20 dez. 2020.

[289] ELIAS FILHO, O Sistema de Financiamento Imobiliário e o Patrimônio de Afetação, para a retomada do mercado imobiliário, op. cit., p. 258-259.

[290] "Art. 14. Os financiamentos habitacionais de que trata este Regulamento terão por garantia:

I – a hipoteca, em primeiro grau, do imóvel objeto da operação;

II – a alienação fiduciária do imóvel objeto da operação, nos termos da Lei nº 9.514, de 20.11.97;

III – a hipoteca, em primeiro grau, ou a alienação fiduciária, nos termos da Lei nº 9.514, de outro imóvel do mutuário ou de imóvel de terceiros; e/ou

IV – outras garantias, a critério do agente financeiro.

Parágrafo único. Admite-se a substituição da garantia de que trata este artigo."

"as normas do Sistema Financeiro de Habitação não se aplicam ao Sistema Financeiro Imobiliário, mas a recíproca ocorre"[291], naquilo que for compatível com as limitações do SFH.

Partindo-se do pressuposto de plena admissibilidade de a alienação fiduciária de imóveis garantir as obrigações em geral, incluindo aquelas decorrentes de contratos empresariais, analisaremos a aplicabilidade das regras da Lei 9.514/97 no que diz respeito aos meios para a satisfação do crédito fora do contexto de financiamento imobiliário.

A análise terá como intuito verificar em que medida o regramento legal é adequado para disciplinar um instrumento de garantia utilizado em relações jurídicas paritárias, nas quais impera o escopo de lucro bilateral das partes, e cujo objetivo do financiamento contratado, em regra, não será a aquisição do bem imóvel ofertado em garantia, mas sim o exercício de atividade econômica.

---

[291] LOUREIRO, Alienação Fiduciária de Coisa Imóvel, op. cit., p. 87.

4
A Satisfação do Crédito

A propriedade fiduciária de imóvel se resolve com o pagamento da dívida e de seus encargos pelo devedor fiduciante, conforme dispõe o art. 25 da Lei 9.514/97. Caso a dívida seja paga por um fiador ou por um terceiro interessado, este ficará sub-rogado, de pleno direito, no crédito e na propriedade fiduciária.

Após o pagamento da dívida e dos respectivos encargos, o fiduciário deverá fornecer o respectivo termo de quitação ao fiduciante no prazo de trinta dias, sob pena de pagar a ele multa equivalente a meio por cento ao mês, ou fração sobre o valor do contrato. Em seguida, o Oficial do Registro de Imóveis competente efetuará o cancelamento do registro da propriedade fiduciária.

A extinção normal da propriedade fiduciária ocorre através do adimplemento da obrigação principal garantida, que é *conditio iuris*, e não *conditio facti*, por não depender da vontade das partes, mas sim do disposto na lei[292], produzindo efeitos retroativos *ex tunc*. Além do adimplemento da obrigação, a propriedade fiduciária também poderá ser extinta por outros fatores extintivos da obrigação principal[293], hipótese na qual os efeitos

---

[292] AMARAL NETO, A Alienação fiduciária em Garantia no Direito Brasileiro, op. cit., p. 326-327.

[293] Tais como em caso de renúncia do fiduciário, remissão da dívida, compensação, confusão, remição, ou quando houver o implemento de condição resolutiva a que estava subordinado o domínio do fiduciante, antes da cessão do escopo de garantia. (AMENDOLARA, Alienação fiduciária como instrumento de fomento à concessão de crédito, op. cit., p. 165-166).

serão produzidos *ex nunc*[294]. Em qualquer caso, a posse, antes desdobrada, se consolidará plenamente na pessoa do fiduciante[295].

Caso a dívida não seja paga após o vencimento, no todo ou em parte, o fiduciário deverá aguardar o prazo de carência previsto no contrato antes de promover a intimação do fiduciante[296]. O prazo de carência é instituído em segurança do devedor[297], e somente após o seu término poderá o fiduciário tomar as providências cabíveis para reaver o crédito.

Tais providências consistem na formulação de requerimento ao Oficial de Registro de Imóveis competente para intimar pessoalmente o fiduciante a satisfazer a prestação vencida e as vincendas até a data do pagamento, no prazo de quinze dias, acrescida de juros convencionas, penalidades e demais encargos contratuais, encargos legais, tributos, contribuições condominiais e despesas de cobrança e de intimação[298]. Além do devedor, a intimação também poderá ser feita em nome do fiduciante terceiro interessando prestador da garantia, ou ainda de outros terceiros coobrigados, como o fiador, se houver[299].

O Oficial de Registro de Imóveis também poderá solicitar a realização da intimação pelo Oficial do Registro de Títulos e Documentos da comarca da situação do imóvel ou do domicílio de quem deva recebê-la, ou ainda pelo correio, com aviso de recebimento[300].

---

[294] PEREIRA, *Instituições de Direito Civil*. Direitos Reais, op. cit., p. 82.

[295] Ibid., p. 368.

[296] Lei 9.514/97, "art. 26, §2º. O contrato definirá o prazo de carência após o qual será expedida a intimação."

[297] RESTIFFE; RESTIFFE NETO, *Propriedade fiduciária imóvel*, op. cit., p. 163.

[298] Umberto Bara Bresolin aponta que a Lei 9.514/97 é lacônica no que diz respeito ao conteúdo do requerimento feito pelo credor fiduciário ao Oficial do Registro de Imóveis, dispondo acerca de conteúdo mínimo que costuma ser tratado de forma mais detalhada pelas Corregedorias dos Cartórios de Registro de Imóveis para exigir outras informações óbvias, tais como o nome e a qualificação do credor, do devedor e dos respectivos cônjuges, os endereços para realização de diligência de intimação, a declaração de que já se encerrou o prazo de carência previsto no contrato, assim como a apresentação de uma projeção da dívida juntamente com a planilha discriminada de débito, tendo em vista a dilação de prazo entre a data de protocolo do requerimento e o início da execução pelo Cartório de Registro de Imóveis. (BRESOLIN, Umberto Bara. Leilão extrajudicial de imóvel objeto de alienação fiduciária em garantia: aspectos atuais e polêmicos. In: FARIA, Renato Vilela; CASTRO, Leonardo Freitas de Moraes e (coord.). *Operações imobiliárias*: Estruturação e tributação. São Paulo: Saraiva, 2016, p. 506-507).

[299] RESTIFFE; RESTIFFE NETO, *Propriedade fiduciária imóvel*, op. cit., p. 163.

[300] Nicolau Balbino Filho critica a possibilidade de intimação via correio: "O documento remetido via postal com aviso de recebimento não preenche os requisitos necessários à

A SATISFAÇÃO DO CRÉDITO

A constituição do fiduciante em mora é o mais importante requisito de validade do procedimento de excussão extrajudicial[301], por possibilitar ao devedor purgar a mora e evitar a perda do imóvel, ou ainda recorrer ao Poder Judiciário caso haja qualquer ilicitude ou abusividade na cobrança da dívida. Por essa razão, a lei encarrega tal procedimento ao Oficial registrário investido de fé pública[302], gozando de presunção relativa de legalidade a certidão positiva de intimação do devedor.

Com o intuito de promover maior eficácia nas hipóteses em que o fiduciante deliberadamente se ocultar para não receber a intimação e deixar de realizar o pagamento da dívida e dos respectivos encargos, as Leis 13.043/14 e 13.465/17 acrescentaram ao art. 26 da Lei 9.514/97 o §3º-A, o §3º-B e o §4º, para incluir a possibilidade de o fiduciante ser intimado na pessoa de um familiar, vizinho[303], funcionário da portaria[304] ou por edital[305], em consonância com os procedimentos do Código de Processo Civil.

Se houver a purgação da mora em quinze dias, o contrato de alienação fiduciária convalescerá, e nos três dias seguintes o Oficial do Registro de

notificação, porque: 1º, pode ser recebido por outra pessoa que não o notificando; 2º, embora firmado pelo notificando, o comprovante do 'AR' faz prova de que o destinatário recebeu algo, mas não confirma o teor da correspondência, o seu conteúdo. Por isso, reputamos insegura a notificação via postal com 'AR'". (BALBINO FILHO, Nicolau. *Registro de Imóveis*, 14ª ed. São Paulo: Saraiva, 2009, p. 141).

[301] BRESOLIN, Leilão extrajudicial de imóvel objeto de alienação fiduciária em garantia, op. cit., p. 506-507.

[302] RESTIFFE; RESTIFFE NETO, *Propriedade fiduciária imóvel*, op. cit., p. 163.

[303] "Art. 26 [...] §3º-A. Quando, por duas vezes, o oficial de registro de imóveis ou de registro de títulos e documentos ou o serventuário por eles credenciado houver procurado o intimando em seu domicílio ou residência sem o encontrar, deverá, havendo suspeita motivada de ocultação, intimar qualquer pessoa da família ou, em sua falta, qualquer vizinho de que, no dia útil imediato, retornará ao imóvel, a fim de efetuar a intimação, na hora que designar, aplicando-se subsidiariamente o disposto nos arts. 252, 253 e 254 da Lei no 13.105, de 16 de março de 2015 (Código de Processo Civil)."

[304] "Art. 26 [...] §3º-B. Nos condomínios edilícios ou outras espécies de conjuntos imobiliários com controle de acesso, a intimação de que trata o § 3º-A poderá ser feita ao funcionário da portaria responsável pelo recebimento de correspondência."

[305] "Art. 26 [...] §4º.Quando o fiduciante, ou seu cessionário, ou seu representante legal ou procurador encontrar-se em local ignorado, incerto ou inacessível, o fato será certificado pelo serventuário encarregado da diligência e informado ao oficial de Registro de Imóveis, que, à vista da certidão, promoverá a intimação por edital publicado durante 3 (três) dias, pelo menos, em um dos jornais de maior circulação local ou noutro de comarca de fácil acesso, se no local não houver imprensa diária, contado o prazo para purgação da mora da data da última publicação do edital."

Imóveis entregará ao fiduciário as importâncias recebidas, deduzidas as despesas de cobrança e de intimação.

O art. 26, §8º, incluído pela Lei 10.931/04, prevê a possibilidade de dação em pagamento para a extinção da dívida, na hipótese de o fiduciante, com a anuência do fiduciário, dar o seu direito eventual ao imóvel em pagamento da dívida e dos respectivos encargos, sendo dispensados os procedimentos do leilão extrajudicial e os custos a ele inerentes.

Nesse caso, ocorrerá a extinção da dívida e da propriedade fiduciária, e a propriedade plena se consolidará para o fiduciário. Ambas as partes ficarão desobrigadas de restituir qualquer quantia uma à outra, mesmo se o valor do imóvel for superior ou inferior ao valor da dívida[306], conforme já decidiu o STJ[307].

Se não houver a purgação da mora, restará configurado o inadimplemento[308]. O Oficial do Registro de Imóveis, mediante o pagamento do imposto de transmissão *inter vivos* pelo fiduciário, e de laudêmio, em caso de enfiteuse, certificará o inadimplemento e averbará na matrícula do imóvel a consolidação da propriedade em nome do fiduciário. A propriedade, entretanto, não é consolidada de forma plena e irrestrita, eis que onerada com o encargo de venda do bem a terceiros[309], razão pela qual o fiduciário deverá promover o público leilão para a alienação do imóvel[310].

---

[306] Para Luís Gustavo Haddad, contudo, a dação em pagamento deve ser limitada ao montante estritamente necessário ao pagamento do débito, eis que a apropriação de eventual excesso pelo credor poderá prejudicar o devedor e os demais credores. (HADDAD, *A proibição do pacto comissório no direito brasileiro*, op. cit., p. 127).

[307] "[...] 1. Conforme expressamente prevê o §8º do artigo 26 da Lei n. 9.514/1997, caso efetuada a dação em pagamento, fica afastada a aplicação do § 4º do art. 27 da Lei n. 9.514/97. 2. A adoção de entendimento diverso por esta Corte quanto ao alegado enriquecimento sem causa, como propugnado, demandaria reexame do conjunto fático-probatório dos autos, o que é vedado pela Súmula 7/STJ. 3. Agravo interno a que se nega provimento. [...] Ressalto que a legislação prevê a possibilidade de dação em pagamento no intuito de proteger o devedor, pois lhe garante a quitação do débito sem a necessidade da venda forçada do bem, via de regra por preços inferiores aos praticados pelo mercado, com a adição dos custos decorrentes. Assim, o fiduciante, ao consentir em receber os direitos do fiduciário no lugar do débito, leva em consideração e assume todos os riscos e custos existentes, não havendo diferença a ser devolvida com a venda posterior do imóvel se não houve previsão na dação em pagamento celebrado." (AgInt no AREsp 1095235/DF, Rel. Ministra Maria Isabel Galotti, Quarta Turma, julgado em 28/11/2017, DJe 04/12/2017).

[308] RESTIFFE; RESTIFFE NETO, *Propriedade fiduciária imóvel*, op. cit., p. 165.

[309] WALD, Do regime legal da alienação fiduciária de imóveis e sua aplicabilidade em operações de financiamento de banco de desenvolvimento, op. cit., p. 270.

A SATISFAÇÃO DO CRÉDITO

4.1. O procedimento do leilão extrajudicial

As primeiras discussões referentes ao leilão extrajudicial da Lei 9.514/97 diziam respeito à suposta inconstitucionalidade do procedimento, como ocorreu anteriormente no âmbito da cobrança de crédito hipotecário pela via extrajudicial instituída pelo Decreto-lei 70/66, com a qual guarda diversas semelhanças.

Ao nosso ver, considerando a maior eficiência do procedimento extrajudicial, assim como a possibilidade de o devedor se socorrer a qualquer momento do Poder Judiciário em caso de ilegalidade ou abuso, inexiste qualquer violação aos preceitos constitucionais. DINAMARCO também menciona como fator favorável à constitucionalidade do leilão extrajudicial a oferta de oportunidades para as partes discutirem o preço do imóvel e a legitimidade socioeconômica da socialização do crédito[311]. A tendência, portanto, é de reconhecimento da constitucionalidade do leilão extrajudicial, embora atualmente a questão ainda permaneça *sub judice*[312].

Conforme dispõe o art. 27, *caput*, da Lei 9.514/97, na hipótese de não ocorrer a purgação da mora ou outra forma de extinção da dívida, o fiduciário "promoverá o público leilão para a alienação do imóvel"[313], no prazo

---

[310] No caso específico de operações de financiamento habitacional, inclusive as operações do Programa Minha Casa, Minha Vida, com recursos advindos da integralização de cotar no Fundo de Arrendamento Residencial, a Lei 13.465/17 acrescentou o art. 26-A, §1º e §2º à Lei 9.514/97, para prever o prazo de trinta dias, após a expiração do prazo para a purgação da mora, para que a consolidação da propriedade seja averbada em nome do fiduciário, sendo nesse período assegurada ao fiduciante a possibilidade de pagar as parcelas da dívida vencida e respectivos encargos. Com isso, o legislador pretendeu conferir maior proteção ao fiduciante de maior vulnerabilidade, mediante a concessão de prazo adicional de trinta dias para a purgação da mora, além do prazo de carência do contrato e do prazo de quinze dias contado a partir da intimação.

[311] DINAMARCO, Alienação fiduciária de bens imóveis (parecer), op. cit., p. 240-241.

[312] O tema é objeto da repercussão geral RE nº 860.631, ainda pendente de julgamento pelo STF. Recentemente, o Ministro Luiz Fux proferiu decisão monocrática indeferindo o pedido de suspensão nacional dos processos judiciais em trâmite discutindo a questão, e a suspensão dos procedimentos de execução extrajudicial de imóveis alienados fiduciariamente com fundamento na Lei 9.514/97. A decisão foi publicada no DJE em 15 ago. 2018.

[313] A respeito do público leilão, esclarece José Eduardo Loureiro: "A venda é pública, no sentido de oferta do imóvel ao público em geral. A matéria rege-se pelo contrato de compra e venda, sendo vendedor o proprietário, antes credor fiduciário, e comprador quem maior lanço oferecer. Não é pública a venda, no sentido de alienação forçada promovida pelo Estado. Não é hasta pública que, inexistindo procedimento judicial, não poderia haver." (LOUREIRO, Alienação Fiduciária de Coisa Imóvel, op. cit., p. 93).

de trinta dias contados da data do registro da consolidação da propriedade plena em seu nome.

No primeiro leilão será aceito o maior lance, desde que igual ou superior ao valor do imóvel, indicado no contrato juntamente com os critérios para a respectiva revisão[314]. Caso o valor indicado contratualmente seja inferior ao valor utilizado pelo órgão competente para a apuração da base de cálculo do imposto de transmissão *inter vivos*, prevalecerá o segundo como o valor mínimo para a venda do imóvel no primeiro leilão, com o intuito de evitar a alienação por preço inferior ao real, nos termos do parágrafo único do art. 24, incluído pela Lei 13.465/17.

Como o procedimento dos leilões extrajudiciais surgiu no contexto do financiamento imobiliário, contratado para a aquisição do próprio bem dado em garantia, o legislador pressupôs que o valor do imóvel seria sempre superior ao valor da dívida, razão pela qual este foi o critério adotado para o valor mínimo aceito no primeiro leilão.

A pressuposição faz sentido no cenário para o qual a Lei 9.514/97 foi concebida, já que, ao menos no momento inicial, haverá correspondência entre o valor do imóvel e o valor do financiamento. O valor da dívida, na maior parte das vezes, será inferior ao valor do imóvel, em razão do pagamento de uma parcela inicial de entrada, e tenderá a diminuir cada vez mais, conforme as demais parcelas do financiamento sejam pagas.

Contudo, tal previsão poderá ser desmentida pela realidade econômica, pois a possibilidade de acrescer juros capitalizados, correção e encargos ao saldo devedor poderá tornar o montante da dívida superior ao do imóvel[315]. Também no caso de financiamentos que não objetivam a aquisição

---

[314] Esse é um dos requisitos mínimos do contrato de alienação fiduciária de bens imóveis. O art. 24 prevê ainda: (i) o valor do principal da dívida; (ii) o prazo e as condições de reposição do empréstimo ou do crédito do fiduciário; (iii) a taxa de juros e os encargos incidentes; (iv) a cláusula de constituição da propriedade fiduciária, com a descrição do imóvel objeto da alienação fiduciária e a indicação do título e modo de aquisição; (v) a cláusula assegurando ao fiduciante, enquanto adimplente, a livre utilização, por sua conta e risco, do imóvel objeto da alienação fiduciária; (vi) a indicação, para efeito de venda em público leilão, do valor do imóvel e dos critérios para a respectiva revisão; e (vii) a cláusula dispondo sobre os procedimentos de que trata o art. 27.

[315] Em vista de tal preocupação, o Banco Central do Brasil editou a Resolução 4.271/2013, que dispõe sobre os critérios para a concessão de financiamento imobiliário pelas instituições financeiras e demais instituições autorizadas a funcionar pelo Banco Central do Brasil. O art. 2º, parágrafo único, limita o valor dos empréstimos garantidos por hipoteca ou alienação

A SATISFAÇÃO DO CRÉDITO

do bem dado em garantia, mas sim a obtenção de recursos para fomentar atividades empresariais, não necessariamente o valor da garantia será superior ao valor da dívida, podendo coexistir ainda múltiplas garantias de naturezas diversas para uma mesma dívida.

Sendo alcançado o valor mínimo no primeiro leilão, o fiduciário deverá entregar ao fiduciante a importância que sobejar do valor da dívida, deduzidas as despesas e encargos[316]. Por disposição legal expressa, o valor da indenização por eventuais benfeitorias no imóvel estará compreendido neste montante, não podendo o fiduciante exercer o direito de retenção pelo valor das benfeitorias necessárias e úteis[317].

A lei prevê que a arrematação do imóvel em leilão e a entrega dos valores que sobejarem ao fiduciante importará recíproca quitação. Ou seja, se o valor da dívida for superior ao obtido com a alienação do imóvel, o fiduciário não poderá cobrar eventual diferença de valor remanescente do fiduciante. O fiduciante, por sua vez, sofrerá a perda do imóvel e das parcelas já pagas, e também de eventual diferença decorrente da valorização do imóvel e das benfeitorias não refletidas no preço de arrematação.

Se não houver lance cobrindo o valor mínimo exigido no primeiro leilão, o fiduciário deverá realizar um segundo leilão, quinze dias após o primeiro, no qual será aceito o maior lance, desde que igual ou superior ao valor da dívida.

Nos termos do art. 27, §3º e §8º, a dívida compreende "o saldo devedor da operação de alienação fiduciária, na data do leilão, nele incluídos os juros convencionais, as penalidades e os demais encargos contratuais", acrescida de despesas, englobando "a soma das importâncias correspondentes aos encargos e custas de intimação e as necessárias à realização do

---

fiduciária de bens imóveis a 60% do valor de avaliação da garantia, justamente para evitar que o valor da dívida sobeje ao do imóvel, o que impossibilitaria a recuperação integral do crédito na excussão extrajudicial.

[316] "Art. 27 [...] §4º. Nos cinco dias que se seguirem à venda do imóvel no leilão, o credor entregará ao devedor a importância que sobejar, considerando-se nela compreendido o valor da indenização de benfeitorias, depois de deduzidos os valores da dívida e das despesas e encargos de que tratam os §§ 2º e 3º, fato esse que importará em recíproca quitação, não se aplicando o disposto na parte final do art. 516 do Código Civil."

[317] Código Civil, "art. 1.219. O possuidor de boa-fé tem direito à indenização das benfeitorias necessárias e úteis, bem como, quanto às voluptuárias, se não lhe forem pagas, a levantá-las, quando o puder sem detrimento da coisa, e poderá exercer o direito de retenção pelo valor das benfeitorias necessárias e úteis."

público leilão, nestas compreendidas as relativas aos anúncios e à comissão do leiloeiro", bem como prêmios de seguro, encargos legais, tributos e contribuições condominiais devidos até a imissão na posse do imóvel pelo fiduciário, designados conjuntamente como "valor total garantido".

O valor da dívida que, em tese, seria inferior ao valor do imóvel no contexto do financiamento imobiliário, poderá superá-lo em outros contratos, por consistir em um montante variável, em função do valor financiado. Com o passar do tempo, a evolução da dívida e os respectivos encargos poderiam até mesmo superar a valorização do imóvel, desequilibrando a equação financeira do contrato[318].

Tal como ocorre no primeiro leilão, eventual montante que sobejar do valor total garantido no segundo leilão deverá ser restituído ao fiduciante nos cinco dias que se seguirem à venda do imóvel, ocorrendo a extinção da dívida e o dever de quitação recíproca.

A Lei 13.465/17 incluiu o §2º-A e o §2º-B ao art. 27 para prever a necessidade de comunicação ao fiduciante, através de correspondência dirigida aos endereços constantes do contrato, inclusive ao endereço eletrônico, sobre as datas, horários e locais dos leilões. Ao fiduciante é assegurado o direito de preferência para adquirir o imóvel por preço correspondente ao valor total garantido, incluindo o imposto sobre transmissão *inter vivos* e o laudêmio, em caso de enfiteuse, assim como os encargos tributários, as despesas exigíveis para a nova aquisição do imóvel, as custas e os emolumentos. O direito de preferência poderá ser exercido pelo fiduciante após a averbação da consolidação da propriedade plena no patrimônio do fiduciário, até a data de realização do segundo leilão.

Antes da alteração legislativa, o fiduciante podia purgar a mora a qualquer momento, mesmo após a consolidação da propriedade plena na pessoa do fiduciário, desde que antes da assinatura do auto de arrematação do imóvel, por aplicação subsidiária do art. 34 do Decreto-lei 70/66[319].

---

[318] RESTIFFE; RESTIFFE NETO, *Propriedade fiduciária imóvel*, op. cit., p. 117-119.

[319] "Recurso Especial. Alienação fiduciária de coisa imóvel. Lei nº 9.514/1997. Purgação da mora após a consolidação da propriedade em nome do credor fiduciário. Possibilidade. Aplicação subsidiária do Decreto-lei nº 70/1966. 1.Cinge-se a controvérsia a examinar se é possível a purga da mora em contrato de alienação fiduciária de bem imóvel (Lei nº 9.514/1997) quando já consolidada a propriedade em nome do credor fiduciário. 2.No âmbito da alienação fiduciária de imóveis em garantia, o contrato não se extingue por força da consolidação da propriedade em nome do credor fiduciário, mas, sim, pela alienação em leilão público do bem objeto da

A SATISFAÇÃO DO CRÉDITO

Após a modificação promovida pela Lei 13.465/17, o Tribunal de Justiça do Estado de São Paulo (TJSP) já manifestou o entendimento de que não caberia mais ao fiduciante a purgação da mora a qualquer tempo, mas tão somente o exercício do direito de preferência para adquirir o imóvel pelo valor da dívida[320].

Caso não haja lance no segundo leilão igual ou superior ao valor da dívida total garantida, a dívida será considerada extinta, e o imóvel passará a ser de propriedade plena do fiduciário[321], que ficará exonerado da obriga-

---

alienação fiduciária, após a lavratura do auto de arrematação. 3. Considerando-se que o credor fiduciário, nos termos do art. 27 da Lei nº 9.514/1997, não incorpora o bem alienado em seu patrimônio, que o contrato de mútuo não se extingue com a consolidação da propriedade em nome do fiduciário, que a principal finalidade da alienação fiduciária é o adimplemento da dívida e a ausência de prejuízo para o credor, a purgação da mora até a arrematação não encontra nenhum entrave procedimental, desde que cumpridas todas as exigências previstas no art. 34 do Decreto-Lei nº 70/1966. 4. O devedor pode purgar a mora em 15 (quinze) dias após a intimação prevista no art. 26, § 1º, da Lei nº 9.514/1997, ou a qualquer momento, até a assinatura do auto de arrematação (art. 34 do Decreto-Lei nº 70/1966). Aplicação subsidiária do Decreto-Lei nº 70/1966 às operações de financiamento imobiliário a que se refere a Lei nº 9.514/1997. 5. Recurso especial provido". (REsp 1462210/RS, Rel. Ministro Ricardo Villas Bôas Cueva, Terceira Turma, julgado em 18/11/2014, DJe 25/11/2014).

[320] "Agravo de instrumento – Alienação fiduciária – Bem imóvel – Ação anulatória de execução extrajudicial cumulada com pedido de tutela de urgência para suspensão dos efeitos dos leilões realizados e manutenção da posse dos autores no imóvel – decisão que indeferiu a tutela de urgência – devedora fiduciante intimada para purgação da mora já na vigência da Lei Federal nº 13.465/2017 – Incidência do disposto no artigo 27, parágrafos 2ºB e 3º, I e II, do referido diploma legal – Possibilidade somente de aquisição preferencial do imóvel pela devedora pelo valor da dívida – Recurso não provido. [...] Com efeito, é certo que a agravante foi notificada para purgar a mora em que confessadamente incorreu há na vigência da Lei Federal nº 13.465/2017, que introduziu importantes alterações na Lei Federal nº 9.514/97. Como a mora não foi purgada no prazo legal previsto, ocorreu a consolidação da propriedade do imóvel alienado em garantia em favor do agravante. De acordo com o diploma legal que passou a vigorar, não subsiste mais o entendimento jurisprudencial, segundo o qual era possível que o devedor purgasse a mora até a data da arrematação do imóvel. Agora, em face da nova Lei vigente, ao devedor só é reconhecimento o direito de preferência para aquisição do imóvel por preço correspondente ao valor da dívida, na forma prevista pelos parágrafos 2º-B e 3º, I e II, do artigo 27, da Lei Federal nº 9.514/97. Vale dizer o único direito que pode ser reconhecido aos agravantes é o de adquirir preferencialmente o imóvel, e não mais o de purgação da mora até a arrematação." (TJSP; Agravo de Instrumento 2250943-13.2017.8.26.0000; Relator (a): Luiz Eurico; 33ª Câmara de Direito Privado; Data do Julgamento: 11/06/2018).

[321] BEZERRA FILHO, A execução extrajudicial do contrato de alienação fiduciária de bem imóvel, op. cit., p. 69.

ção de entregar ao fiduciante eventuais valores que sobejarem da dívida[322]. Nesse caso, o fiduciante deverá dar ao fiduciário termo próprio para a quitação da dívida, no prazo de cinco dias contados do segundo leilão[323].

A responsabilidade pelo pagamento de impostos, taxas, contribuições condominiais e quaisquer outros encargos sobre o imóvel será do fiduciante, até a data de imissão na posse do imóvel pelo fiduciário ou por terceiro arrematante[324]. O fiduciante também deverá realizar o pagamento de taxa de ocupação ao fiduciário ou ao arrematante do imóvel no valor de um por cento do montante fixado como o valor do imóvel no contrato[325], exigível desde a data da consolidação da propriedade plena no patrimônio

---

[322] "Art. 27 [...] §5º. Se, no segundo leilão, o maior lance oferecido não for igual ou superior ao valor referido no § 2º, considerar-se-á extinta a dívida e exonerado o credor da obrigação de que trata o § 4º.

§ 6º. Na hipótese de que trata o parágrafo anterior, o credor, no prazo de cinco dias a contar da data do segundo leilão, dará ao devedor quitação da dívida, mediante termo próprio."

[323] Nos termos do Enunciado 511 da V Jornada de Direito Civil, deverá ser lavrada ata pelo leiloeiro, ainda que na hipótese de leilão negativo, que poderá ser averbada no Registro de Imóveis competente, sendo a transmissão da propriedade do imóvel formalizada mediante contrato de compra e venda. Disponível em: http://www.cjf.jus.br/cjf/CEJ-Coedi/jornadas-cej/v-jornada-direito-civil/VJornadadireitocivil2012.pdf/view. Acesso em 20 dez. 2020.

[324] Com relação às despesas condominiais, o STJ já decidiu que a obrigação é *propter rem*, e recai sobre aquele que estiver com a posse direta do bem: "Recurso especial. Ação de cobrança. Condomínio. Alienação fiduciária. Imóvel. Pagamento. Responsabilidade. Despesas condominiais. Devedor fiduciante. Posse direta. Art. 27, §8º, da Lei nº 9.514/1997. 1. Recurso especial interposto contra acórdão publicado na vigência do Código de Processo Civil de 2015 (Enunciados Administrativos nºs 2 e 3/STJ). 2. Cinge-se a controvérsia a definir se o credor fiduciário, no contrato de alienação fiduciária em garantia de bem imóvel, tem responsabilidade pelo pagamento das despesas condominiais juntamente com o devedor fiduciante. 3. Nos contratos de alienação fiduciária em garantia de bem imóvel, a responsabilidade pelo pagamento das despesas condominiais recai sobre o devedor fiduciante enquanto estiver na posse direta do imóvel. 4. O credor fiduciário somente responde pelas dívidas condominiais incidentes sobre o imóvel se consolidar a propriedade para si, tornando-se o possuidor direto do bem. 5. Com a utilização da garantia, o credor fiduciário receberá o imóvel no estado em que se encontra, até mesmo com os débitos condominiais anteriores, pois são obrigações de caráter *propter rem* (por causa da coisa). 6. Na hipótese, o credor fiduciário não pode responder pelo pagamento das despesas condominiais por não ter a posse direta do imóvel, devendo, em relação a ele, ser julgado improcedente o pedido. 7. Recurso especial provido." (REsp 1696038/SP, Rel. Ministro Ricardo Villas Bôas Cueva, Terceira Turma, julgado em 28/08/2018, DJe 03/09/2018).

[325] De acordo com o STJ, a *mens legis* da taxa de ocupação "tem por objetivo compensar o novo proprietário em razão do tempo em que se vê privado da posse do bem adquirido, cabendo ao antigo devedor fiduciante, sob pena de evidente enriquecimento sem causa, desembolsar

A SATISFAÇÃO DO CRÉDITO

do fiduciário, até a data em que este, ou seus sucessores, vier a ser imitido na posse do imóvel[326].

Se o imóvel não for desocupado voluntariamente pelo fiduciante ou por seu sucessor, o art. 30 assegura a concessão de liminar em ação de reintegração de posse do imóvel em favor do fiduciário, de seu cessionário, de seus sucessores ou ainda do arrematante do imóvel no leilão extrajudicial, e a desocupação do imóvel deverá ocorrer em até sessenta dias[327].

O termo inicial para a propositura da ação de reintegração de posse do imóvel com pedido liminar é a averbação da consolidação da propriedade na pessoa do fiduciário após o inadimplemento, sendo desnecessária a prévia realização de todo o procedimento de excussão, incluindo a realização dos dois leilões extrajudiciais[328].

o valor correspondente ao período no qual, mesmo sem título legítimo, ainda usufrui do imóvel.". (REsp 1328656/GO, Rel. Ministro Marco Buzzi, Quarta Turma, DJe 18/09/2012).

[326] "Art. 37-A. O devedor fiduciante pagará ao credor fiduciário, ou a quem vier a sucedê-lo, a título de taxa de ocupação do imóvel, por mês ou fração, valor correspondente a 1% (um por cento) do valor a que se refere o inciso VI ou o parágrafo único do art. 24 desta Lei, computado e exigível desde a data da consolidação da propriedade fiduciária no patrimônio do credor fiduciante até a data em que este, ou seus sucessores, vier a ser imitido na posse do imóvel."

[327] Cf. Manoel Justino Bezerra Filho: "Evidentemente, este comando do art. 30 é dirigido ao Judiciário, pois, embora a execução seja feita extrajudicialmente, o ato físico da reintegração da posse, a ser executado com o uso da violência (se necessária), da qual o Estado tem o monopólio, só poderá ser efetuada mediante prévia determinação do juiz competente. Assim, [...] a "desjudicialização" tentada em algumas leis recentes acaba levando o conflito final para o Judiciário." (BEZERRA FILHO, A execução extrajudicial do contrato de alienação fiduciária de bem imóvel, op. cit., p. 68).

[328] Cf. Enunciado 591 da VII Jornada de Direito Civil: "A ação de reintegração de posse nos contratos de alienação fiduciária em garantia de coisa imóvel pode ser proposta a partir da consolidação da propriedade do imóvel em poder do credor fiduciário e não apenas após os leilões extrajudiciais previstos no art. 27 da Lei 9.514/1997." Confira-se a justificativa que amparou a aprovação do Enunciado 591: "A interpretação sistemática da Lei 9.514/1997 permite concluir que, com a consolidação da propriedade em nome do credor fiduciário, extingue-se toda e qualquer intermediação possessória e a relação jurídica que originou o escalonamento da posse em direta e indireta, conforme entendimento exposto por Moreira Alves (Da alienação fiduciária em garantia. 3. ed. Rio de Janeiro: Forense, 1987, p. 201). Dessa forma, a consolidação da propriedade gera o término do desdobramento da posse e o credor fiduciário, proprietário e antigo possuidor indireto da coisa, passa à condição de possuidor pleno do imóvel, desaparecendo a propriedade fiduciária resolúvel. A permanência do devedor fiduciante no imóvel, inadimplente com suas obrigações e, após devidamente constituído em mora, caracteriza ato de esbulho e enseja a propositura de ação de reintegração de posse para a retomada do bem pelo credor. Não haveria, assim, necessidade de que a ação de reintegração

Nas operações de financiamento imobiliário, uma vez averbada a consolidação da propriedade fiduciária, eventuais ações judiciais propostas para questionar estipulações contratuais ou requisitos procedimentais de cobrança e leilão, salvo no caso da exigência de notificação do fiduciante, não obstarão a reintegração de posse, e a pretensão será convertida em indenização por perdas e danos, conferindo maior segurança jurídica ao fiduciário e ao arrematante do imóvel[329].

Por fim, na hipótese de locação do imóvel alienado fiduciariamente para terceiro, o contrato de locação deverá conter cláusula específica para cientificar o locatário acerca da alienação fiduciária. Também será necessária a concordância por escrito do fiduciário para que a contratação ou a prorrogação de locação, por prazo superior a um ano, tenha eficácia perante ele ou seus sucessores[330].

Se o fiduciário não tiver concordado por escrito com a locação, uma vez consolidada a propriedade do imóvel para ele, a locação se torna resilível. A denúncia do contrato deverá ser realizada no prazo de noventa dias, com prazo de trinta dias para a desocupação do imóvel. Caso não haja desocupação voluntária, o fiduciário ou o terceiro arrematante poderão propor ação de despejo contra o locatário[331].

de posse ocorresse apenas após a realização dos leilões, como à primeira vista pareceria supor da leitura da Lei 9.517/1997." Disponível em: http://www.cjf.jus.br/cjf/CEJ-Coedi/jornadas-cej/enunciados%20aprovados% 20-%20VII% 20jornada/view. Acesso em 20 dez. 2020.

[329] "Art. 30. É assegurada ao fiduciário, seu cessionário ou sucessores, inclusive o adquirente do imóvel por força do público leilão de que tratam os §§ 1º e 2º do art. 27, a reintegração na posse do imóvel, que será concedida liminarmente, para desocupação em sessenta dias, desde que comprovada, na forma do disposto no art. 26, a consolidação da propriedade em seu nome. Parágrafo único. Nas operações de financiamento imobiliário, inclusive nas operações do Programa Minha Casa, Minha Vida, instituído pela Lei nº 11.977, de 7 de julho de 2009, com recursos advindos da integralização de cotas no Fundo de Arrendamento Residencial (FAR), uma vez averbada a consolidação da propriedade fiduciária, as ações judiciais que tenham por objeto controvérsias sobre as estipulações contratuais ou os requisitos procedimentais de cobrança e leilão, excetuada a exigência de notificação do devedor fiduciante, serão resolvidas em perdas e danos e não obstarão a reintegração de posse de que trata este artigo."

[330] "Art. 37-B. Será considerada ineficaz, e sem qualquer efeito perante o fiduciário ou seus sucessores, a contratação ou a prorrogação de locação de imóvel alienado fiduciariamente por prazo superior a um ano sem concordância por escrito do fiduciário."

[331] Conforme explica Melhim Namem Chalhub ao tratar sobre a possibilidade de propositura de ação de despejo contra o locatário do imóvel alienado fiduciariamente: "Não se pode cogitar de ação de reintegração de posse, até porque a posse do locatário não pode ser qualificada como ilegítima ou espúria. [...] É irrelevante o fato de o fiduciário ou o arrematante não integrar

A SATISFAÇÃO DO CRÉDITO

Também não há direito de preferência ao locatário para adquirir o imóvel[332], pois a venda do imóvel não foi voluntária e se revestiu de características peculiares diante da finalidade de garantia. Eventual direito de preferência, nesse contexto, poderia causar inconvenientes ou empecilhos à alienação do imóvel[333].

4.2. As questões problemáticas decorrentes da excussão extrajudicial

A dinâmica dos leilões extrajudiciais da Lei 9.514/97 compreende três cenários: a arrematação do imóvel no primeiro leilão pelo valor do imóvel; a arrematação do imóvel no segundo leilão pelo valor da dívida; ou a frustração de ambos os leilões.

A única hipótese capaz de ressarcir plenamente o fiduciante e o fiduciário seria aquela na qual, sendo o valor da dívida inferior ao do imóvel, este é arrematado por um terceiro no primeiro leilão por seu valor de mercado, em razão da disputa de lances[334]. Em todos os demais cenários, ou o fiduciante não receberá o devido ressarcimento por eventual valorização do imóvel ou benfeitorias realizadas, ou o fiduciário não poderá recuperar a totalidade de seu crédito diante da obrigação de extinção da dívida remanescente seguida de quitação recíproca, caso o valor da dívida seja superior ao da garantia.

No primeiro cenário, é possível extrair três problemas em potencial: o primeiro, como visto, é a presunção de o valor da garantia ser superior ao

---

a relação locatícia. Tanto nesse caso como no caso da extinção de usufruto e fideicomisso e, ainda, na hipótese de alienação do imóvel pelo locador, durante a locação, prevista no art. 8º da Lei do Inquilinato, a denúncia é feita por quem não participou da relação obrigacional original, ao qual a lei confere legitimidade para a retomada, que se faz por meio de ação de despejo. [...] Para o locatário, o despejo é procedimento menos gravoso do que a reintegração de posse, pois, enquanto por aquela via a desocupação se dá após o trânsito em julgado da sentença, pela reintegração a desocupação é deferida liminarmente, no início do processo.". (CHALHUB, *Alienação Fiduciária*, op. cit., p. 314-315).

[332] Lei 8.245/91, "art. 32. O direito de preferência não alcança os casos de perda da propriedade ou venda por decisão judicial, permuta, doação, integralização de capital, cisão, fusão e incorporação."

[333] TERRA, *Alienação Fiduciária de Imóvel em Garantia*, op. cit., p. 75-77.

[334] GUEDES, Gisela Sampaio da Cruz; TERRA, Aline de Miranda Valverde. Alienação fiduciária em garantia de bens imóveis: possíveis soluções para as deficiências e insuficiências da disciplina legal. In: GUEDES, Gisela Sampaio da Cruz; MORAES, Maria Celina Bodin de; MEIRELES, Rose Melo Vencelau; et. al. (coord.). *Direito das garantias*. São Paulo: Saraiva, 2017, p. 230.

valor da dívida. Isso nem sempre se verificará na prática, sobretudo nos contratos empresariais cujo objetivo não seja a aquisição do bem ofertado em garantia, mas sim o fomento da atividade mercantil. Essa questão é relevante considerando a previsão legal de extinção da dívida remanescente após a excussão da garantia, o que poderá ocasionar, na hipótese de o valor da dívida ser superior ao do imóvel, o enriquecimento sem causa do devedor.

O segundo problema consiste no fato de que o valor do imóvel, para fins de leilão, deverá ser pré-determinado em contrato, juntamente com os critérios para a revisão, inexistindo reavaliação para fins de leilão caso o disposto no contrato não reflita mais a realidade com o decurso do tempo[335].

Por fim, o terceiro problema decorre da previsão legal determinando que o valor de indenização por eventuais benfeitorias no imóvel também estará compreendido no montante que sobejar do valor da dívida. Tal previsão poderá ensejar situações iníquas, haja vista a impossibilidade lógica de se quantificar previamente benfeitorias futuras no contrato, o qual, consequentemente, não irá refletir o valor real do imóvel[336].

No cenário de arrematação do imóvel no segundo leilão pelo valor da dívida, serão restituídos ao fiduciante eventuais valores que sobejarem. Em caso de êxito do leilão, apesar de o interesse do fiduciário ser plenamente atendido, o fiduciante poderá ser prejudicado, pois, se o valor da dívida for inferior ao valor do imóvel, como pressupôs o legislador, o imóvel poderá ser arrematado por preço muito abaixo do valor real de mercado, inclusive por preço vil, eis que a Lei 9.514/97 não faz qualquer ressalva quanto à essa possibilidade[337]. Por outro lado, considerando a situação oposta, em que o

---

[335] SILVA, *Garantias imobiliárias em contratos empresariais*, op. cit., p. 198.

[336] Para Mario Pazutti Mezzari, a inclusão do valor das benfeitorias em eventual montante que sobejar do valor da dívida após a venda do imóvel é de validade questionável, em razão da injustiça e do desequilíbrio social ou econômico da previsão legal. Para solucionar tal questão, o autor sugere que o contrato de alienação fiduciária vede expressamente, sob a imposição de penalidades severas, a realização de benfeitorias e acessões no imóvel pelo devedor fiduciante, pois, caso as realize, estará caracterizada a má-fé, o que lhe retiraria o direito de retenção, salvo no caso de benfeitorias necessárias. (MEZZARI, *Alienação Fiduciária da Lei n. 9.514, de 20-11-1997*, op. cit., p. 80-81).

[337] Na opinião de Assumpção Neves, o art. 27, §2º, seria inconstitucional, por permitir o empobrecimento injustificado do fiduciante, que perderá a propriedade e também será reembolsado por um valor irrisório, configurando violação às garantias do processo legal e da presença do Estado-juiz. (NEVES, *Manual de Direito Processual Civil*, op. cit., p. 1489).

A SATISFAÇÃO DO CRÉDITO

valor da dívida supera o do imóvel, dificilmente o imóvel que não foi vendido no primeiro leilão, por preço inferior, será alienado no segundo leilão.

Por fim, na terceira situação, de insucesso de ambos os leilões, a propriedade plena do imóvel se consolidará com o fiduciário, que ficará exonerado da obrigação de restituir eventual importância que sobejar ao fiduciante, e a dívida será considerada extinta[338]. Nesse caso, se o valor do imóvel for superior ao da dívida, a situação se inverte, surgindo a possibilidade de enriquecimento sem causa em favor do fiduciário.

Parte da doutrina e da jurisprudência, partindo de uma interpretação literal da lei, sustenta que, nessa hipótese, a propriedade do imóvel se consolidará plenamente com o fiduciário[339], livre de qualquer condição, podendo ele dar ao imóvel a finalidade que lhe melhor convier, sem prestar contas ao fiduciante[340]. Argumenta-se que, nesse cenário, não haveria

---

[338] "Art. 27, §5º. Se, no segundo leilão, o maior lance oferecido não for igual ou superior ao valor referido no §2º, considerar-se-á extinta a dívida e exonerado o credor da obrigação de que trata o §4º."

[339] MEZZARI, *Alienação Fiduciária da Lei n. 9.514, de 20-11-1997*, op. cit., p. 77.

[340] "[...] Declaratória de nulidade de negócio jurídico e imissão na posse – Alegação de nulidade da arrematação de imóvel dado em garantia de alienação fiduciária – Inocorrência – Atos de venda extrajudicial do imóvel que observaram estritamente os dispositivos e o procedimento da Lei nº 9514/97 – Propriedade do imóvel consolidada em favor da credora fiduciária que, nesse contexto, após a falta de licitantes em leilões públicos, optou por alienar o imóvel em leilão particular, sem a necessidade de notificação dos antigos proprietários do bem – Imóvel adquirido pelos correqueridos Nivaldo e Maria José, por escritura pública de compra e venda, inexistindo qualquer irregularidade – Sentença mantida – Recurso negado. [...] Nenhuma nulidade se evidencia no negócio jurídico (escritura pública de compra e venda) celebrada em 15/10/2014, entre a corré Brazilian Securities e os correqueridos adquirentes do imóvel, Nivaldo Guizardi e Maria José Paulino Guizardi (fls. 39/42), pelo qual a primeira vendeu aos segundos o imóvel pelo valor de R$ 219.000,00. Com a consolidação da propriedade em favor da credora fiduciária, tornou-se ela proprietária plena do imóvel com a "faculdade de usar, gozar e dispor da coisa, e o direito de reavê-la do poder de quem quer que injustamente a possua ou detenha", conforme estabelece o art. 1.228 do Código Civil. Nessas condições, optou a requerida por levar o imóvel a leilão extrajudicial particular realizado em 20/09/2014 (fls. 329), procedimento que prescinde da notificação de seus antigos proprietários para sua participação. De se anotar ainda que, após a consolidação da propriedade, poderia a Brazilian Securities vender o bem pelo valor que lhe aprouvesse, sem observar os lances iniciais estabelecidos nos leilões extrajudiciais da Lei 9514/97". (TJSP. Apelação 0004901-48.2014.8.26.0025; Relator (a): Francisco Giaquinto; 13ª Câmara de Direito Privado; Data do Julgamento: 17/08/2016) e "Apelação Cível. Ação de reparação de danos materiais com o objetivo de recebimento do valor que sobejou do produto da alienação extrajudicial, após a quitação do saldo devedor. Sentença de improcedência. Inconformismo. Ausência de

a obrigação de o fiduciário devolver ao fiduciante o valor que sobejar, pois a diferença entre o valor da dívida e o valor do imóvel seria apenas teórica, já que, na prática, não houve lances para a aquisição do imóvel pelo valor da dívida[341].

A possibilidade de consolidação da propriedade plena para o credor em caso de insucesso dos leilões ensejou o questionamento acerca da suposta violação à proibição do pacto comissório, assim entendido como o ajuste entre as partes que autoriza o credor a ficar com o objeto da garantia dado pelo devedor, caso a dívida não seja paga no vencimento, vedado pelos arts. 1.365 e 1.428 do Código Civil[342].

Para a corrente minoritária, o pacto comissório incidiria antes mesmo da realização dos leilões, no momento de consolidação plena da propriedade na pessoa do fiduciário, mediante o registro na matrícula do imóvel. Os leilões previstos na lei, por sua vez, não apagariam o pacto comissório já verificado, eis que o credor fiduciário, agora proprietário, alienaria imóvel de seu domínio[343]. Caso tal interpretação prevalecesse, a garantia fiduciária seria nula e acabaria por cair em desuso diante da impossibilidade de excussão.

A corrente majoritária, entretanto, argumenta pela inexistência de pacto comissório na alienação fiduciária, pois a consolidação da propriedade plena ao credor fiduciário se opera por força de lei, e não em decorrência de um pacto firmado entre as partes[344]. Por ser da essência da propriedade

---

arrematação do bem nos dois leilões realizados. Imóvel que foi incorporado ao patrimônio do Banco credor, o que resulta na quitação da dívida e inviabiliza a restituição de quaisquer diferenças. Inteligência do art. 27, § 5º, da Lei i 9.514/97. Sentença mantida, majorando-se a verba honorária de sucumbência. Artigo 85, §11, do Código de Processo Civil. Recurso não provido." (TJSP; Apelação 1017476-98.2017.8.26.0564; Relator (a): Hélio Nogueira; 22ª Câmara de Direito Privado; Data do Julgamento: 26/04/2018).

[341] BERGER, Renato. O óbvio sobre a extinção da dívida na alienação fiduciária. *Revista Consultor Jurídico*, 28 de novembro de 2013. Disponível em: https://www.conjur.com.br/2013--nov-28/renato-berger-obvio-extincao-divida-alienacao-fiduciaria. Acesso em 20 dez. 2020.

[342] "Art. 1.365. É nula a cláusula que autoriza o proprietário fiduciário a ficar com a coisa alienada em garantia, se a dívida não for paga no vencimento.
Parágrafo único. O devedor pode, com a anuência do credor, dar seu direito eventual à coisa em pagamento da dívida, após o vencimento desta."
"Art. 1.428. É nula a cláusula que autoriza o credor pignoratício, anticrético ou hipotecário a ficar com o objeto da garantia, se a dívida não for paga no vencimento.
Parágrafo único. Após o vencimento, poderá o devedor dar a coisa em pagamento da dívida."

[343] LOUREIRO, Alienação Fiduciária de Coisa Imóvel, op. cit., p. 93.

[344] CHALHUB, *Alienação Fiduciária*, op. cit., p. 167.

A SATISFAÇÃO DO CRÉDITO

fiduciária a constituição de garantia sobre coisa própria, a transmissão da propriedade será um efeito natural da aquisição da coisa pelo credor[345]. Esse entendimento também prevaleceu junto ao STJ, mesmo nos casos em que o objeto da garantia já integrava o patrimônio do devedor fiduciante[346].

Ao nosso ver, na hipótese de frustração de ambos os leilões e de consolidação ao fiduciário da propriedade plena de imóvel cujo valor seja muito superior ao da dívida, poderia haver o enriquecimento sem causa do fiduciário, o qual permaneceria com um bem mais valioso do que o montante objeto do financiamento, com efeitos análogos aos do pacto comissório.

Cientes da problemática apresentada, no capítulo cinco, iremos propor uma alternativa para solucionar as iniquidades decorrentes do procedimento de leilão extrajudicial, sobretudo quando incidentes no contexto dos contratos empresariais.

4.3. Outras restrições à satisfação do crédito

Em algumas situações, a satisfação do crédito garantido por alienação fiduciária de imóveis também poderá sofrer restrições por questões não relacionadas ao procedimento extrajudicial para a excussão da garantia. Nos próximos itens, vamos analisar as limitações ínsitas à alienação fiduciária de imóvel e a sua compatibilidade para garantir diferentes tipos de obrigações, como de fazer ou de não fazer, obrigações pecuniárias com valor máximo, e ainda a possibilidade de garantir dívidas sucessivas.

---

[345] Segundo Caio Mario da Silva Pereira: "Temos ciência que a vida civil caminha a passos mais lentos que a vida econômico-financeira, mas as definições de uma esfera mais célere devem se prestar a inspirar a esfera mais compassada, em nome do incremento dos negócios. A assunção de titularidade pelo próprio credor pode ser precedida de leilão ou praça envolvendo terceiros e o credor adjudicar o bem pelo maior lanço. A contrariedade dos dispositivos chegará ao Poder Judiciário, mas tendemos a crer que a resolução será pela validade da medida mais expedita que é a autorização para o credor em assumir o bem e seus encargos, independentemente de estar ou não vedado no instrumento negocial." (PEREIRA, *Instituições de Direito Civil. Direitos Reais*, op. cit., p. 367 e 377).

[346] "Alienação fiduciária em garantia. Bens integrantes do patrimônio do devedor. Possibilidade. Precedentes. Súmula. Recurso provido. I – Segundo entendimento sumulado do Tribunal (Enunciado 28), o contrato de alienação fiduciária em garantia pode ter por objeto bens já integrantes do patrimônio do devedor. II – Não obstante as afinidades, essa modalidade de alienação fiduciária em garantia não pode ser confundida com os institutos do penhor e do pacto comissório, pela circunstância de sustentar-se também em bens já pertencentes ao devedor." (REsp 162.942/MS, Rel. Ministro Sálvio de Figueiredo Teixeira, Quarta Turma, julgado em 30/04/1998, DJ 22/06/1998, p. 107).

Além disso, pretende-se averiguar contextos específicos nos quais a limitação da alienação fiduciária de imóveis ocorre em razão do sujeito da relação obrigacional, como no caso da alienação fiduciária de imóvel rural para garantir dívida de credor estrangeiro, e do objeto da garantia, hipótese do imóvel bem de família.

4.3.1. Limitações quanto à natureza da obrigação garantida

Como o contrato de alienação fiduciária implica a transmissão do bem imóvel do devedor fiduciante ao credor fiduciário com a finalidade de garantia, alguns autores argumentam que a propriedade fiduciária seria mais rígida do que a hipoteca, e por isso não seria adequada para garantir obrigações de fazer ou de não fazer, assim como obrigações pecuniárias com valor máximo.

Para LEONARDO BRANDELLI, como a excussão da hipoteca, em regra, é realizada pela via judicial, com a observância do contraditório, a especialidade da obrigação garantida poderia ser mitigada para garantir qualquer obrigação mensurável pecuniariamente, ainda que ilíquida. Já no caso da propriedade fiduciária, que não abrange a possibilidade de contraditório no procedimento de excussão extrajudicial, a especialidade da garantia deverá ser mais restrita, de modo a garantir apenas obrigações pecuniárias e líquidas[347].

Não obstante tal ponderação, não há qualquer incompatibilidade de a alienação fiduciária também garantir obrigações de fazer ou de não fazer, pois o art. 51 da Lei 10.931/04 prevê que a alienação fiduciária de coisa imóvel poderá garantir as obrigações em geral, inexistindo previsão legal que limite a abrangência e a aplicação da garantia.

No caso da obrigação de fazer, a lógica é bastante semelhante à obrigação de dar uma determinada quantia em dinheiro. Uma vez adimplida a obrigação, a propriedade fiduciária do imóvel se reverterá em benefício do devedor fiduciante. Na hipótese de inadimplemento, o devedor fiduciante poderá ser constituído em mora e, caso não realize a obrigação de fazer durante o período de purgação da mora, o imóvel será excutido extrajudicialmente como forma alternativa de satisfazer o credor fiduciário.

No caso da obrigação de não fazer, a solução não é tão simples. Para viabilizar a utilização da garantia fiduciária, seria necessário que as partes

---

[347] BRANDELLI, Alienação fiduciária de bens imóveis, op. cit., p. 86-87.

A SATISFAÇÃO DO CRÉDITO

pactuassem o prazo no qual determinado ato não poderá ser praticado pelo devedor fiduciante, caso compatível com a natureza da obrigação. Caso contrário, o credor fiduciário permaneceria com a propriedade fiduciária do imóvel por tempo indeterminado, eis que o não fazer já consistiria no adimplemento da obrigação. Outra possibilidade no caso de obrigação de não fazer seria a garantia fiduciária assegurar o pagamento de indenização por perdas e danos em caso de inadimplemento[348].

A discussão referente à suposta impossibilidade de a alienação fiduciária de imóvel garantir obrigações pecuniárias com valor máximo decorre do art. 24, inc. I, da Lei 9.514/97, segundo a qual o contrato de alienação fiduciária deverá conter "o valor do principal da dívida". Com isso, argumenta-se que a propriedade fiduciária não seria apta a garantir um contrato de abertura de crédito rotativo, por exemplo, pois a especialização da dívida não seria feita no momento de constituição da garantia, mas sim posteriormente, podendo variar conforme o valor do crédito efetivamente utilizado pelo devedor e as taxas de juros e demais encargos incidentes sobre a dívida[349].

Ocorre que, em contrapartida, no caso da propriedade fiduciária em geral, regida pelo Código Civil, o art. 1.362, inc. I, dispõe que o contrato conterá "o total da dívida, *ou sua estimativa*". No caso de penhor, anticrese ou hipoteca, o art. 1.424, I, do Código Civil também prevê que os contatos deverão declarar "o valor do crédito, *sua estimação, ou valor máximo*" (destaques nossos).

Considerando a natureza de garantia real, a propriedade fiduciária poderá ser totalmente adequada para garantir dívidas ilíquidas ou com valor máximo, desde que o fiduciário, no ato de requerimento de constituição do fiduciante em mora, traga planilha de cálculos com os valores devidamente atualizados, amparados em prova documental demonstrando o montante de crédito efetivamente utilizado pelo fiduciante.

Caso haja qualquer incongruência nos cálculos, o fiduciante poderá recorrer ao Poder Judiciário para discutir os valores controvertidos, nos moldes do art. 50, *caput*, e §1º, da Lei 10.931/04[350]. Uma alternativa para

---

[348] MONTEIRO, Washington de Barros; MALUF, Carlos Alberto Dabus. *Curso de direito civil.* 40ª ed. São Paulo: Saraiva, 2010, vol. 3, p. 444.

[349] BRANDELLI, Alienação fiduciária de bens imóveis, op. cit., p. 79.

[350] "Art. 50. Nas ações judiciais que tenham por objeto obrigação decorrente de empréstimo, financiamento ou alienação imobiliários, o autor deverá discriminar na petição inicial,

conferir maior celeridade ao procedimento de excussão extrajudicial seria atribuir ao Oficial do Registro de Imóveis um juízo de admissibilidade prévio para processar pela via extrajudicial a excussão de garantias cujo saldo devedor seja facilmente determinável, por meio de cálculos aritméticos simples[351].

Corroborando a possibilidade de a propriedade fiduciária garantir obrigações pecuniárias ilíquidas, com valor máximo, o art. 9º da Lei 13.476/2017 prevê a propriedade fiduciária de imóvel como uma das modalidades possíveis de garantia ao contrato de abertura de limite de crédito[352]. O TJSP também já se manifestou favoravelmente com relação à essa possibilidade[353].

Por fim, outra limitação apontada com relação à propriedade fiduciária consiste na suposta impossibilidade, diante da inexistência de previsão legal expressa, de o mesmo bem garantir mais de uma obrigação, em caráter sucessivo, para otimizar o potencial garantidor do patrimônio do devedor e evitar o excesso de garantia. Nesse aspecto, a alienação fiduciária seria menos vantajosa do que a hipoteca, pois o art. 1.476 do Código Civil autoriza a constituição de hipotecas sucessivas pelo dono do imóvel hipotecado, em favor do mesmo ou de outro credor[354].

---

dentre as obrigações contratuais, aquelas que pretende controverter, quantificando o valor incontroverso, sob pena de inépcia.

§ 1º O valor incontroverso deverá continuar sendo pago no tempo e modo contratados."

[351] SILVA, *Garantias imobiliárias em contratos empresariais*, op. cit., p. 160-161.

[352] "Art. 9º. Se, após a excussão das garantias constituídas no instrumento de abertura de limite de crédito, o produto resultante não bastar para quitação da dívida decorrente das operações financeiras derivadas, acrescida das despesas de cobrança, judicial e extrajudicial, o tomador e os prestadores de garantia pessoal continuarão obrigados pelo saldo devedor remanescente, não se aplicando, quando se tratar de alienação fiduciária de imóvel, o disposto nos §§ 5º e 6º do art. 27 da Lei no 9.514, de 20 de novembro de 1997."

[353] "Ação ordinária – Antecipação de tutela concedida a fim de obstar realização de leilão extrajudicial – Ausência de verossimilhança nas alegações – Validade da cláusula de alienação fiduciária para garantia de negócios futuros – Recurso provido. [...] A cláusula 2.1 do contrato prevê que a alienação fiduciária serviria para a cobertura de 'quaisquer' operações de crédito que, eventualmente, já tiveram ou que vierem a ser firmadas entre os ora contratantes, até o limite de R$ 8.600.000,00. Não vejo nessa cláusula violação ao art. 24 da Lei 9.514/97, porque expressamente fixado o limite da dívida garantida. [...]" (TJSP; Agravo de Instrumento 1246070005; Relator (a): Eduardo Sá Pinto Sandeville; 28ª Câmara de Direito Privado; Data do Julgamento: 16/06/2009).

[354] "Art. 1.476. O dono do imóvel hipotecado pode constituir outra hipoteca sobre ele, mediante novo título, em favor do mesmo ou de outro credor."

A SATISFAÇÃO DO CRÉDITO

Os autores que não admitem a possibilidade de constituição da alienação fiduciária em garantia de dívidas sucessivas o fazem com fundamento nos princípios da taxatividade e da tipicidade dos direitos reais, eis que não haveria espaço para as partes criarem ou redefinirem os modelos de direitos reais previstos em lei. Como a Lei 9.514/97 é silente quanto à esta possibilidade, os particulares não poderiam estender o conteúdo de um direito real com base na autonomia da vontade[355].

Também é apontado como argumento impeditivo a impossibilidade de se constituir novos ônus sobre imóvel que deixou o patrimônio do fiduciante[356]. Inclusive, o ato de dispor de coisa alheia como própria, como pode ocorrer caso o devedor fiduciante ofereça em garantia um bem que já foi alienado fiduciariamente, poderá configurar espécie de crime de estelionato, tipificado no art. 171, §2º, inc. I, do Código Penal[357].

Apesar disso, diante da possibilidade de o devedor fiduciante ceder a terceiros o direito real de aquisição sobre o imóvel, passou-se a cogitar a possibilidade de se constituir novos ônus reais sobre a propriedade superveniente, cuja eficácia ficaria subordinada ao retorno da propriedade ao patrimônio do devedor originário, mediante o adimplemento da primeira dívida garantia pela propriedade fiduciária[358].

Caso o credor aceitasse receber como garantia um imóvel já alienado fiduciariamente para terceiro, com eficácia subordinada à resolução da primeira alienação fiduciária, não haveria qualquer óbice para a estipulação de outros ônus sucessivos, com a eficácia subordinada ao adimplemento das demais dívidas constituídas previamente sobre o mesmo imóvel.

---

[355] CAMBLER, Everaldo Augusto. Impossibilidade de registro da alienação fiduciária superveniente ou condicionada (2º grau). In: ROCHA, Mauro Antônio; KIKUNAGA, Marcus Vinicius (org.). *Alienação fiduciária de bem imóvel. 20 anos da Lei 9.514/97. Aspectos polêmicos.* São Paulo: Lepanto, 2017, p. 115-116.

[356] FRANCO, Luiz Henrique Sapia. Notas sobre a alienação fiduciária em garantia imobiliária: questões (ainda) controversas. *Revista Forense*, vol. 419, ano 110, jan.-jun. 2014, p. 134–135.

[357] "Art. 171 – Obter, para si ou para outrem, vantagem ilícita, em prejuízo alheio, induzindo ou mantendo alguém em erro, mediante artifício, ardil, ou qualquer outro meio fraudulento.
Pena – reclusão, de um a cinco anos, e multa, de quinhentos mil réis a dez contos de réis.
§1º – Se o criminoso é primário, e é de pequeno valor o prejuízo, o juiz pode aplicar a pena conforme o disposto no art. 155, § 2º;
§2º – Nas mesmas penas incorre quem:
Disposição de coisa alheia como própria
I – vende, permuta, dá em pagamento, em locação ou em garantia coisa alheia como própria; [...]"

[358] SILVA, *Garantias imobiliárias em contratos empresariais*, op. cit., p. 168.

A licitude de se estipular novos ônus reais sucessivos sobre a propriedade fiduciária, condicionados ao adimplemento das dívidas anteriores, estaria fundamentada nos arts. 122, 125 e 126 do Código Civil, que preveem a licitude de condições não contrárias à lei, podendo ser elas suspensivas ou resolutivas[359], tal como a eficácia da propriedade superveniente, prevista no art. 1.361, §3º e art. 1.420, §1º, do Código Civil[360].

O entendimento favorável à constituição de nova garantia fiduciária sobre o mesmo bem imóvel já alienado fiduciariamente a um terceiro prevaleceu na V Jornada de Direito Civil. Foi aprovado o Enunciado 506, autorizando a constituição concomitante de nova garantia fiduciária sobre o mesmo bem imóvel, incidente sobre a respectiva propriedade superveniente que o fiduciante vier a adquirir após o adimplemento da primeira dívida garantida pela primeira alienação fiduciária[361].

Esta interpretação é adequada à natureza da propriedade fiduciária e representa em uma alternativa para dinamizar a nova modalidade de garantia, aumentando a capacidade do patrimônio do devedor para garantir novas obrigações, em conformidade com as atuais exigências do mercado e com as necessidades dos agentes econômicos.

---

[359] "Art. 122. São lícitas, em geral, todas as condições não contrárias à lei, à ordem pública ou aos bons costumes; entre as condições defesas se incluem as que privarem de todo efeito o negócio jurídico, ou o sujeitarem ao puro arbítrio de uma das partes."

"Art. 125. Subordinando-se a eficácia do negócio jurídico à condição suspensiva, enquanto esta se não verificar, não se terá adquirido o direito, a que ele visa."

"Art. 126. Se alguém dispuser de uma coisa sob condição suspensiva, e, pendente esta, fizer quanto àquela novas disposições, estas não terão valor, realizada a condição, se com ela forem incompatíveis."

[360] "Art. 1.361 [...] §3º A propriedade superveniente, adquirida pelo devedor, torna eficaz, desde o arquivamento, a transferência da propriedade fiduciária."

"Art. 1.420 [...] §1º A propriedade superveniente torna eficaz, desde o registro, as garantias reais estabelecidas por quem não era dono."

[361] Enunciado 506: "Estando em curso contrato de alienação fiduciária, é possível a constituição concomitante de nova garantia fiduciária sobre o mesmo bem imóvel, que, entretanto, incidirá sobre a respectiva propriedade superveniente que o fiduciante vier a readquirir, quando do implemento da condição a que estiver subordinada a primeira garantia fiduciária, a nova garantia poderá ser registrada na data em que convencionada e será eficaz desde a data do registro, produzindo efeito *ex tunc*." Disponível em: http://www.cjf.jus.br/cjf/CEJ-Coedi/jornadas-cej/v-jornada-direito-civil/VJornadadireitocivil 2012.pdf/view. Acesso em 20 dez. 2020.

A SATISFAÇÃO DO CRÉDITO

4.3.2. A alienação fiduciária de imóvel rural a credores estrangeiros

É possível que haja limitação quanto à constituição de alienação fiduciária de imóvel rural para garantir dívida de credores estrangeiros, decorrente da possibilidade de consolidação plena da propriedade do bem ao credor em caso de inadimplemento da obrigação garantida e de frustração dos dois leilões.

O direito de propriedade poderá ser limitado para cumprimento de sua função social. No caso dos imóveis rurais, a Lei 4.504/64 (Estatuto da Terra), dispõe acerca de medidas para promover uma melhor distribuição da terra, com a extinção gradativa das formas de ocupação e exploração que não atendam à função social da propriedade, com o objetivo de promover o princípio da justiça social e o aumento da produtividade[362].

Uma das limitações consiste na aquisição da propriedade rural por estrangeiros residentes no Brasil, por pessoas jurídicas estrangeiras autorizadas a funcionar no Brasil e por pessoas jurídicas brasileiras cuja maioria do capital seja detido por pessoas estrangeiras físicas ou jurídicas[363].

Os estrangeiros devem atender aos requisitos previstos na Lei 5.707/72 e no Decreto 74.965/74 para a aquisição de imóveis rurais, tais como a autorização prévia por parte do Instituto Nacional de Colonização e Reforma Agrária (INCRA)[364], ou da Secretaria Geral do Conselho de Segurança Nacional, caso o imóvel esteja situado em área considerada indisponível à segurança nacional[365]. Também será necessário que a aquisição do imóvel rural esteja vinculada à implantação de projetos agrícolas pecuários, indus-

---

[362] PEREIRA, *Instituições de Direito Civil*. Direitos Reais, op. cit., p. 87.
[363] Decreto 74.965/74, "art. 1º. O estrangeiro residente no país e a pessoa jurídica estrangeira autorizada a funcionar no Brasil só poderão adquirir imóvel rural na forma prevista nesta Lei. § 1º – Fica, todavia, sujeita ao regime estabelecido por esta Lei a pessoa jurídica brasileira da qual participem, a qualquer título, pessoas estrangeiras físicas ou jurídicas que tenham a maioria do seu capital social e residam ou tenham sede no Exterior."
[364] Decreto 74.965/74, "art. 7º. A aquisição de imóvel rural por pessoa física estrangeira não poderá exceder a 50 (cinquenta) módulos de exploração indefinida, em área contínua ou descontínua. [...] § 2º A aquisição de imóvel rural entre 3 (três) e 50 (cinquenta) módulos de exploração indefinida dependerá de autorização do INCRA, ressalvado o disposto no artigo 2º."
[365] Decreto 74.965/74, "art. 2º. A pessoa estrangeira, física ou jurídica, só poderá adquirir imóvel situado em área considerada indisponível à segurança nacional mediante assentimento prévio da Secretaria Geral do Conselho de Segurança Nacional."

triais, ou de colonização, vinculados aos objetivos estatuários do estrangeiro adquirente[366].

Após a promulgação da Constituição Federal de 1988, questionou-se a recepção pela nova Carta do art. 1º, §1º, da Lei 5.709/72, o qual equiparava a estrangeiro a pessoa jurídica brasileira cuja maioria do capital fosse detido por estrangeiro. De início, prevaleceu junto à Advocacia Geral da União (AGU) o entendimento de inconstitucionalidade desse dispositivo, conforme o Parecer 14.12.1995. Embora a AGU não tenha competência para exercer o controle de constitucionalidade, os seus pareces têm o poder de vincular a interpretação da administração federal, incluindo o INCRA[367]. Adotaram o mesmo entendimento a Corregedoria-Geral de Justiça do Estado de São Paulo, no Parecer 461-12-E, e o Órgão Especial do TJSP[368].

Não obstante, em 2010, o Conselho Nacional de Justiça orientou os Tabelionatos de Notas e os Registros de Imóveis a seguirem todos os procedimentos da Lei 5.709/71, sob pena de responsabilidade[369]. A AGU, por sua vez, emitiu o Parecer 01/08, alterando o entendimento anterior para reconhecer a recepção do art. 1º, §1º, da Lei 5.709/72 pela Constituição Federal de 1988.

---

[366] Decreto 74.965/74, "art. 11. A pessoa jurídica estrangeira, autorizada a funcionar no Brasil, ou a pessoa jurídica brasileira, na hipótese do artigo 1º § 1º, só poderão adquirir imóveis rurais quando estes se destinem à implantação de projetos agrícolas pecuários, industriais, ou de colonização vinculados aos seus objetivos estatuários."

[367] Silva, *Garantias imobiliárias em contratos empresariais*, p. 146-147.

[368] "[...] I – Mandado de Segurança contra ato do Corregedor Geral de Justiça de São Paulo que negou provimento ao recurso administrativo interposto pela impetrante. II – Cabe direito líquido e certo da impetrante em face da decisão administrativa que, mudando interpretação jurídica, vedou averbação de ato de incorporação societária em Cartório de Registro de Imóveis da Comarca de Casa Branca. III – O art. Io, §1º da Lei nº 5.709/71 não foi recepcionado pela Constituição de 1988, o que o torna não incidente à empresas brasileiras que tenham participação de capital estrangeiro. IV – Não é passível a repristinação do referido artigo, com a revogação integral do art. 171 da Constituição Federal pela Emenda Constitucional nº 06/95. V – A decisão coatora emanada após a realização concreta do negócio jurídico sucessivo da incorporação viola ato jurídico perfeito e direito adquirido, afrontando, também, osr/ princípios da isonomia e da segurança jurídica, sem dizer que fere de morte a interpretação sistemática e teleológica, bem como a moderna hermenêutica da ponderação dos interesses e da razoabilidade." (TJSP; Mandado de Segurança 0058947-33.2012.8.26.0000; Relator (a): Guerrieri Rezende; Órgão Especial; Data do Julgamento: 12/09/2012).

[369] Cf. Pedido de Providências nº 0002981-80.2010.00.0000.

A SATISFAÇÃO DO CRÉDITO

Diante da divergência de orientações, a União propôs ação perante o STF, para pleitear a declaração de nulidade da orientação normativa do Parecer da Corregedoria-Geral de Justiça do Estado de São Paulo, com fundamento na existência de conflito federativo. O pedido liminar para a suspensão do parecer impugnado foi acolhido pelo Ministro Marco Aurélio em 2016, e até a data de publicação desta obra, o julgamento final da causa estava pendente[370]. A Sociedade Rural Brasileira também propôs a Arguição de Descumprimento de Preceito Fundamental 342 perante o

---

[370] "Decisão medida liminar – Aquisição de imóveis rurais por estrangeiros – Recepção do artigo 1º, §1º, da Lei nº 5.709/1971 – Relevância – Deferimento. [...] O autor pretende a declaração de nulidade de ato da Corregedoria-Geral de Justiça do Estado de São Paulo mediante o qual se reconheceu a não recepção do artigo 1º, § 1º, da Lei nº 5.709/1971. O preceito restringe a aquisição de imóveis rurais por pessoas jurídicas brasileiras cuja maioria do capital social pertença a estrangeiros. Observem a organicidade do Direito. A norma em jogo, embora controvertida no âmbito administrativo, não foi declarada inconstitucional pelo Supremo em processo objetivo. Ou seja, milita em favor do dispositivo a presunção de constitucionalidade das leis regularmente aprovadas pelo Poder Legislativo, tal como preconiza o Estado de Direito. É impróprio sustentar a não observância de diploma presumidamente conforme ao Diploma Maior com alicerce em pronunciamento de Tribunal local em processo subjetivo – mandado de segurança. Notem, a ressaltar essa óptica, que o ato atacado afastou a incidência, em apenas um Estado da Federação, de preceito de lei federal por meio da qual regulamentado tema inserido na competência da União – artigo 190 da Constituição Federal –, atentando contra o pacto federativo. A par desse aspecto, vê-se, em exame inicial, a existência de fundamentos na Carta Federal para o alcance das restrições previstas na Lei nº 5.709/1971. O Texto Maior, conquanto agasalhe os princípios da isonomia e da livre iniciativa, reservou ao legislador ferramentas aptas a assegurar a soberania, pressuposto da própria preservação da ordem constitucional. A soberania, além de fundamento da República Federativa do Brasil, também constitui princípio da ordem econômica, evidenciando o papel no arranjo institucional instaurado em 1988. Expressou-se preocupação com a influência do capital estrangeiro em assuntos sensíveis e intrinsecamente vinculados ao interesse nacional. Daí o tratamento diferenciado previsto no artigo 190 da Lei Básica da República: Art. 190. A lei regulará e limitará a aquisição ou o arrendamento de propriedade rural por pessoa física ou jurídica estrangeira e estabelecerá os casos que dependerão de autorização do Congresso Nacional. A efetividade dessa norma pressupõe que, na locução "estrangeiro", sejam incluídas entidades nacionais controladas por capital alienígena. A assim não se concluir, a burla ao texto constitucional se concretizará, presente a possibilidade de a criação formal de pessoa jurídica nacional ser suficiente à observância dos requisitos legais, mesmo em face da submissão da entidade a diretrizes estrangeiras – configurando a situação que o constituinte buscou coibir. 3. Defiro a liminar pleiteada para suspender os efeitos do parecer nº 461/12-E da Corregedoria-Geral da Justiça de São Paulo, até o julgamento definitivo desta ação. [...]." (ACO 2463 MC, Relator(a): Min. Marco Aurélio, julgado em 01/09/2016, DJE 05/09/2016).

STF, pleiteando, em sentido contrário, a declaração de inconstitucionalidade do art. 1º, §1º, da Lei 5.709/72.

Não há na legislação mencionada qualquer restrição expressa com relação à constituição de garantias reais em favor de credores estrangeiros envolvendo imóvel rural, como a hipoteca ou a alienação fiduciária[371]. No caso da hipoteca, a única restrição aplicável seria quanto à possibilidade de o credor requerer a adjudicação do imóvel em ação judicial proposta contra o devedor em caso de inadimplemento. Caso o imóvel hipotecado venha a ser penhorado, o credor estrangeiro não poderá adjudicá-lo, em razão de a adjudicação ser considerada um meio de aquisição originária da propriedade[372].

No caso da alienação fiduciária, como é de sua natureza a transferência da propriedade do imóvel do devedor para o credor, ainda que em caráter fiduciário e resolúvel, possivelmente as empresas estrangeiras, incluindo as empresas brasileiras cuja maior parte do capital seja detido por estrangeiros, terão dificuldade para constituir a garantia fiduciária de imóvel rural em seu favor, caso não se submetam previamente aos requisitos e restrições da Lei 5.709/71[373].

---

[371] No que diz respeito aos imóveis localizados na faixa de fronteira, a Lei 6.634/70 estabelecia restrições ainda mais rigorosas com relação aos estrangeiros, que abrangiam não só limitações na aquisição de propriedade como também na posse e na constituição de garantias reais. Diante dos diversos entraves práticos causados por tal restrição, a Lei 13.097/15 alterou a redação do art. 2º, §4º da Lei 6.634/70, para autorizar a constituição de direito real de garantia em favor de instituição financeira nas faixas de fronteira. Isso pode indicar uma tendência legislativa pela admissibilidade da alienação fiduciária para garantia de dívidas de credores estrangeiros, considerando a sua natureza e finalidade de direito real de garantia.

[372] "[...] A jurisprudência desta Corte firmou-se no sentido de que a adjudicação, em hasta pública, é forma de aquisição originária da propriedade. Assim, o bem adquirido passa ao arrematante livre e desembaraçado de qualquer responsabilidade anterior. Precedente: REsp 1.659.668/RJ, Rel. Ministro Herman Benjamin, Segunda Turma, DJe 5/5/2017." (REsp 1446249/SP, Rel. Ministro Og Fernandes, Segunda Turma, julgado em 21/09/2017, DJe 28/09/2017).

[373] Outra exigência possível em se tratando de alienação fiduciária de imóvel rural, tanto para estrangeiros quanto para nacionais, seria a necessidade de georreferenciamento, previsto na Lei 10.267/01. Conforme explica Fábio Silva: "Não há qualquer disposição legal que estabeleça a exigência e o momento em que deve ser exigido o georreferenciamento no caso de alienação fiduciária de imóvel rural. Não obstante, a transmissão da propriedade fiduciária se dá com seu registro na correspondente matrícula do imóvel dado em garantia, de forma que, aplicando-se a regra geral, o georreferenciamento poderia ser considerado requisito para a constituição de

A SATISFAÇÃO DO CRÉDITO

Além disso, diante do risco de responsabilização, os notários e oficiais de Registros de Imóveis podem se opor à constituição da garantia fiduciária de imóvel rural quando o credor for estrangeiro. Também há o risco de o negócio jurídico ser declarado nulo por violação à Lei 5.709/71, em situações em que houver o registro de atos pelo Oficial do Registro de Imóveis na matrícula do imóvel[374], como no momento de registro da garantia; na hipótese de inadimplemento, quando houver a consolidação da propriedade para o credor; e em caso de insucesso dos dois leilões extrajudiciais, ocasião na qual a propriedade do imóvel rural se consolidará com o credor fiduciário estrangeiro.

Os defensores desta possibilidade alegam que o registro do contrato de alienação fiduciária não opera a transmissão definitiva de propriedade, tanto que não incide o imposto de transmissão *inter vivos*, e o art. 1.367 do Código Civil prevê expressamente que a propriedade fiduciária não se equipara, para quaisquer efeitos, à propriedade plena. Também se argumenta que a Lei 5.709/71, por se tratar de norma de exceção, confirma a regra nos casos não excetuados, como seria a permissão de constituição de direito real de garantia em favor de estrangeiro[375].

Ao nosso ver, uma alternativa possível para viabilizar a alienação fiduciária de imóvel rural a credores estrangeiros, considerando a sua finalidade de garantia, e não de aquisição da propriedade, seria excepcionar tão

---

alienação fiduciária sobre imóvel rural." (SILVA, *Garantias imobiliárias em contratos empresariais*, op. cit., p. 145).

[374] "Art. 15. A aquisição de imóvel rural, que viole as prescrições desta Lei, é nula de pleno direito. O tabelião que lavrar a escritura e o oficial de registro que a transcrever responderão civilmente pelos danos que causarem aos contratantes, sem prejuízo da responsabilidade criminal por prevaricação ou falsidade ideológica. O alienante está obrigado a restituir ao adquirente o preço do imóvel."

[375] Tais argumentos foram apresentados para defender a aprovação de enunciado na VII Jornada de Direito Civil, realizada pelo Conselho da Justiça Federal em setembro de 2015, todavia o preceito não foi aprovado. (TEPEDINO, Gustavo; GONÇALVES, Marcos Alberto Rocha. Lições da VII jornada de direito civil: tendências do direito das coisas. *Conjur*. Disponível em: https://www.conjur.com.br/2016-fev-08/direito-civil-atual-licoes-vii-jornada-direito-civil-tendencias-direito-coisas. Acesso em 20 dez. 2020.). Da mesma forma, está em trâmite o Projeto de Lei 4059/2012, que pretende alterar o art. 1º, §1º, da Lei 5.709/71, para excluir das restrições as pessoas jurídicas brasileiras, ainda que constituídas ou controladas por pessoas estrangeiras. Disponível em: http://www.camara.gov.br/proposicoesWeb/prop_mostrarint egra;jsessionid=3EEB6022F6750 D1C57C5DFE13127DE24.proposicoesWebExterno2?cod teor=1001609&filename=PL+4059/2012. Acesso em 20 dez. 2020.

somente o disposto no art. 27, §5º e §6º, da Lei 9.514/97, que preveem a extinção da dívida em caso de insucesso de ambos os leilões e a possibilidade de consolidação da propriedade plena ao fiduciário[376].

Tal medida viabilizaria a utilização da garantia fiduciária e impediria a aquisição de imóvel rural por estrangeiros que não observassem os requisitos legais necessários. Nesse caso, caberia ao credor fiduciário estrangeiro o dever de promover tantos leilões quantos fossem necessários para excutir a garantia a um terceiro arrematante nacional, e restituir ao fiduciante os valores que sobejassem à dívida.

Para tanto, o ideal seria haver uma alteração legislativa abarcando esta possibilidade, ou ainda a consolidação de entendimento jurisprudencial para conferir segurança jurídica à operação. Sem isso, na prática, a garantia fiduciária de imóvel rural para credores estrangeiros fica inviabilizada, em prejuízo da economia e do desenvolvimento nacional, eis que respondem por boa parte do crédito rural[377].

4.3.3. O imóvel bem de família

Além da restrição subjetiva verificada na hipótese de a propriedade fiduciária de imóvel rural garantir dívida de credor estrangeiro, também há restrição objetiva caso o imóvel objeto da garantia constitua bem de família. O instituto do bem de família tem a finalidade de proteger o direito social à moradia, previsto no art. 6º da Constituição Federal, e poderá ser voluntário[378] ou obrigatório[379].

O bem de família surgiu da necessidade de tutelar a integridade econômica da família, através da determinação e proteção de um núcleo essen-

---

[376] "Art. 27 [...] §5º. Se, no segundo leilão, o maior lance oferecido não for igual ou superior ao valor referido no §2º, considerar-se-á extinta a dívida e exonerado o credor da obrigação de que trata o § 4º.
§6º. Na hipótese de que trata o parágrafo anterior, o credor, no prazo de cinco dias a contar da data do segundo leilão, dará ao devedor quitação da dívida, mediante termo próprio."

[377] SILVA, *Garantias imobiliárias em contratos empresariais*, op. cit., p. 149.

[378] Código Civil, "art. 1.711. Podem os cônjuges, ou a entidade familiar, mediante escritura pública ou testamento, destinar parte de seu patrimônio para instituir bem de família, desde que não ultrapasse um terço do patrimônio líquido existente ao tempo da instituição, mantidas as regras sobre a impenhorabilidade do imóvel residencial estabelecida em lei especial."

[379] Lei 8.009/90, "art. 1º. O imóvel residencial próprio do casal, ou da entidade familiar, é impenhorável e não responderá por qualquer tipo de dívida civil, comercial, fiscal, previdenciária ou de outra natureza, contraída pelos cônjuges ou pelos pais ou filhos que sejam seus proprietários e nele residam, salvo nas hipóteses previstas nesta lei."

A SATISFAÇÃO DO CRÉDITO

cial de bens vinculado ao seu exclusivo benefício. A sua origem remonta ao instituto norte-americano da *Homestead Law* de 1839, que repercutiu nos demais países europeus e sul-americanos. O Brasil positivou a figura do bem de família pela primeira vez no Código Civil de 1916[380].

Como regra geral, o bem de família não poderá responder por qualquer tipo de dívida contraída pela família que nele resida após a sua constituição, salvo nas hipóteses legalmente previstas[381]. Dessa limitação questiona-se a possibilidade de se oferecer como garantia fiduciária imóvel bem de família, já que a Lei 8.009/90 não excepciona esta hipótese, como fez expressamente para a execução de hipoteca constituída sobre o imóvel oferecido como garantia real pela entidade familiar.

De início, cogitou-se aplicar à alienação fiduciária de imóvel o mesmo tratamento conferido ao imóvel bem de família hipotecado. Ao nosso ver, esta posição parece ser a mais acertada, tendo em vista a similitude com relação à finalidade de ambos os instrumentos de garantia. De toda forma, o ideal seria a ampliação do rol do art. 3º da Lei 8.009/90 para abarcar expressamente tal possibilidade.

Atualmente, o STJ entende que o bem de família hipotecado somente poderá ser penhorado caso a obrigação garantida tenha sido constituída em benefício da entidade familiar, e não em benefício de terceiros. É o que ocorre, por exemplo, quando um sócio, na qualidade de fiador, oferece imóvel próprio para garantir dívida da sociedade que integra, salvo se os membros da entidade familiar forem os únicos sócios da empresa, pois

---

[380] LOTUFO, João Luís Zaratin; LOTUFO, Renan. Bem de Família no Código Civil. In: MARCACINI, Augusto Tavares Rosa et. al. *Bem de Família*. Aspectos Jurídicos Relevantes. São Paulo: Quartier Latin, 2012, p. 41-42.

[381] A proteção conferida pelo bem de família voluntário é bem mais ampla do que aquela conferida ao bem de família legal. Nos termos do art. 1.715 do Código Civil, o bem de família voluntário é isento de execução por dívidas posteriores à sua instituição, salvo as dívidas que provierem de tributos relativos ao prédio, ou de despesas de condomínio. No caso do bem de família legal, a Lei 8.009/90 prevê no art. 3º que a impenhorabilidade não se opõe em diversas situações, como ao titular de crédito decorrente do financiamento destinado à construção ou aquisição do imóvel; ao credor de pensão alimentícia; à cobrança de impostos, taxas e contribuições devidas em função do imóvel familiar; à execução de hipoteca sobre o imóvel oferecido como garantia real pelo casal ou entidade familiar; ao imóvel adquirido com produto de crime ou para execução de sentença penal condenatória a ressarcimento, indenização ou perdimento de bens; e por obrigação decorrente de fiança concedida em contrato de locação.

nesse caso ficaria claro que o proveito da garantia se reverteu em benefício para a entidade familiar[382].

Especificamente quanto à alienação fiduciária, em 2014 o STJ analisou a hipótese fática na qual uma empresa contraiu empréstimo junto a uma instituição financeira, e um dos sócios da empresa, na qualidade de fiador, alienou fiduciariamente em garantia o imóvel que residia com a sua família. Após o inadimplemento da dívida e o início dos procedimentos extrajudiciais para a excussão do imóvel, o sócio da empresa propôs ação declaratória de nulidade da cláusula contratual de alienação fiduciária, com pedido de antecipação dos efeitos da tutela, o qual foi indeferido em primeira e em segunda instância.

Em sede de recurso especial, o Ministro Relator Luis Felipe Salomão votou pelo provimento do recurso, para impedir o registro na matrícula da consolidação da propriedade do imóvel, assim como para suspender o leilão do imóvel. O Relator entendeu que se aplicaria à alienação fiduciária de imóvel bem de família a mesma limitação da hipoteca quanto à impossibilidade de o bem garantir dívida de terceiro[383]. Ao final, o voto foi

---

[382] "Processual Civil. Direito Civil. Embargos de Divergência. Bem de família oferecido em garantia hipotecária pelos únicos sócios da pessoa jurídica devedora. Impenhorabilidade. Execução. Ônus da prova. Proprietários. 1. O art. 1º da Lei n. 8.009/1990 instituiu a impenhorabilidade do bem de família, haja vista se tratar de instrumento de tutela do direito fundamental à moradia da família e, portanto, indispensável à composição de um mínimo existencial para uma vida digna, ao passo que o art. 3º, inciso V, desse diploma estabelece, como exceção à regra geral, a penhorabilidade do imóvel que tiver sido oferecido como garantia real pelo casal ou pela entidade familiar. 2. No ponto, a jurisprudência desta Casa se sedimentou, em síntese, no seguinte sentido: a) o bem de família é impenhorável, quando for dado em garantia real de dívida por um dos sócios da pessoa jurídica devedora, cabendo ao credor o ônus da prova de que o proveito se reverteu à entidade familiar; e b) o bem de família é penhorável, quando os únicos sócios da empresa devedora são os titulares do imóvel hipotecado, sendo ônus dos proprietários a demonstração de que a família não se beneficiou dos valores auferidos. 3. No caso, os únicos sócios da empresa executada são os proprietários do imóvel dado em garantia, não havendo se falar em impenhorabilidade. 4. Embargos de divergência não providos." (EAREsp 848.498/PR, Rel. Ministro Luis Felipe Salomão, Segunda Seção, julgado em 25/04/2018, DJe 07/06/2018).

[383] Confira-se alguns trechos de destaque da fundamentação do voto: "[...] Dessarte, não parece razoável supor que a proteção do bem de família só possa ocorrer no momento de uma penhora em execução judicial, pois seria forma de renegar a proteção legal em diversas outras situações, reduzindo sobremaneira o âmbito de sua aplicação. Por óbvio que o campo fértil de alegação da proteção do bem de família deva ocorrer na seara da execução, momento em que o credor – visando receber seu crédito – utiliza-se da penhora como ato preparatório da

A SATISFAÇÃO DO CRÉDITO

vencido por questões processuais, e o voto vencedor não discorreu sobre a possibilidade de excussão extrajudicial de imóvel bem de família alienado fiduciariamente garantir dívida de terceiro.

A questão só foi enfrentada de maneira direta e colegiada pelo STJ em 2018, ocasião na qual se privilegiou a garantia fiduciária em detrimento do bem de família. O voto vencedor da Ministra Nancy Andrighi ressal-

expropriação de bens do devedor, sujeitando-os à disposição do Judiciário para atender aos fins da execução, qual seja, satisfação dos créditos do exequente. A leitura atenta da norma, contudo, deve se dar de forma mais abrangente, de forma a alcançar qualquer procedimento expropriatório (judicial ou extrajudicial) que venha a atingir um bem afetado como sendo de família. Aliás, parece ser essa é a dicção do caput do art. 3º, *verbis*: A impenhorabilidade é oponível em qualquer processo de execução civil, fiscal, previdenciária, trabalhista ou de outra natureza, [...]. Por isso, em uma exegese teleológica, a leitura das expressões "impenhorável" e "execução" deve ser feita de forma abrangente, protegendo-se a habitação da família de qualquer tipo de procedimento expropriatório voltado ao pagamento de dívidas. Na hipótese, os recorrentes deram o imóvel – no qual residem há 30 (trinta) anos com a família – em garantia fiduciária de empréstimo bancário tirado em favor de terceiro, pessoa jurídica, da qual o varão era sócio. [...] Nessa senda, há de se destacar que o STJ, pelas suas Turmas de Direito Privado, de forma irremediável, vem reconhecendo, em casos bastante similares, que deverá ser reconhecida a incidência da proteção legal do bem de família para fins de evitar a expropriação do imóvel, desde que, por óbvio, o proveito não se tenha revertido em favor da entidade familiar, descaracterizando assim a ideia de má-fé: [...] Dessarte, diante da firme jurisprudência desta Corte que prestigia a preservação do bem de família entregue em garantia real de empréstimo em favor de terceiro (sociedade empresária), quando a dívida não é voltada para o núcleo familiar, penso que se deva aplicar as regras de hermenêutica jurídica segundo as quais: *Ubi eadem ratio ibi idem jus* (onde houver o mesmo fundamento haverá o mesmo direito) e *Ubi eadem legis ratio ibi eadem dispositio* (onde há a mesma razão de ser, deve prevalecer a mesma razão de decidir). De fato, tenho que no caso em julgamento houve a imposição de uma garantia real imobiliária para fins de securitização de um empréstimo de terceiros com o banco, exatamente como ocorreu nos precedentes citados. A diferença é que nos julgados invocados houve garantia constituída em hipoteca, pela qual o descumprimento da avença resultou na execução judicial da dívida e, por conseguinte, na possível constrição do bem afetado, momento em que houve a discussão sobre sua impenhorabilidade. Porém, na garantia pela propriedade fiduciária, como visto, o descumprimento da obrigação acarreta em um procedimento extrajudicial, não havendo falar em execução judicial e penhora. Em verdade, no caso da garantia hipotecária, o imóvel que guarnece a residência familiar sempre foi impossibilitado de ser expropriado, mas o seu reconhecimento só se deu no momento em que, sobre ele, recaiu o ato judicial da penhora. [...] Desta forma, não se podendo perder o norte finalístico do instituto, verifica-se que, independente da garantia real conferida, tanto numa hipótese como na outra, a razão de proteção deve ser a mesma, qual seja, a manutenção do bem de família que, pela sua gênese, não poderá ser objeto de expropriação." (REsp 1395275/MG, Rel. Ministro Luis Felipe Salomão, Rel. p/ Acórdão Ministro Marco Buzzi, Quarta Turma, julgado em 22/04/2014, DJe 20/08/2014).

tou a necessidade de tutela da boa-fé objetiva e da vedação ao comportamento contraditório. Ou seja, o devedor que se beneficiou da contratação de empréstimo a juros e encargos mais baixos em razão da garantia fiduciária oferecida não poderia, no momento de excussão da garantia, sustentar a impenhorabilidade do imóvel ou a sua irresponsabilidade pela satisfação da dívida garantida[384].

O entendimento, contudo, não foi unânime. O Ministro Relator Paulo de Tarso Sanseverino, apesar de reconhecer a validade de cláusula contratual de alienação fiduciária do bem de família, argumentou que, como a Lei 8.009/90 prevê a não responsabilidade do bem de família por qualquer tipo de dívida, e não se pode presumir a reversão da dívida em benefício

---

[384] "Direito processual civil e civil. Recurso especial. Ação declaratória de nulidade de cláusula contratual. Embargos de declaração. Omissão, contradição ou obscuridade. Não indicação. Súmula 284 STF. Prequestionamento. Ausência. Súmula 211 STJ. Contrato de factoring. Nulidade. Questão preclusa. Alienação fiduciária de bem imóvel reconhecido como bem de família. Possibilidade. Conduta que fere a ética e a boa-fé. 1. Ação declaratória de nulidade de cláusula contratual, em razão de contrato de fomento mercantil firmado entre as partes. 2. O propósito recursal é, a par da análise da ocorrência de negativa de prestação jurisdicional, definir se é nulo o contrato de fomento mercantil firmado entre as partes, bem ainda se é válida a alienação fiduciária de imóvel reconhecido como bem de família. [...] 6. A questão da proteção indiscriminada do bem de família ganha novas luzes quando confrontada com condutas que vão de encontro à própria ética e à boa-fé, que devem permear todas as relações negociais. 7. Não pode o devedor ofertar bem em garantia que é sabidamente residência familiar para, posteriormente, vir a informar que tal garantia não encontra respaldo legal, pugnando pela sua exclusão (vedação ao comportamento contraditório). 8. Tem-se, assim, a ponderação da proteção irrestrita ao bem de família, tendo em vista a necessidade de se vedar, também, as atitudes que atentem contra a boa-fé e a eticidade, ínsitas às relações negociais. 9. Na hipótese dos autos, não há qualquer alegação por parte dos recorridos de que houve vício de vontade no oferecimento do imóvel em garantia, motivo pelo qual não se pode extrair a sua invalidade. 10. Ademais, tem-se que a própria Lei 8.009/90, com o escopo de proteger o bem destinado à residência familiar, aduz que o imóvel assim categorizado não responderá por qualquer tipo de dívida civil, comercial, fiscal, previdenciária ou de outra natureza, mas em nenhuma passagem dispõe que tal bem não possa ser alienado pelo seu proprietário. 11. Não se pode concluir que o bem de família legal seja inalienável e, por conseguinte, que não possa ser alienado fiduciariamente por seu proprietário, se assim for de sua vontade, nos termos do art. 22 da Lei 9.514/97. 12. Reconhecida, na espécie, a validade da cláusula que prevê a alienação fiduciária do bem de família, há que se admitir que o imóvel, após a consolidação da propriedade em nome do credor fiduciário, seja vendido, nos termos do art. 27 da já referida lei. 13. Recurso especial parcialmente conhecido e, nessa extensão, provido." (REsp 1677015/SP, Rel. Ministro Paulo de Tarso Sanseverino, Rel. p/ Acórdão Ministra Nancy Andrighi, Terceira Turma, julgado em 28/08/2018, DJe 06/09/2018).

A SATISFAÇÃO DO CRÉDITO

para a entidade familiar, a possibilidade de venda do imóvel em leilão a terceiros deveria ficar suspensa, enquanto o imóvel permanecer categorizado como bem de família. Já o Ministro Ricardo Villas Bôas Cueva adotou entendimento ainda mais restritivo, para reconhecer a invalidade da cláusula contratual de alienação fiduciária do bem de família, diante da irrenunciabilidade da proteção legal.

O Conselho Superior da Magistratura do Estado de São Paulo já havia decidido anteriormente que o bem gravado com cláusula de impenhorabilidade não poderia ser dado em alienação fiduciária em qualquer contexto, pois o propósito da alienação fiduciária não é de transmitir a propriedade do bem, mas sim constituir garantia que poderá ser levada a leilão em caso de inadimplemento, incidindo a cláusula de impenhorabilidade[385].

É necessário, portanto, acompanhar a evolução da jurisprudência sobre o tema. Apesar de atualmente prevalecer a possibilidade de alienação fiduciária de bem de família, a matéria ainda não está totalmente pacificada. Como cautela, antes de aceitar a alienação fiduciária de determinado imóvel do devedor ou de terceiros, o credor deverá verificar se este não constitui bem de família ou se não está gravado por cláusula de inalienabilidade, haja vista o risco de se entender pela impossibilidade de registro da garantia ou ainda de inadmissibilidade de submissão ao procedimento para a excussão extrajudicial.

---

[385] "REGISTRO DE IMÓVEIS – Dúvida inversa – Bem gravado com cláusula de impenhorabilidade não pode ser dado em alienação fiduciária, modalidade de garantia que se aperfeiçoa com leilão público da coisa alienada – A cláusula de impenhorabilidade abarca, além da penhora, atos voltados a futura venda forçada do bem, como arresto, hipoteca e alienação fiduciária. – Precedente deste E. CSM – Registro negado – Recurso desprovido. [...] Não é da voluntária alienação do imóvel, pelo devedor fiduciante, ao credor fiduciário, que se está a cuidar. Trata-se, cumpre repisar, de modalidade de garantia que se efetiva por meio de alienação forçada. A transferência da propriedade resolúvel do imóvel ao credor não esgota o instituto. É, apenas, forma de viabilizar posterior leilão público, a cargo do próprio fiduciário, caso inadimplida a obrigação. A garantia aperfeiçoa-se quando da venda forçada do bem a terceiro. De outro bordo, em que pese a denominação que lhe foi atribuída, a cláusula de impenhorabilidade não se limita a obstar a penhora do bem. A correta intelecção de "impenhorabilidade" é a que abarca qualquer modalidade de garantia que possa implicar futura alienação forçada, aí, evidentemente, inserida a penhora, mas não a ela restrita. Espraia-se, e.g., ao arresto, à hipoteca e à alienação fiduciária." (TJSP; Apelação 1067944-37.2016.8.26.0100; Relator (a): Pereira Calças; Conselho Superior de Magistratura; Data do Julgamento: 25/04/2017).

5
Adequações Necessárias aos Contratos Empresariais

A alienação fiduciária de imóveis surgiu no contexto de financiamento imobiliário-habitacional, como instrumento de garantia destinado a fomentar o mercado de crédito imobiliário e possibilitar a aquisição da casa própria. Posteriormente, o art. 51 da Lei 10.931/04 estendeu a alienação fiduciária de imóveis para garantir as obrigações em geral, diante de sua importância para o desenvolvimento da economia nacional. Não obstante, o procedimento de excussão extrajudicial não foi alterado para se adequar às obrigações contraídas para além do SFI.

Para ilustrar as situações problemáticas decorrentes da aplicação das disposições da Lei 9.514/97 aos contratos empresariais, imagine-se a situação na qual a empresa "A", com o objetivo de fomentar a sua atividade industrial, contrata junto à instituição financeira "B" uma linha de crédito no valor de R$ 1.000.000,00, oferecendo em garantia a propriedade fiduciária de dois imóveis, no valor de R$ 400.000,00 cada, e ainda a fiança do administrador da empresa.

Após utilizar todo o crédito disponível, "A" deixa de pagar uma parcela intermediária do financiamento, no valor de R$ 100.000,00, ocorrendo o vencimento antecipado da dívida. Poderia "B" excutir conjuntamente todas as garantias oferecidas? Sendo o valor de cada garantia, isoladamente, inferior ao valor total da dívida, após excutir a propriedade fiduciária do primeiro imóvel, poderia "B" excutir a outra garantia ou tomar outras providências para a recuperação do crédito, ou a dívida remanescente estaria extinta?

Em sentido oposto, imagine-se a situação na qual a empresa "C", com o objetivo de obter a mesma linha de crédito de "B", no valor de R$

1.000.000,00, oferece em garantia a propriedade fiduciária de seu único imóvel, no valor de R$ 3.000.000,00, e também incorre em inadimplemento. Caso o imóvel seja arrematado no segundo leilão pelo valor da dívida, ou na hipótese de consolidação da propriedade do imóvel para "B", "C" poderia de alguma forma reaver a diferença entre o valor da dívida e o valor de mercado do imóvel?

É notório que os problemas da Lei 9.514/97 se intensificam quando analisados fora do contexto de financiamento imobiliário-habitacional. Mesmo atualmente, mais de quatorze anos desde que a alienação fiduciária de imóveis foi estendida para garantir as obrigações em geral, a insegurança permanece pois não há um regulamento legal para as situações não abrangidas pelo SFI. O desafio, portanto, consiste em conciliar as disposições da Lei 9.514/97 com a lógica aplicável aos contratos empresariais.

5.1. A integração de lacunas por meio de redução teleológica

Para solucionar os impasses da Lei 9.514/97 nos casos em que a alienação fiduciária de imóveis for empregada além do SFI, se faz necessária a interpretação do texto legal. Para KARL LARENZ, a interpretação é uma "atividade de mediação", que busca o sentido de um texto problemático quando aplicado a uma situação de fato[386], para averiguar o significado da lei juridicamente decisivo[387].

O fator tempo é um dos principais elementos que demandam o exercício da interpretação, por alterar as relações fáticas e eventualmente as distanciar do momento de gênese da lei. Muito embora não seja possível ao legislador prever todas as mudanças, como a lei também deverá valer para as relações futuras, é seu papel garantir "uma certa constância nas relações inter-humanas". Essa relação de tensão entre determinado postulado normativo e uma situação fática concreta só impele a uma solução quando a insuficiência do entendimento anterior da lei passar a ser evidente[388].

A alteração da situação normativa também poderá implicar a modificação do significado da norma, o qual poderá ser restringido, por meio de interpretação restritiva, ou ampliado, por meio de interpretação extensiva. Para além dos limites que se inferem do sentido literal possível de restrin-

---

[386] LARENZ, Karl. *Metodologia da ciência do direito*. 3ª ed. Trad. José Lamego. Lisboa: Fundação Calouste Gulbenkian, 1997, p. 439.

[387] Ibid., p. 500.

[388] Ibid., p. 495.

ADEQUAÇÕES NECESSÁRIAS AOS CONTRATOS EMPRESARIAIS

gir ou ampliar o significado de determinada norma – os quais LARENZ ilustra, respectivamente, como sendo o "âmbito nuclear" e a "franja marginal" da norma –, já não se estaria no campo de interpretação, mas sim, no primeiro caso, da redução teleológica, e, no segundo, da analogia[389].

A redução teleológica é o método adequado para a integração de lacunas ocultas. Estas se verificam nos casos em que, à primeira vista, não aparenta faltar uma regra aplicável, mas, na realidade, a lacuna consiste justamente na ausência de uma restrição necessária ao alcance da norma[390]. Por meio da redução teleológica, acrescenta-se a restrição não contida no texto legal para reduzir o seu âmbito de aplicação, em conformidade com o fim da regulação ou o sentido da lei, e com base em um imperativo de justiça de tratar desigualmente os desiguais[391].

No caso sob análise, o problema identificado consiste na insuficiência da Lei 9.514/97 para regular a alienação fiduciária de imóveis em garantia às obrigações em geral. O legislador alterou as circunstâncias fáticas

---

[389] Cf. Larenz: "A analogia, a resolução com base num princípio achado pela via de generalização de uma regra e a redução teleológica representam uma correção do, em parte demasiado estrito, em parte demasiado amplo, teor literal da lei, conforme à *ratio legis* e à teleologia própria da lei" (Ibid., p. 500-501 e 564).

[390] Ibid, p. 535.

[391] Cf. Larenz: "A redução teleológica comporta-se em relação à interpretação restritiva de modo semelhante à analogia particular em relação à interpretação extensiva. O âmbito de aplicação da norma umas vezes reduz-se mais do que indica o limite que se infere do sentido literal possível e outras vezes amplia-se. Em ambos os casos, trata-se mais do que indica o limite que se infere do sentido literal possível e outras vezes amplia-se. Em ambos os casos, trata-se de uma continuidade de interpretação transcendendo o limite do sentido literal possível. Como este limite é 'fluído', pode ser duvidoso, no caso particular, se se trata ainda de uma interpretação restritiva ou já de uma redução teleológica. A jurisprudência fala, não raras vezes, de interpretação restritiva – certamente a fim de dar, deste modo, a impressão de maior 'fidelidade à lei' -, quando na realidade já não se trata de interpretação, mas de uma redução teleológica. Mas se a redução está estritamente dirigida à própria teleologia da lei e se se têm em conta as barreiras nela estabelecidas, que ainda havemos de mencionar, então não é menos 'fiel à lei' do que qualquer interpretação teleológica. Assim como a justificação da analogia radica no imperativo de justiça de tratar igualmente os casos iguais segundo o ponto de vista valorativo decisivo, também a justificação da redução teleológica radica no imperativo de justiça de tratar desigualmente o que é desigual, quer dizer, de proceder às diferenciações requeridas pela valoração. Estas podem ser exigidas ou pelo sentido e escopo da própria norma a restringir ou pelo escopo, sempre que seja prevalecente, de outra norma que de outro modo não seria atingida, ou pela 'natureza das coisas' ou por um princípio imanente à lei prevalecente num certo grupo de casos." (Ibid., p. 555-557).

ao ampliar o âmbito de incidência da alienação fiduciária de imóveis, mas não procedeu à adaptação necessária dos dispositivos legais. Desde a sua gênese, a Lei 9.514/97 está vinculada às especificidades do SFI, e, portanto, não se amolda à diversidade de situações atualmente abrangidas pela lei.

Se o legislador pretendeu que a Lei 9.514/97 continuasse regendo a alienação fiduciária de imóveis como um todo e de forma completa e exaustiva, fica evidente a incompletude do diploma legal. Segundo LARENZ, quando uma determinada regulação em conjunto estiver incompleta, ou seja, quando a lei não contiver nenhuma regra para uma questão que precisaria ser regulada, estará configurada uma lacuna de regulação[392].

Diante disso, pode-se dizer que há uma lacuna de regulação na Lei 9.514/97, ao não disciplinar o tratamento legal aplicável à alienação fiduciária de imóveis para garantir as obrigações em geral. Por outro lado, também seria possível defender que as regras aplicáveis à alienação fiduciária de imóveis em garantia aos contratos empresariais seriam as mesmas aplicáveis aos contratos celebrados no SFI, inexistindo lacuna de regulação. Nesse caso, contudo, permaneceria a inadequação do texto legal.

Quando a lei contém uma regra aplicável a casos de determinada espécie, mas que, de acordo com o seu sentido e fim, não se ajusta a um determinado grupo de casos – como seria, por exemplo, a aplicação da regra de limitação da responsabilidade do devedor fiduciante fora do contexto imobiliário-habitacional -, há uma lacuna oculta, a ser integrada por meio de redução teleológica.

Nesse caso, a lacuna consiste na ausência de uma restrição necessária, ou seja, no caso do exemplo, a inaplicabilidade da limitação da responsabilidade do devedor fiduciante após a excussão do imóvel, quando o valor obtido com a venda do bem não for suficiente para a quitação total da dívida.

---

[392] Cf. Larenz: "Não se trata de que aqui a lei, se se quiser aplicar sem uma complementação, não possibilite uma resposta em absoluto; a resposta teria de ser que justamente a questão não está regulada e que, por isso, a situação de facto correspondente fica sem consequência jurídica. Mas uma tal resposta, dada pelo juiz, haveria de significar uma denegação de justiça, se se tratar de uma questão que caia no âmbito da regulação jurídica intentada pela lei e não seja de atribuir, por exemplo, ao espaço livre do Direito. Por isso, para chegar a uma resolução juridicamente satisfatória, o juiz precisa de preencher a lacuna da regulação legal e, por certo, em concordância com a intenção reguladora a ela subjacente e com a teleologia da lei." (Ibid., p. 528).

5.1.1. A aplicação de redução teleológica para integrar as lacunas da Lei 9.514/97

Por meio da redução teleológica, a restrição que não está contida no texto legal deverá acrescentada para reduzir o seu âmbito de aplicação[393]. No caso, as normas da Lei 9.514/97 que somente se justificariam no SFI e que, portanto, devem ter a aplicação restrita a esse contexto específico são o art. 27, §2º, §4º, §5º e §6º, referentes ao procedimento para a excussão extrajudicial da garantia[394].

Tais dispositivos refletem situações totalmente excepcionais no Direito brasileiro. O art. 27, §2º, ao permitir a arrematação do imóvel no segundo leilão pelo valor da dívida total garantida, sem estabelecer correspondência entre o valor da dívida e o do imóvel, excepciona a proibição de arrematação por preço vil[395]. O art. 27, §4º, ao prever que a dívida remanescente será extinta após a arrematação do imóvel em leilão, excepciona a regra de responsabilidade patrimonial geral do devedor pela integralidade de suas dívidas[396] e a vedação ao enriquecimento sem causa[397]. Finalmente, o art. 27, §5º e §6º, ao disporem que, em caso de insucesso dos leilões, a

---

[393] Ibid., p. 555-557.

[394] "Art. 27. [...] §2º. No segundo leilão, será aceito o maior lance oferecido, desde que igual ou superior ao valor da dívida, das despesas, dos prêmios de seguro, dos encargos legais, inclusive tributos, e das contribuições condominiais.

[...] §4º. Nos cinco dias que se seguirem à venda do imóvel no leilão, o credor entregará ao devedor a importância que sobejar, considerando-se nela compreendido o valor da indenização de benfeitorias, depois de deduzidos os valores da dívida e das despesas e encargos de que tratam os §§ 2º e 3º, fato esse que importará em recíproca quitação, não se aplicando o disposto na parte final do art. 516 do Código Civil.

§5º. Se, no segundo leilão, o maior lance oferecido não for igual ou superior ao valor referido no § 2º, considerar-se-á extinta a dívida e exonerado o credor da obrigação de que trata o § 4º.

§6º. Na hipótese de que trata o parágrafo anterior, o credor, no prazo de cinco dias a contar da data do segundo leilão, dará ao devedor quitação da dívida, mediante termo próprio."

[395] Código de Processo Civil, "art. 891. Não será aceito lance que ofereça preço vil.

Parágrafo único. Considera-se vil o preço inferior ao mínimo estipulado pelo juiz e constante do edital, e, não tendo sido fixado preço mínimo, considera-se vil o preço inferior a cinquenta por cento do valor da avaliação."

[396] Código Civil, "art. 391. Pelo inadimplemento das obrigações respondem todos os bens do devedor."

Código de Processo Civil, "art. 789. O devedor responde com todos os seus bens presentes e futuros para o cumprimento de suas obrigações, salvo as restrições estabelecidas em lei."

[397] Código Civil, "art. 884. Aquele que, sem justa causa, se enriquecer à custa de outrem, será obrigado a restituir o indevidamente auferido, feita a atualização dos valores monetários."

propriedade se consolidará em definitivo com o credor, o qual ficará isento do dever de entregar ao devedor os valores que sobejarem da dívida, também afrontam a proibição de enriquecimento sem causa.

De acordo com LARENZ, "a restrição de uma norma pela via da sua redução teleológica vai amiúde acompanhada da ampliação do âmbito de aplicação de outra norma"[398]. Para determinar a norma aplicável mantendo a coerência sistemática, CLAUDIO LUIZ BUENO DE GODOY explica ser necessário determinar qual o princípio em jogo na situação concreta, pois ele atrairá o regramento próprio para a hipótese da vida a ser disciplinada, com base na busca de pontos de aproximação[399].

No caso da alienação fiduciária de imóveis fora do contexto habitacional-imobiliário, a interpretação dos dispositivos legais deverá ser feita à luz dos princípios aplicáveis aos contratos empresariais, que se submetem a diretrizes e pressupostos essenciais, como a paridade das partes contratantes; a maior tutela da autonomia privada; a busca por segurança e previsibilidade; a importância dos usos e costumes; o escopo de lucro bilateral, entre outros fatores ínsitos à dinâmica que lhes é peculiar[400].

No Código Civil, constam vetores interpretativos aplicáveis aos contratos empresariais, dentre os quais destacamos a interpretação conforme a boa-fé e os usos e costumes (art. 113 e art. 422) e a interpretação restritiva dos negócios jurídicos benéficos (art. 114). São relevantes, ainda, as normas que disciplinam a propriedade fiduciária (arts. 1.361 a 1.368-B), as disposições gerais aplicáveis aos direitos reais de garantia (arts. 1.419 a 1.430), as disposições regentes do contrato principal garantido pela alienação fiduciária, como, por exemplo, o contrato de mútuo (arts. 586 a 592), e a vedação ao enriquecimento sem causa (art. 884).

Quanto à parte processual, o procedimento de excussão extrajudicial da Lei 9.514/97 deverá observar os princípios gerais do Código de Processo

---

[398] LARENZ, *Metodologia da ciência do direito*, op. cit., p. 561.

[399] GODOY, Claudio Luiz Bueno de. Código Civil e Código de Defesa do Consumidor: convergência de princípios e distinção de sua modulação. Um paralelo entre os deveres que criam. In: MELGARÉ, Plínio (org.). *O direito das obrigações na contemporaneidade*: estudos em homenagem ao ministro Ruy Rosado de Aguiar Júnior. Porto Alegre: Livraria do Advogado Editora, 2014, p. 115.

[400] FORGIONI, Paula A. Interpretação dos Negócios Empresariais. In: FERNANDES, WANDERLEY (coord.) *Contratos Empresariais*. Fundamentos e Princípios dos Contratos Empresariais. São Paulo: Saraiva, 2007, p. 82-97.

ADEQUAÇÕES NECESSÁRIAS AOS CONTRATOS EMPRESARIAIS

Civil aplicáveis ao processo de execução[401]. Uma execução equilibrada deverá estar pautada nos princípios da máxima utilidade da execução (art. 797), do mínimo sacrifício do executado (art. 805), da possibilidade de nova avaliação da garantia, quando observados os requisitos legais (art. 873), e da vedação de arrematação por preço vil (art. 891, *caput* e parágrafo único).

Ao nosso ver, tais disposições devem ser estendidas para integrar as lacunas ocultas de direito material e de direito processual da Lei 9.514/97, e viabilizar a alienação fiduciária em garanta a obrigações contraídas no bojo de contratos empresariais. Como a aplicação da lei deverá atender aos fins sociais a que ela se dirige[402], as regras que somente se justificam em um determinado contexto em razão de sua finalidade social, como a regulamentação específica da excussão da alienação fiduciária de imóveis aplicável ao SFI, não poderão ser estendidas para outras situações fora desse cenário, sob pena de causar sérias distorções e desigualdades na aplicação da norma ao caso concreto.

5.1.2. A proibição de arrematação do imóvel por preço vil

O art. 27, §2º, da Lei 9.514/97, prevê como critério de preço mínimo para o segundo leilão o valor total da dívida garantida. Esta disposição legal é lacunosa, por não considerar a possibilidade de divergência entre o valor da dívida e o valor do imóvel, e deverá ser integrado pelos dispositivos do Código de Processo Civil regentes da execução judicial naquilo que for compatível.

Entre eles, merece especial relevo o art. 891, *caput* e parágrafo único, que veda a aceitação de lance que ofereça preço vil, correspondente àquele inferior a cinquenta por cento do valor da avaliação.

O Código de Processo Civil prevê a realização de dois leilões, eletrônicos ou presenciais, para a penhora de bens imóveis. No primeiro, o valor mínimo deverá contemplar o valor de avaliação do imóvel, e, no segundo, não poderá configurar preço vil[403]. Esta regra também deverá ser aplicada no segundo leilão previsto na Lei 9.514/97, juntamente com o critério de

---

[401] CHALHUB; DANTZGER, Propriedade fiduciária, op. cit., p. 148-152.

[402] Lei de Introdução às normas do Direito Brasileiro (Decreto-lei 4.657/42), "art. 5º. Na aplicação da lei, o juiz atenderá aos fins sociais a que ela se dirige e às exigências do bem comum."

[403] "Art. 895. O interessado em adquirir o bem penhorado em prestações poderá apresentar, por escrito: I – até o início do primeiro leilão, proposta de aquisição do bem por valor não

preço mínimo correspondente ao valor da dívida total garantida, prevalecendo o que for maior, como já reconheceu o TJSP[404].

A fixação do preço do imóvel deverá levar em conta não apenas o valor previsto contratualmente, mas sim o preço de mercado, compreendendo eventual valorização e benfeitorias implementadas pelo devedor ou por terceiros, sob pena de enriquecimento sem causa do terceiro arrematante ou do credor fiduciário com o qual se consolidará a propriedade plena do imóvel.

Considerando a dificuldade de o fiduciante demonstrar a ocorrência de arrematação do imóvel por preço vil no procedimento extrajudicial, sobretudo em caso de valorização ou implementação de benfeitorias, e para evitar o comprometimento da eficácia do procedimento de excussão extrajudicial, é razoável que o fiduciante recorra ao Poder Judiciário para requerer a indenização pelo montante da diferença, a ser paga pelo fiduciário e por quem mais possa ter se beneficiado da situação[405].

No financiamento imobiliário, a tendência é haver correspondência entre o valor do imóvel e o valor total da dívida garantida, o que evitaria, na prática, o preço vil. Apesar disso, a possibilidade também persiste no SFI, como ocorreria, por exemplo, caso o fiduciante que já efetuou o pagamento da maior parte das parcelas da dívida incorresse em inadimplemento, hipótese na qual haverá grande descompasso entre o valor da dívida remanescente e o valor do imóvel[406].

---

inferior ao da avaliação; II – até o início do segundo leilão, proposta de aquisição do bem por valor que não seja considerado vil."

[404] "Compromisso de venda e compra de imóvel, garantido por alienação fiduciária – Pedido anulatório de arrematação – Arrematação realizada em segundo leilão, por valor superior à dívida, mas inferior a muito mais da metade do valor do imóvel – Nulidade da arrematação caracterizada, diante do preço vil – Aplicação mitigada do art. 27 da Lei nº 9.514/97, para que não haja enriquecimento ilícito em desfavor da devedora fiduciária. [...]." (TJSP; Apelação 1046052-43.2014.8.26.0100; Relator (a): Silvia Rocha; 29ª Câmara de Direito Privado; Data do Julgamento: 08/02/2017).

[405] BRESOLIN, Umberto Bara. *Execução extrajudicial imobiliária*: aspectos práticos. São Paulo: Atlas, 2013, p. 169-170.

[406] O STJ entende que a teoria do adimplemento substancial não se aplica à alienação fiduciária: "[...] A teoria do adimplemento substancial tem por objetivo precípuo impedir que o credor resolva a relação contratual em razão de inadimplemento de ínfima parcela da obrigação. A via judicial para esse fim é a ação de resolução contratual. Diversamente, o credor fiduciário, quando promove ação de busca e apreensão, de modo algum pretende extinguir a relação contratual. Vale-se da ação de busca e apreensão com o propósito imediato de dar cumprimento

A possibilidade de arrematação do imóvel por preço vil, portanto, deverá ser combatida em qualquer cenário, por ser medida de equidade e por evitar o sacrifício exagerado do devedor fiduciante e o enriquecimento sem causa do terceiro arrematante do imóvel.

5.1.3. A exigibilidade da dívida remanescente

O art. 27, §4º, §5º, e §6º da Lei 9.514/97, preveem que, em caso de arrematação do imóvel no primeiro ou no segundo leilão, ou ainda em caso de insucesso de ambos os leilões, eventual dívida remanescente do devedor fiduciante será considerada extinta, seguida da entrega de termo de quitação da dívida.

Argumenta-se que o perdão da dívida seria um elemento necessário para o equilíbrio do mecanismo da execução extrajudicial da alienação fiduciária, por permitir o compartilhamento do risco entre o credor e o devedor, caso haja um descompasso ulterior entre o valor da dívida e o valor de mercado do imóvel dado em garantia[407]. Sendo o perdão da dívida fruto de política legislativa de distribuição dos riscos contratuais entre as

---

aos termos do contrato, na medida em que se utiliza da garantia fiduciária ajustada para compelir o devedor fiduciante a dar cumprimento às obrigações faltantes, assumidas contratualmente (e agora, por ele, reputadas ínfimas). A consolidação da propriedade fiduciária nas mãos do credor apresenta-se como consequência da renitência do devedor fiduciante de honrar seu dever contratual, e não como objetivo imediato da ação. E, note-se que, mesmo nesse caso, a extinção do contrato dá-se pelo cumprimento da obrigação, ainda que de modo compulsório, por meio da garantia fiduciária ajustada. 4.1. É questionável, se não inadequado, supor que a boa-fé contratual estaria ao lado de devedor fiduciante que deixa de pagar uma ou até algumas parcelas por ele reputadas ínfimas, mas certamente de expressão considerável, na ótica do credor, que já cumpriu integralmente a sua obrigação, e, instado extra e judicialmente para honrar o seu dever contratual, deixa de fazê-lo, a despeito de ter a mais absoluta ciência dos gravosos consectários legais advindos da propriedade fiduciária. A aplicação da teoria do adimplemento substancial, para obstar a utilização da ação de busca e apreensão, nesse contexto, é um incentivo ao inadimplemento das últimas parcelas contratuais, com o nítido propósito de desestimular o credor – numa avaliação de custo-benefício – de satisfazer seu crédito por outras vias judiciais, menos eficazes, o que, a toda evidência, aparta-se da boa-fé contratual propugnada. 4.2. A propriedade fiduciária, concebida pelo legislador justamente para conferir segurança jurídica às concessões de crédito, essencial ao desenvolvimento da economia nacional, resta comprometida pela aplicação deturpada da teoria do adimplemento substancial [...]." (REsp 1622555/MG, Rel. Ministro Marco Buzzi, Rel. p/ Acórdão Ministro Marco Aurélio Bellizze, Segunda Seção, julgado em 22/02/2017, DJe 16/03/2017).

[407] BRESOLIN, *Execução extrajudicial imobiliária*, op. cit., p. 166-170.

partes do negócio[408], o sucesso ou o insucesso dos leilões para a recuperação do crédito passaria a integrar o risco da atividade econômica do credor fiduciário[409].

Ao nosso ver, tais argumentos enfraquecem a garantia fiduciária de imóvel e o propósito maior de fomento ao crédito, eis que o risco para a recuperação dos valores irá refletir na taxa de juros praticada. Além disso, não há um fundamento lógico a justificar a exoneração do devedor com relação ao dever de pagar o valor remanescente da dívida fora do contexto imobiliário-habitacional. A regra perde a sua razão de ser quando aplicada a uma relação paritária, como no caso dos contratos empresariais, e pode ensejar o enriquecimento sem causa do fiduciante.

No financiamento imobiliário, a extinção da dívida remanescente, em caso de alienação do imóvel nos leilões, ou, na impossibilidade de venda, em caso de consolidação da propriedade com o fiduciário, tem como propósito limitar o risco do fiduciante ao próprio bem financiado objeto da garantia. Com isso, se evitaria uma situação injusta na qual o fiduciante não apenas perderia o imóvel e as parcelas já pagas do financiamento, como também continuaria obrigado a pagar eventuais valores adicionais decorrentes de capitalização de juros e outros encargos.

A extinção da dívida remanescente e a previsão de quitação recíproca não é uma inovação da Lei 9.514/97. O art. 7º da Lei 5.741/71, ao dispor sobre a ação executiva de bens imóveis financiados no SFH, já mencionava a exoneração do executado da obrigação de pagar o restante da dívida caso não houvesse licitantes na praça pública para a alienação do imóvel hipotecado[410].

Essa situação é totalmente excepcional no Direito brasileiro, e somente se justifica no contexto específico do financiamento imobiliário-habitacional, por envolver, na maior parte dos casos, um consumidor pessoa física, presumidamente em situação econômica desfavorável em comparação com o financiador, e que pretende exercer o direito social constitucional à moradia mediante a aquisição da casa própria[411].

---

[408] GUEDES; TERRA, Alienação fiduciária em garantia de bens imóveis, op. cit., p. 236.

[409] RESTIFFE; RESTIFFE NETO. *Propriedade fiduciária imóvel*, op. cit., p. 169-170.

[410] "Art. 7º. Não havendo licitante na praça pública, o Juiz adjudicará, dentro de quarenta e oito horas, ao exequente o imóvel hipotecado, ficando exonerado o executado da obrigação de pagar o restante da dívida."

[411] PERES, Tatiana Bonatti; JABUR, Renato Pinheiro. Alienação fiduciária em garantia de bens imóveis e a quitação sem pagamento prevista nos §§ 5º e 6º do artigo 27 da Lei 9.514/97. In:

É essencial compreender o contexto da norma para realizar a correta interpretação dos dispositivos da Lei 9.514/97, eis que a extinção da dívida remanescente não é compatível com as obrigações assumidas em contratos empresariais. Sendo, de certo modo, um negócio jurídico benéfico ao devedor fiduciante, a admissibilidade do perdão da dívida deverá ser restrita ao SFI[412].

Como visto, a regra geral que vigora no sistema brasileiro é a da responsabilidade patrimonial geral do devedor pelo pagamento integral de suas dívidas, pelas quais responderá com todos os seus bens[413]. Se o produto resultante da excussão da garantia oferecida ao cumprimento de determinada obrigação não for suficiente para cobrir a integralidade do débito, o devedor permanecerá obrigado pelo restante.

O Código de Processo Civil prevê que a penhora de bens do devedor deverá recair sobre tantos bens quantos bastem para o pagamento da dívida devidamente atualizada e acrescida de juros, encargos, custas e honorários advocatícios[414]. Se após a execução dos bens do devedor não for obtido montante suficiente para o pagamento da dívida, será realizada uma segunda penhora[415]. O exequente também poderá adjudicar os bens penhorados ofertando preço não inferior ao de avaliação. Se o valor do crédito for inferior ao valor dos bens, o exequente deverá depositar a diferença, que ficará à disposição do executado; se superior, a execução prosseguirá pelo saldo remanescente[416].

Peres, Tatiana Bonatti; Favacho, Frederico. *Agronegócio*. São Paulo: Chiado Editora, 2017, p. 158-159, vol. 2.

[412] Código Civil, "art. 114. Os negócios jurídicos benéficos e a renúncia interpretam-se estritamente."

[413] Código Civil, "art. 391. Pelo inadimplemento das obrigações respondem todos os bens do devedor."
Código de Processo Civil, "art. 789. O devedor responde com todos os seus bens presentes e futuros para o cumprimento de suas obrigações, salvo as restrições estabelecidas em lei."

[414] "Art. 831. A penhora deverá recair sobre tantos bens quantos bastem para o pagamento do principal atualizado, dos juros, das custas e dos honorários advocatícios."

[415] "Art. 851. Não se procede à segunda penhora, salvo se: [...] II – executados os bens, o produto da alienação não bastar para o pagamento do exequente;"

[416] "Art. 876. É lícito ao exequente, oferecendo preço não inferior ao da avaliação, requerer que lhe sejam adjudicados os bens penhorados. [...] §4º. Se o valor do crédito for:
I – inferior ao dos bens, o requerente da adjudicação depositará de imediato a diferença, que ficará à disposição do executado;
II – superior ao dos bens, a execução prosseguirá pelo saldo remanescente."

Em qualquer cenário, o crédito somente será satisfeito mediante a entrega do dinheiro, em caso de penhora de bens, ou pela adjudicação dos bens penhorados em montante suficiente para cobrir o total da dívida e demais acréscimos. No ato de recebimento do mandado de levantamento dos valores, o exequente dará ao executado a quitação da quantia paga por termo nos autos, sendo restituído ao executado eventual valor que sobejar da dívida[417].

Com relação às modalidades clássicas de garantias reais, como o penhor e a hipoteca, o art. 1.430 do Código Civil também prevê expressamente a responsabilidade integral do devedor caso o produto da excussão da garantia não seja suficiente para cobrir a totalidade do débito[418]. A obrigação de o devedor pagar eventual valor remanescente após a excussão da garantia também se repete na alienação fiduciária disciplinada pelo Código Civil[419], que traz as diretrizes gerais aplicáveis à propriedade fiduciária.

Também na Lei 9.514/97, o art. 19, §2º, ao tratar sobre a cessão fiduciária de direitos creditórios em garantia, prevê que, caso as importâncias recebidas pelo credor fiduciário dos devedores dos créditos cedidos não bastarem para o pagamento integral da dívida e de seus encargos, o devedor continuará obrigado a resgatar o saldo remanescente nas condições convencionadas no contrato. Como a operação principal é a cessão fiduciária de um crédito, e não em um financiamento habitacional, inexiste interesse social a justificar a exoneração do devedor com relação ao pagamento do valor remanescente da dívida.

A omissão da Lei 9.514/97 com relação aos casos não abrangidos pelo SFI configura lacuna oculta, a justificar o afastamento da regra prevista no art. 27, §4º, §5º e §6º, que autoriza a extinção da dívida remanescente

---

[417] "Art. 906. Ao receber o mandado de levantamento, o exequente dará ao executado, por termo nos autos, quitação da quantia paga.
Parágrafo único. A expedição de mandado de levantamento poderá ser substituída pela transferência eletrônica do valor depositado em conta vinculada ao juízo para outra indicada pelo exequente.
Art. 907. Pago ao exequente o principal, os juros, as custas e os honorários, a importância que sobrar será restituída ao executado."

[418] "Art. 1.430. Quando, excutido o penhor, ou executada a hipoteca, o produto não bastar para pagamento da dívida e despesas judiciais, continuará o devedor obrigado pessoalmente pelo restante."

[419] "Art. 1.366. Quando, vendida a coisa, o produto não bastar para o pagamento da dívida e das despesas de cobrança, continuará o devedor obrigado pelo restante."

após a excussão da garantia ou a sua consolidação definitiva com o credor. A lacuna deverá ser integrada pela aplicação da regra de responsabilidade patrimonial geral do devedor pelo pagamento integral de suas dívidas, pelas quais responderá com todos os seus bens, assim como pelas demais regras aplicáveis ao contrato principal garantido pela propriedade fiduciária.

Caso o contrato principal seja de mútuo, por exemplo, o art. 586 do Código Civil prevê a obrigação de o mutuário restituir ao mutante o que dele recebeu no mesmo gênero, qualidade e quantidade[420]. Tal dispositivo reforça a responsabilidade patrimonial do devedor, mesmo quando o valor da dívida superar o valor da garantia.

A confirmar essa possibilidade, atualmente há duas hipóteses nas quais o legislador já dispôs expressamente acerca da inaplicabilidade da extinção da dívida remanescente após a excussão da garantia fiduciária. São elas: o contrato de participação em grupo de consórcio e o contrato de abertura de crédito com instituições financeiras.

A Lei 11.795/08 define o Sistema de Consórcios no art. 1º como um "instrumento de progresso social que se destina a propiciar o acesso ao consumo de bens e serviços, constituído por administradoras de consórcios e grupos de consórcio". No consórcio, pessoas naturais e jurídicas se reúnem em grupo, com prazo de duração e número de cotas previamente determinados, para que, por meio de autofinanciamento, possam adquirir bens ou serviços de forma isonômica.

Uma das modalidades possíveis de garantias exigidas do consorciado para utilizar o crédito é a alienação fiduciária de imóvel. O art. 14, §6º, prevê a responsabilidade do consorciado pelo pagamento integral das obrigações, mesmo após a excussão da garantia:

> Art. 14. No contrato de participação em grupo de consórcio, por adesão, devem estar previstas, de forma clara, as garantias que serão exigidas do consorciado para utilizar o crédito. [...]
> §6º. Para os fins do disposto neste artigo, o oferecedor de garantia por meio de alienação fiduciária de imóvel ficará responsável pelo pagamento integral das obrigações pecuniárias estabelecidas no contrato de participação em grupo de consórcio, por adesão, inclusive da parte que remanescer após a execução dessa garantia.

---

[420] "Art. 586. O mútuo é o empréstimo de coisas fungíveis. O mutuário é obrigado a restituir ao mutante o que dele recebeu em coisa do mesmo gênero, qualidade e quantidade."

Ou seja, no Sistema de Consórcios, quando for oferecida como garantia a alienação fiduciária de imóvel, não ocorrerá a extinção da dívida remanescente prevista na Lei 9.714/97, mesmo se o valor do imóvel não for suficiente para adimplir a totalidade das obrigações pecuniárias assumidas pelo participante do grupo de consórcio.

A segunda situação, de maior relevância para o propósito desta obra, e que confirma a lógica de impossibilidade de aplicação indiscriminada do art. 27, §4º, §5º e §6º, da Lei 9.514/97 para além do SFI, consiste na inovação trazida pelo art. 9º da Lei 13.476/17. Este dispositivo exclui expressamente a possibilidade de extinção da dívida e de quitação recíproca em caso de insucesso do segundo leilão nos contratos de abertura de crédito com instituições financeiras garantidos pela alienação fiduciária de imóveis:

> Art. 9º. Se, após a excussão das garantias constituídas no instrumento de abertura de limite de crédito, o produto resultante não bastar para quitação da dívida decorrente das operações financeiras derivadas, acrescida das despesas de cobrança, judicial e extrajudicial, o tomador e os prestadores de garantia pessoal continuarão obrigados pelo saldo devedor remanescente, não se aplicando, quando se tratar de alienação fiduciária de imóvel, o disposto nos §§ 5º e 6º do art. 27 da Lei nº 9.514, de 20 de novembro de 1997.

O contrato de abertura de crédito abrange um conjunto de créditos futuros decorrentes de um mesmo contrato, sendo usual a previsão de garantias múltiplas. Como o montante garantido poderá ser inferior ou superior ao crédito efetivamente tomado, não haverá, necessariamente, correspondência entre o valor da dívida e o valor da garantia. A possibilidade de extinção da dívida após o insucesso do segundo leilão propiciaria o enriquecimento sem causa do mutuário, o qual, como é natural e lógico, deverá permanecer obrigado ao pagamento do saldo devedor remanescente.

A inovação legislativa, contudo, não resolve o problema da previsão genérica de extinção da dívida remanescente após a realização do segundo leilão, já que a alienação fiduciária de bens imóveis também pode ser adotada para garantir as mais diversas obrigações, não se limitando aos contratos de abertura de crédito celebrados com instituições financeiras[421].

---

[421] Cf. Marcos Lopes Prado: "No mais, em outros tipos de operações de garantia de créditos corporativos, também não há qualquer sentido, razoabilidade ou fundamento econômico e/ou

Fora das exceções abordadas, não há uma regra geral a excepcionar a exoneração do devedor pelo pagamento do restante da dívida após a excussão do imóvel objeto de garantia fiduciária nos contratos empresariais. Ao nosso ver, o devedor que se valer de tal previsão legal fora do contexto do SFI para se beneficiar da extinção da dívida remanescente estará violando o dever de boa-fé objetiva, um dos vetores interpretativos dos contratos empresariais[422].

A questão ainda é pouco debatida pelos Tribunais, mas o TJSP já reconheceu a possibilidade de, fora do contexto de financiamento imobiliário-habitacional, o credor executar o saldo devedor remanescente quando o valor da garantia fiduciária for insuficiente para a quitação integral da dívida[423].

A relevância da discussão suscitou proposta de enunciado na VII Jornada de Direito Civil, visando ao afastamento consensual da regra prevista no art. 27, §5º, da Lei 9.514/97, nos casos em que inexistir relação de consumo, para se aplicar a disciplina geral das garantias reais e o disposto nos arts. 1.366 e 1.430 do Código Civil. Apesar do acerto da proposta, o enunciado não foi aprovado[424].

---

jurídico em se admitir a quitação automática e coercitiva de uma dívida de R$1.000.000.000,00 (um bilhão de reais) através da excussão de um imóvel no valor de mercado de R$100.000,00 (cem mil reais). Por outro lado, também deveriam merecer algum reparo legal as situações em que o devedor fiduciante já tenha quitado a quase totalidade da dívida garantida e, mesmo assim, acabe por perder o imóvel alienado fiduciariamente em favor do credor fiduciário, no caso de um segundo leilão negativo.". (Prado, Marcos Lopes. Eventual não extinção legal da dívida garantida por meio de alienação fiduciária de imóvel, em caso de segundo leilão negativo. In: Rocha, Mauro Antônio; Kikunaga, Marcus Vinicius (org.). *Alienação fiduciária de bem imóvel*. 20 anos da Lei 9.514/97. Aspectos polêmicos. São Paulo: Lepanto, 2017, p. 249-251).

[422] Cf. Paula A. Forgioni: "A consideração da boa-fé como vetor de disciplina dos contratos substitui a lógica oportunista, *advantage-taking*, por outra colaborativa, que impele os agentes econômicos à atuação em prol do fim comum. 'Se as partes firmaram acordo é porque comungavam do mesmo objetivo. Ocorre que se o objetivo é comum, é necessário que as partes colaborem antes, durante e após a conclusão do contrato para a sua consecução'." (Forgioni, *Contratos Empresariais*, op. cit., p. 279-280).

[423] "[...] Execução garantida por alienação fiduciária. Imóvel oferecido em garantia fiduciária, cujo valor é inferior ao do crédito perseguido pelo exequente. Considerando que o valor do imóvel ofertado em garantia fiduciária é insuficiente para quitação integral da dívida, a execução, em tese, pode prosseguir visando à satisfação do saldo devedor remanescente, ressalvada a reapreciação desta controvérsia em caso de eventuais embargos. [...]" (TJSP; Agravo de Instrumento 2059447-31.2013.8.26.0000; Relator (a): Plinio Novaes de Andrade Júnior; 24ª Câmara de Direito Privado; Data do Julgamento: 27/03/2014).

[424] Tepedino, Gustavo; Gonçalves, Marcos Alberto Rocha. Lições da VII jornada de direito civil: tendências do direito das coisas. *Conjur*. Disponível em: https://www.conjur.

Com o propósito de solucionar a questão, até a publicação desta obra estavam em tramitação perante o Congresso Nacional os Projetos de Lei 6.525/2013 e 4.714/2016, versando sobre a extinção da dívida remanescente decorrente da excussão de garantia fiduciária imóvel fora do âmbito do financiamento imobiliário-habitacional.

O Projeto de Lei 6.525/2013 propõe inserir um novo parágrafo ao art. 27, para esclarecer que a extinção da dívida e a exoneração do devedor da respectiva obrigação somente se aplicariam às operações de financiamento imobiliário, e não poderiam ser estendidas a qualquer outra modalidade de financiamento garantida pela alienação fiduciária. Ao analisar o Projeto de Lei, o Relator designado aprovou a proposição e ponderou que seria imprudente estender a possibilidade de quitação a todos os negócios jurídicos envolvendo a alienação fiduciária de imóveis, diante da grande variedade de transações possíveis[425].

Já o Projeto de Lei 4.714/2016, apensado ao anterior, propõe a alteração da redação do art. 27, §5º, para especificar sua aplicação ao financiamento habitacional, e também a inclusão de um novo parágrafo ao art. 27 para excetuar a aplicação dos §5º e §6º às operações de financiamento não habitacional e às de autofinanciamento realizadas por consórcios[426].

---

com.br/2016-fev-08/direito-civil-atual-licoes-vii-jornada-direito-civil-tendencias-direito-coisas. Acesso em 20 dez. 2020.

[425] Cf. constou na justificação do Projeto de Lei: "Imaginemos o caso de uma empresa que toma um empréstimo bancário e, em garantia, constitui 30% do valor da dívida com direitos creditórios (cedidos fiduciariamente), 20% em equipamentos industriais (alienados fiduciariamente) e 50% em imóvel (alienado fiduciariamente). Se ocorrer uma inadimplência e o credor optar por executar primeiro a alienação fiduciária do imóvel (que representa apenas 50% do débito), pela regra do artigo 27, §5º, o devedor poderá ver sua dívida declarada extinta indevidamente. Teríamos, nesta situação, o enriquecimento ilícito do devedor. Para negócios diversos ao financiamento imobiliário, deve ser permitido ao credor executar cumulativamente as demais garantias. Há, portanto, imediata necessidade de aperfeiçoar esta falha legislativa." Disponível em: http://www.camara.gov.br/proposicoesWeb/fichadetramitacao?idProposicao=595526. Acesso em 20 dez. 2020.

[426] Disponível em: http://www.camara.gov.br/proposicoesWeb/fichadetramitacao?idProposicao=2079375. Acesso em 20 dez. 2020. No que diz respeito às operações de autofinanciamento realizadas por consórcios, como visto, tal proposição já está superada pelo art. 14, §6º, da Lei 11.795/08.

5.1.4. O dever de prestar contas

O art. 27, §4º, da Lei 9.514/97, prevê que o fiduciário deverá entregar ao fiduciante a importância que sobejar nos cinco dias que se seguirem à venda do imóvel no primeiro ou no segundo leilão. No entanto, caso não haja lance igual ou superior ao valor total garantido no segundo leilão, o §5º prevê a extinção da dívida e a exoneração do fiduciário da obrigação prevista no §4º, ou seja, de entregar ao fiduciante os valores que sobejarem da dívida.

Fora do contexto do SFI, caso o valor da dívida seja superior ao do imóvel, eventual valor remanescente deverá continuar sendo exigível, diante da regra de responsabilidade patrimonial geral do devedor pelo pagamento integral de suas dívidas. Não obstante, a situação oposta, quando o valor do imóvel for superior ao da dívida, poderá ensejar o enriquecimento sem causa do fiduciário caso a propriedade do bem venha a ser consolidada com ele em razão do insucesso dos leilões, pois ficará com um bem mais valioso do que o montante objeto do financiamento.

Este impasse poderá ser solucionado afastando-se a regra do art. 27, §5º, no que diz respeito à exoneração do fiduciário de entregar ao fiduciante os valores que sobejarem da dívida, subsistindo o dever de prestação de contas como decorrência do dever de equidade, da cláusula geral de boa--fé objetiva e da proibição ao enriquecimento sem causa para a integração de lacunas[427].

É possível questionar qual valor deverá ser considerado para fins da prestação de contas, caso o segundo leilão reste infrutífero: se o valor de avaliação do imóvel, ou valor que não represente preço vil. Tal distinção é bastante relevante, eis que o segundo critério poderá representar valor ser até cinquenta por cento inferior ao primeiro.

A legislação processual civil abrange ambas as situações. O art. 876 do Código de Processo Civil prevê que o exequente poderá requerer a adjudicação dos bens penhorados por preço não inferior ao de avaliação,

---

[427] Para Paulo Sergio Restiffe e Paulo Restiffe, o dever de prestar contas estaria implícito, diante do princípio da equidade e do espírito da lei de conferir maior proteção ao devedor, na qualidade de consumidor aderente. Ao nosso ver, mesmo em se tratando de alienação fiduciária em garantia aos contratos empresariais, no qual não há a figura do consumidor, o dever de prestar contas deverá se aplicar, para evitar a possibilidade de enriquecimento indevido de uma parte, e de prejuízo da outra. (RESTIFFE; RESTIFFE NETO, *Propriedade fiduciária imóvel*, op. cit., p. 117-119 e 171).

ALIENAÇÃO FIDUCIÁRIA DE BENS IMÓVEIS EM GARANTIA

sendo lícito compensar o seu crédito ou depositar a diferença[428]. Também é lícito ao exequente arrematar o imóvel em leilão por valor que não configure preço vil, depositando eventual diferença, se houver[429], tendo o STJ já reconhecido tal possibilidade[430].

Ocorre que o art. 27, §5º, não corresponde à hipótese de adjudicação pelo credor, tampouco de arrematação do imóvel em leilão, inexistindo perfeita correspondência entre a Lei 9.514/97 e o Código de Processo Civil para determinar a regra aplicável ao caso.

Diante disso, há de se considerar que a consolidação definitiva da propriedade fiduciária não decorre da vontade do credor, como no caso de

---

[428] "Art. 876. É lícito ao exequente, oferecendo preço não inferior ao da avaliação, requerer que lhe sejam adjudicados os bens penhorados. [...]
§4º. Se o valor do crédito for:
I – inferior ao dos bens, o requerente da adjudicação depositará de imediato a diferença, que ficará à disposição do executado;
II – superior ao dos bens, a execução prosseguirá pelo saldo remanescente."

[429] "Art. 892 [...] §1º. Se o exequente arrematar os bens e for o único credor, não estará obrigado a exibir o preço, mas, se o valor dos bens exceder ao seu crédito, depositará, dentro de 3 (três) dias, a diferença, sob pena de tornar-se sem efeito a arrematação, e, nesse caso, realizar-se-á novo leilão, à custa do exequente."

[430] "[...] Na esteira da jurisprudência do Superior Tribunal de Justiça, pode o credor participar da hasta pública como qualquer outra pessoa que não esteja arrolada nas exceções do art. 690, §1º, do CPC/1973, sendo lícita a arrematação por valor inferior ao da avaliação, desde que não caracterizado como preço vil. Precedentes." (AgRg no REsp 1204310/RS, Rel. Ministro Raul Araújo, Quarta Turma, julgado em 14/02/2017, DJe 22/02/2017); "Processo Civil. Arrematação pelo credor. Oferecimento de mais de 50% do valor do bem. Atualização de laudo. Inexistência. Preço vil. Reconhecimento. 1. O indeferimento do pedido de produção de provas não implica violação ao direito da parte se os fatos a serem comprovados são inúteis ao deslinde da causa. 2. É possível ao credor participar do leilão de bem imóvel independentemente da concorrência de outros licitantes. Precedentes. 3. O juiz deve determinar de ofício a atualização do laudo de avaliação, quando entre sua realização e a data da alienação judicial decorrer tempo significativo. 4. É lícito ao devedor apresentar embargos à arrematação com fundamento em preço vil decorrente da falta de atualização, independentemente do questionamento da matéria antes da praça. 5. Recurso conhecido e provido." (REsp 1006387/SC, Rel. Ministra Nancy Andrighi, Terceira Turma, julgado em 02/09/2010, DJe 15/09/2010) e "Execução. Arrematação. 2ª praça. Participação do credor como arrematante. Preço inferior ao da avaliação. Precedentes da Corte. 1. Ambas as Turmas que compõem a Segunda Seção desta Corte entendem possível ao credor participar do leilão, ainda que sem concorrência, e arrematar o bem por preço inferior ao da avaliação, nos termos do art. 690, §2º, do Código de Processo Civil, não configurado no acórdão preço vil. 2. Recurso especial conhecido e provido." (REsp 655.471/MG, Rel. Ministro Carlos Alberto Menezes Direito, Terceira Turma, julgado em 15/09/2005, DJ 01/02/2006, p. 536).

adjudicação ou de arrematação em leilão, mas sim de imposição legislativa, justificando um tratamento mais benéfico ao credor. Não se pode perder de vista que, ao contrair a obrigação principal garantida, a vontade manifestada pelo credor não era a de adquirir a propriedade plena do imóvel, mas sim obter a satisfação de seu crédito.

Também é necessário ponderar que, tal como ocorre na execução judicial, na excussão extrajudicial terceiros poderão arrematar o imóvel por preço inferior ao de avaliação no segundo leilão, desde que igual ou superior ao valor da dívida total garantida, e por valor que não represente preço vil, operando-se a extinção da dívida, seguida da obrigação de quitação recíproca.

Com efeito, imagine-se a situação na qual um imóvel de R$ 100.000,00 é alienado fiduciariamente em garantia ao pagamento de uma dívida de R$ 60.000,00, e, após o inadimplemento do fiduciante, ambos os leilões realizados são frustrados em razão da ausência de interessados, sendo a propriedade consolidada para o fiduciário.

Se a prestação de contas for realizada conforme o critério do preço de avaliação do imóvel, o fiduciário deverá restituir ao fiduciante a diferença de R$ 40.000,00, equivalente a mais de cinquenta por cento do montante total da dívida excutida, e permanecerá com um imóvel cuja liquidez pode ser duvidosa, diante da frustração de ambos os leilões. Por outro lado, se um terceiro arrematar o imóvel no segundo leilão pelo valor total da dívida, de R$ 60.000,00, não haverá a obrigação de restituir qualquer quantia ao devedor, pois o valor da dívida é superior a cinquenta por cento do preço do imóvel.

Ao nosso ver, inexiste justificativa para conferir um tratamento desigual e menos favorável ao credor fiduciário, que sequer manifestou a vontade de adquirir o imóvel objeto da garantia, em comparação ao tratamento dado aos terceiros arrematantes, que poderão adquirir o imóvel por até cinquenta por cento do seu valor, se este for igual ou superior ao valor da dívida. A penalização do credor fiduciário, nesse contexto, poderá violar o princípio da isonomia, o dever de equidade e desestimular a utilização da propriedade fiduciária de imóveis, reduzindo a oferta de crédito no mercado.

Nos parece razoável, portanto, que a prestação de contas pelo credor fiduciário e a devolução do montante que sobejar do valor total garantido seja realizada com base no critério adotado para o segundo leilão, no qual é aceito o lance mínimo correspondente ao valor total da dívida garantida, desde que não configure preço vil[431].

Atualmente a matéria não é pacífica perante o TJSP, que varia entre dois posicionamentos extremos. Na hipótese de consolidação da propriedade do imóvel para o fiduciário, há tanto o entendimento de que a quitação do saldo devedor inviabilizaria a restituição de quaisquer diferenças pelo fiduciário ao fiduciante[432], quanto o de que os valores devem ser restituídos pelo fiduciário considerando a diferença entre o valor total da dívida garantida e o valor do imóvel pactuado entre as partes, e não sobre cinquenta por cento do valor do imóvel, como propomos, o que seria um caminho intermediário entre ambas as posições. Este entendimento já foi aplicado em casos envolvendo o financiamento imobiliário[433] e os contratos empresariais[434].

---

[431] Em sentido contrário, Paulo Sergio Restiffe e Paulo Restiffe Neto entendem que a devolução dos valores que sobejarem deverá ser feita com base no valor contratualmente previsto, para evitar o enriquecimento sem causa do credor e intolerável gravosidade ao devedor (RESTIFFE; RESTIFFE NETO, *Propriedade fiduciária imóvel*, op. cit., p. 116). Já para Manoel Justino Bezerra Filho, no segundo leilão o maior lance deveria ser igual ou superior a setenta e cinco por cento do valor do imóvel, além das despesas e encargos, para proporcionar maior proteção ao fiduciante. (BEZERRA FILHO, A execução extrajudicial do contrato de alienação fiduciária de bem imóvel, op. cit., p. 75-76.). Ao nosso ver, tal limitação somente se justificaria no contexto do financiamento habitacional. No caso de contratos empresariais, a regra aplicável deverá estar em consonância com as disposições gerais do Código de Processo Civil, por inexistir qualquer situação que justifique um tratamento mais privilegiado ao devedor inadimplente.
[432] "Apelação Cível. Ação de reparação de danos materiais com o objetivo de recebimento do valor que sobejou do produto da alienação extrajudicial, após a quitação do saldo devedor. Sentença de improcedência. Inconformismo. Ausência de arrematação do bem nos dois leilões realizados. Imóvel que foi incorporado ao patrimônio do Banco credor, o que resulta na quitação da dívida e inviabiliza a restituição de quaisquer diferenças. Inteligência do art. 27, § 5º, da Lei i 9.514/97. Sentença mantida, majorando-se a verba honorária de sucumbência. Artigo 85, § 11, do Código de Processo Civil. Recurso não provido." (TJSP; Apelação 1017476-98.2017.8.26.0564; Relator (a): Hélio Nogueira; 22ª Câmara de Direito Privado; Data do Julgamento: 26/04/2018).
[433] "Ação revisional de contrato bancário. Contrato de financiamento de imóvel com garantia de alienação fiduciária. Cerceamento de defesa. Inocorrência. Prova pericial desnecessária, na espécie. Questões de direito. Preliminar afastada. Revisão contratual. Possibilidade. Inexistência de mácula ao princípio do pacta sunt servanda ou da intangibilidade dos atos jurídicos perfeitos. Contrato de adesão. Ausência de abusividade. Necessidade de demonstração das cláusulas abusivas. Súmula 381 do C. STJ. Legislação aplicável. Alienação fiduciária de coisa imóvel. Aplicabilidade da Lei 9.514/1997. Preço vil. Ocorrência. Tentativas de leilão infrutíferas. Imóvel arrematado pelo credor fiduciário por menos de 50% do valor

ADEQUAÇÕES NECESSÁRIAS AOS CONTRATOS EMPRESARIAIS

A divergência de interpretações somente reforça a necessidade de uma redação mais clara e completa dos dispositivos legais que disciplinam o leilão extrajudicial, os quais devem estar em conformidade com as regras gerais do Código de Processo Civil. Na falta de alteração legislativa, é imperativo a uniformização de jurisprudência pelo STJ, para evitar o prolongamento do cenário atual que enseja a insegurança jurídica na excussão extrajudicial da garantia fiduciária, prejudicando a sua efetividade.

Enquanto isso não ocorre, caberá ao devedor fiduciante recorrer ao Poder Judiciário para pleitear a prestação de contas, caso ambos os leilões restem frustrados, ciente da divergência jurisprudencial mencionada.

---

do imóvel. Restituição da diferença entre o valor do imóvel e o valor da dívida. Entendimento do art. 27, §4º da lei 9.514/97. Recurso parcialmente provido. [...] Assim, o recurso deve ser provido, neste ponto, para reformar a r. sentença e determinar a restituição do valor excedente, sendo este a diferença entre o valor do imóvel e o valor da dívida e das despesas e encargos de que tratam os §§ 2º e 3º da lei 9.514/97." (TJSP; Apelação 1127928-83.2015.8.26.0100; Relator (a): Tasso Duarte de Melo; 12ª Câmara de Direito Privado; Data do Julgamento: 21/05/2018).
[434] "Alienação fiduciária de bem imóvel. Observância ao procedimento previsto no art. 27 da Lei nº 9.514/97. Não havendo venda do bem em segundo leilão em valor igual ou maior que a dívida, cabe ao credor restituir ao devedor valor de avaliação do bem que supera a dívida em aberto. Sentença reformada. Recurso parcialmente provido. [...] Em que pese seja encontrado na jurisprudência a leitura de que, não havendo interessados em nenhum dos dois leilões, o credor deverá ficar com o bem e outorgar quitação, não parece ser esta a solução mais adequada. A redação do dispositivo indica que esta consequência somente deve advir no caso de o lance oferecido ser inferior ao do débito, o que não ocorreu no caso, em que não houve interessados. Os credores não lograram obter qualquer lance no leilão promovido e, assim, o imóvel permaneceu sobre o seu domínio, hipótese que, salvo melhor juízo, é bastante distinta daquela indicada pelos apelantes. No caso de o credor permanecer com o imóvel, avaliado em valor superior ao do débito, como ocorreu, haverá satisfação integral do débito e ele ainda permanecerá com o excedente, ou seja, com a diferença entre o valor de avaliação e o do débito, em manifesto prejuízo dos devedores. [...] Ora, se fosse obtido lance no leilão extrajudicial em valor superior ao do débito, ainda que inferior ao de avaliação do imóvel, o credor seria obrigado a restituir a diferença. Não se pode admitir, portanto, que, no caso de ele permanecer com o bem, recebendo desse modo patrimônio equivalente ao valor da sua avaliação, seja desobrigado a devolver esta diferença, ainda maior. Beneficia-se o credor mais no caso de não haver interessados no leilão, do que na hipótese de o bem ser excutido com êxito, de modo que incorreria o credor em enriquecimento sem causa. Desse modo, tendo em vista que o débito indicado no segundo leilão, já inclusos as despesas e os encargos, alcança a monta de R$136.714,78 (fls. 14/16) e que o seu valor de avaliação é de R$160.000,00 (fls. 30/32), deverão os apelantes restituir a diferença, atualizada desde o segundo leilão, com juros de mora a partir do trânsito em julgado." (TJSP; Apelação 0013993-20.2011.8.26.0554; Relator (a): Walter Cesar Exner; 36ª Câmara de Direito Privado; Data do Julgamento: 10/12/2015).

Quanto ao credor fiduciário, uma alternativa possível para mitigar o risco de restituir a diferença entre o valor total da dívida e o valor do imóvel contratualmente previsto seria apresentar lance no segundo leilão para adquirir o imóvel pelo valor da dívida, mediante a compensação com o crédito detido e, se for o caso, o pagamento da diferença, até atingir o preço correspondente a cinquenta por cento do valor do imóvel, para evitar a possibilidade de anulação judicial do leilão com fundamento na arrematação por preço vil.

5.2. A dualidade de regimes da propriedade fiduciária imóvel

Nas primeiras discussões envolvendo a alienação fiduciária de bens móveis, ponderou-se que o fato de a alienação fiduciária ter sido criada no contexto específico do mercado de capitais não impediria a sua aplicação a outras searas. O substrato da garantia fiduciária seria um instituto de direito comum, decorrente do reconhecimento de insuficiência das garantias tradicionais para bem tutelar o crédito, o que se extrai de uma interpretação gramatical e lógica da Lei 4.728/65. Consequentemente, a alienação fiduciária também poderia ser utilizada nas relações entre particulares, para além do mercado de capitais[435].

O abrigo da alienação fiduciária na lei especial se deu por uma razão de conveniência, diante da necessidade de um instrumento de garantia mais dinâmico que os tradicionais para o comércio monetário, mas não de uso exclusivo para as instituições financeiras[436]. Na opinião de ORLANDO GOMES, inexiste impedimento de os particulares celebrarem a alienação fiduciária nos limites de sua autonomia privada, mesmo quando a lei criou o instituto para certo fim de política legislativa. O que é defeso, na opinião do autor, é a utilização do regime legal típico e especial para as hipóteses genéricas[437].

Com o sucesso e a expansão da alienação fiduciária, a propriedade fiduciária foi incorporada aos arts. 1.361 a 1.368-B do Código Civil de 2002. Na redação original, o Código Civil dispunha tão somente acerca da propriedade fiduciária de coisa móvel infungível, refletindo a legislação especial vigente à época.

---

[435] MOREIRA ALVES, *Da Alienação Fiduciária em Garantia*, op. cit., p. 82-84.
[436] PEREIRA, *Instituições de Direito Civil*. Direitos Reais, op. cit., p. 369.
[437] GOMES, *Alienação fiduciária em garantia*, op. cit., p. 192-193.

ADEQUAÇÕES NECESSÁRIAS AOS CONTRATOS EMPRESARIAIS

Posteriormente, com o alargamento do objeto da alienação fiduciária, a Lei 10.931/04 adicionou o art. 1.368-A ao Código Civil para especificar o regramento aplicável às demais espécies de propriedade fiduciária ou de titularidade fiduciária[438]. Em seguida, a Lei 13.043/14 alterou a redação do art. 1.367[439], e acrescentou o art. 1.368-B e o respectivo parágrafo único[440], para tratar sobre a propriedade fiduciária em garantia de bens móveis ou imóveis.

Com relação à propriedade fiduciária de bens móveis, a doutrina já identificava a existência de uma dualidade de regimes autônomos e harmônicos. De um lado estaria a propriedade fiduciária do Código Civil, de caráter genérico e universal (sistema paritário civil), e, de outro, a propriedade fiduciária do art. 66-B da Lei 4.728/65, destinada às práticas do mercado de capitais, do mercado financeiro e para a garantia de dívidas fiscais e previdenciárias (sistema mercadológico-financeiro especial)[441]. No segundo regime, as normas do Código Civil se aplicariam de forma subsidiária e supletiva, em caso de omissão e compatibilidade com a lei especial[442]. A existência de um regime jurídico dúplice da propriedade fiduciária de bens móveis também foi reconhecida pelo STJ[443].

---

[438] "Art. 1.368-A. As demais espécies de propriedade fiduciária ou de titularidade fiduciária submetem-se à disciplina específica das respectivas leis especiais, somente se aplicando as disposições deste Código naquilo que não for incompatível com a legislação especial."

[439] "Art. 1.367. A propriedade fiduciária em garantia de bens móveis ou imóveis sujeita-se às disposições do Capítulo I do Título X do Livro III da Parte Especial deste Código e, no que for específico, à legislação especial pertinente, não se equiparando, para quaisquer efeitos, à propriedade plena de que trata o art. 1.231."

[440] "Art. 1.368-B. A alienação fiduciária em garantia de bem móvel ou imóvel confere direito real de aquisição ao fiduciante, seu cessionário ou sucessor.
Parágrafo único. O credor fiduciário que se tornar proprietário pleno do bem, por efeito de realização da garantia, mediante consolidação da propriedade, adjudicação, dação ou outra forma pela qual lhe tenha sido transmitida a propriedade plena, passa a responder pelo pagamento dos tributos sobre a propriedade e a posse, taxas, despesas condominiais e quaisquer outros encargos, tributários ou não, incidentes sobre o bem objeto da garantia, a partir da data em que vier a ser imitido na posse direta do bem."

[441] FERNANDES, *Cessão Fiduciária de Títulos de Crédito*, op. cit., p. 163.

[442] EUGÊNIO, Paulo Eduardo Campanella. Contornos Atuais da Alienação Fiduciária em Garantia – um Breve Ensaio sobre as Inovações Trazidas pelo Código Civil de 2002 e pela Lei 10.931/04. *Revista Dialética de Direito Processual*, n. 23, fev. 2005, p. 98.

[443] "[...] 1. Há regime jurídico dúplice a disciplinar a propriedade fiduciária de bens móveis: (i) o preconizado pelo Código Civil (arts. 1.361 a 1.368), que se refere a bens móveis infungíveis, quando o credor fiduciário for pessoa natural ou jurídica; e (ii) o estabelecido no art. 66-B da

Tal como ocorreu com a alienação fiduciária de bens móveis, inicialmente concebida para o fomento do mercado de capitais, e depois estendida tanto para outras situações específicas (*e.g.* valores mobiliários, aeronaves e embarcações[444]) e gerais, com a previsão no Código Civil, o mesmo se verificou com a alienação fiduciária de bens imóveis. A gênese no SFI não impediu a sua expansão para garantir também as obrigações em geral, diante das inúmeras vantagens oferecidas em comparação com a hipoteca.

Embora a redação atual da Lei 9.514/97 e dos dispositivos do Código Civil referentes à propriedade fiduciária de bens imóveis não seja explícita com relação à existência de uma dualidade de regimes, é possível realizar uma interpretação sistemática e finalística para identificar a existência de dois regimes jurídicos distintos. Conforme explica CLAUDIO LUIZ BUENO DE GODOY, a inter-relação normativa é uma característica contemporânea, sendo diversos os casos nos quais convivem diplomas normativos múltiplos aplicáveis a uma mesma situação[445].

Lei n. 4.728/1965 (acrescentado pela Lei n. 10.931/2004) e no Decreto-Lei n. 911/1969, relativo a bens móveis fungíveis e infungíveis, quando o credor fiduciário for instituição financeira. 2. A medida de busca e apreensão prevista no Decreto-Lei n. 911/1969 consubstancia processo autônomo, de caráter satisfativo e de cognição sumária, que ostenta rito célere e específico com vistas à concessão de maiores garantias aos credores, estimulando, assim, o crédito e o fortalecimento do mercado produtivo. 3. O art. 8º-A do referido Decreto, incluído pela Lei n. 10.931/2004, determina que tal procedimento judicial especial aplique-se exclusivamente às seguintes hipóteses: (i) operações do mercado financeiro e de capitais; e (ii) garantia de débitos fiscais ou previdenciários. Em outras palavras, é vedada a utilização do rito processual da busca e apreensão, tal qual disciplinado pelo Decreto-Lei n. 911/1969, ao credor fiduciário que não revista a condição de instituição financeira lato sensu ou de pessoa jurídica de direito público titular de créditos fiscais e previdenciários. 4. No caso concreto, verifica-se do instrumento contratual (fl. 12) a inexistência de entidade financeira como agente financiador. Outrossim, a recorrente intentou a presente demanda em nome próprio pleiteando direito próprio, o que aponta inequivocamente para a sua ilegitimidade ativa para o aforamento da demanda de busca e apreensão prevista no Decreto-Lei n. 911/1969. 5. Recurso especial não provido." (REsp 1101375/RS, Rel. Ministro Luis Felipe Salomão, Quarta Turma, julgado em 04/06/2013, DJe 01/07/2013).

[444] A respeito das aeronaves e embarcações, apesar de consistirem bens móveis, em determinadas situações a Lei confere a eles o mesmo tratamento dos bens imóveis, diante de sua relevância jurídica e econômica, como, por exemplo, quando o Código Civil prevê no art. 1.473, inc. VI e VII que os navios e aeronaves podem ser objeto de hipoteca, bem como ao exigir instrumento público para a aquisição, transferência ou alienação de navios e aeronaves, por meio, respectivamente, do Registro da Propriedade Marítima, disciplinado pela Lei 7.652/88, e do Registro Aeronáutico Brasileiro, previsto na Lei 7.565/86.

[445] GODOY, Código Civil e Código de Defesa do Consumidor, op. cit., p. 111.

No caso da alienação fiduciária de bens imóveis, além das disposições da Lei 9.514/97, também coexistem as normas do Código Civil, do Código de Processo Civil e, no caso específico do SFI, as normas do Código de Defesa do Consumidor (CDC)[446]. A determinação de qual regra prevalecerá no caso concreto depende de um exercício hermenêutico que mantenha a coerência sistêmica, razão pela qual a identificação de dois regimes distintos para a propriedade fiduciária de imóveis poderá facilitar o trabalho do intérprete e proporcionar maior coesão e segurança jurídica.

Considerando a anterioridade, o primeiro regime jurídico seria aquele de caráter especial, aplicável exclusivamente aos contratos de financiamento imobiliário-habitacional envolvendo relação de consumo. O regime especial da propriedade fiduciária de imóveis deverá ser regido pela Lei 9.514/97, sendo aplicadas as disposições de direito material do Código Civil e do CDC[447], e as disposições de direito processual do Código de Processo

---

[446] Uma das discussões mais relevantes com relação ao conflito normativo entre a Lei 9.514/97 e o CDC diz respeito à possibilidade de restituição das parcelas pagas pelo devedor fiduciante em caso de inadimplemento e de excussão da garantia fiduciária, diante do art. 53 do CDC: "Nos contratos de compra e venda de móveis ou imóveis mediante pagamento em prestações, bem como nas alienações fiduciárias em garantia, consideram-se nulas de pleno direito as cláusulas que estabeleçam a perda total das prestações pagas em benefício do credor que, em razão do inadimplemento, pleitear a resolução do contrato e a retomada do produto alienado." Atualmente, predomina no STJ o entendimento segundo o qual o art. 53 do CDC não se aplica à alienação fiduciária de bens imóveis, pois a Lei 9.514/97 seria norma especial e posterior ao CDC (AgRg no AgRG no REsp 1.172.146/SP, Rel. Min. Antônio Carlos Ferreira, Quarta Turma, DJe 26.5.2015 e AgInt nos EDcl no AREsp 975829/SE, Rel. Min. Maria Isabel Galotti, Quarta Turma, DJe 03.10.2017). Para Cláudia Lima Marques, seria necessário estabelecer um diálogo entre a Lei 9.514/97 e o CDC, para se chegar a um meio termo que atendesse às peculiaridades do caso concreto, observadas as cláusulas gerais do CDC e a vedação de cláusulas abusivas, eis que o consumidor comum, ao realizar a compra de um imóvel em prestações, não tem presente o fato de estar celebrando também um contrato de financiamento (MARQUES, Cláudia Lima. *Contratos no Código de Defesa do Consumidor*. O novo regime das relações contratuais. 6ª ed. São Paulo: Ed. Revista dos Tribunais, 2011, p. 603-606). Como esta obra tem como foco a alienação fiduciária de bens imóveis em garantia aos contratos empresariais, optou-se por não desenvolver a aplicabilidade do artigo 53 do CDC à alienação fiduciária de bens imóveis, já que tal possibilidade somente se verifica nos contratos de consumo.

[447] Ao analisar a interação entre o CDC e outros diplomas normativos, Claudio Luiz Bueno de Godoy observa a possibilidade de uma concorrência normativa que impede definir, aprioristicamente, qual norma deverá prevalecer, dada a recíproca interferência que impede a existência de uma "dicotomia do tipo tudo ou nada", sendo necessária a modulação da incidência de princípios e regras consequentes à hipótese concreta. (GODOY, Código Civil e Código de Defesa do Consumidor, op. cit., p. 134).

Civil para integrar as lacunas, naquilo que não for conflitante com o espírito e com a lógica da Lei 9.514/97.

Apesar de não haver disposição legal expressa acerca da aplicabilidade do Código de Processo Civil nas lacunas da Lei 9.514/97, a aplicação subsidiária se justifica por se tratar de um diploma com regras processuais gerais aplicáveis ao Direito brasileiro. Além disso, a própria Lei 9.514/97 faz referência à aplicação do Código de Processo Civil no art. 26, §3º-A, ao dispor sobre as regras para a intimação do devedor fiduciante[448].

Em paralelo ao regime especial, estaria o regime geral da propriedade fiduciária de bens imóveis, incidente para todos os demais contratos envolvendo obrigações não abrangidas pelo regime especial, como os contratos empresariais.

O regime geral deverá se submeter às disposições de direito material do Código Civil e de direito processual do Código de Processo Civil, sobretudo no que diz respeito à propriedade fiduciária, aos direitos reais de garantia, à responsabilidade patrimonial geral do devedor pelo pagamento de suas dívidas, à vedação ao enriquecimento sem causa, às normas regentes do contrato principal, e aos princípios garantidores de uma execução equilibrada. As disposições da Lei 9.514/97 continuam aplicáveis naquilo que for compatível, com a integração de lacunas ocultas por meio de redução teleológica.

Para definir se a propriedade fiduciária de bens imóveis se enquadrará na modalidade geral ou na modalidade especial, é necessário verificar se o contrato principal tem como propósito a aquisição do bem imóvel objeto da garantia fiduciária e se há relação de consumo. Em caso positivo, a propriedade fiduciária se enquadrará no contexto especial de financiamento imobiliário-habitacional da Lei 9.514/97; caso se verifique apenas um critério ou nenhum deles, será enquadrada na modalidade geral.

Quanto ao propósito de aquisição do bem imóvel objeto da garantia fiduciária, FÁBIO SILVA propõe a distinção entre a alienação fiduciária

---

[448] "Art. 26 [...] §3º-A. Quando, por duas vezes, o oficial de registro de imóveis ou de registro de títulos e documentos ou o serventuário por eles credenciado houver procurado o intimando em seu domicílio ou residência sem o encontrar, deverá, havendo suspeita motivada de ocultação, intimar qualquer pessoa da família ou, em sua falta, qualquer vizinho de que, no dia útil imediato, retornará ao imóvel, a fim de efetuar a intimação, na hora que designar, aplicando-se subsidiariamente o disposto nos arts. 252, 253 e 254 da Lei no 13.105, de 16 de março de 2015 (Código de Processo Civil)."

com natureza e finalidade de "garantia transmitida", na qual o fiduciante transfere em garantia imóvel sobre o qual já detinha a propriedade, inexistindo ligação originária entre o imóvel e a dívida garantida, da alienação fiduciária com natureza e finalidade de "garantia-retida", na qual a dívida garantida tem origem na aquisição do próprio bem, tal como ocorre na promessa de compra e venda de imóveis.

Para o autor, a regra que limita a dívida do devedor fiduciante ao imóvel seria compreensível no caso da "garantia-retida", em razão do gradativo acréscimo patrimonial do adquirente, que, no momento inicial, não dispunha de recursos suficientes para pagar o preço do bem. No caso da "garantia-transmitida", no entanto, não haveria o acréscimo patrimonial, pois o bem já integrava o patrimônio do garantidor, sendo ambos os regimes distintos e antagônicos[449].

Ao nosso ver, esse critério deverá ser conjugado também com a existência de relação de consumo. Isso porque, como bem observou CARLOS EDISON MONTEIRO FILHO, a *ratio* do perdão legal se volta à tutela do vulnerável nos contratos de financiamento imobiliário, somente se justificando à luz do parâmetro da vulnerabilidade[450].

Para ilustrar a relevância da existência de relação de consumo e, consequentemente, da vulnerabilidade do fiduciante, imagine-se a hipótese em que a montadora de veículos "A" adquire uma planta industrial da empresa "B", que atua no mesmo segmento de mercado e pretende reduzir as suas atividades industriais no país, vendendo parte de seus imóveis. Como garantia ao pagamento do preço, que será realizado em parcelas mensais, semestrais e anuais, "A" aliena a propriedade fiduciária da planta industrial em favor de "B", tendo a alienação fiduciária natureza e finalidade de "garantia-retida", embora inexista relação de consumo entre "A" e "B".

Nessa hipótese, não seria razoável a extinção de eventual dívida remanescente de "A" caso houvesse o inadimplemento da obrigação e a impossibilidade de recuperação integral do valor total garantido mediante a

---

[449] O autor desenvolveu esse tema nas obras: *Garantias imobiliárias em contratos empresariais*, op. cit., p. 156-158 e Não exoneração da responsabilidade pessoal do devedor na excussão da alienação fiduciária de imóveis. In: ROCHA, Mauro Antônio; KIKUNAGA, Marcus Vinicius. *Alienação fiduciária de bem imóvel. 20 anos da Lei 9.514/97. Aspectos polêmicos.* São Paulo: Lepanto, 2017, p. 230-231.

[450] MONTEIRO FILHO, *Pacto comissório e pacto marciano no sistema brasileiro de garantias*, op. cit., p. 264-268.

excussão extrajudicial da garantia. Ambas as partes celebraram o contrato nas mesmas condições de igualdade técnica, jurídica e econômica, inexistindo justificativa para um tratamento privilegiado de uma empresa em detrimento da outra. A situação é totalmente distinta da hipótese na qual um consumidor adquire um bem imóvel, na qualidade de destinatário final, de uma construtora ou incorporadora, e contrata financiamento de uma instituição financeira.

Portanto, a modalidade especial da alienação fiduciária de imóveis exige a natureza e finalidade de "garantia-retida", ou seja, originada para garantir a aquisição do próprio bem objeto da garantia, e a existência de relação de consumo[451].

O primeiro elemento que confirma a dualidade de regimes da propriedade fiduciária imóvel, como visto, consiste no art. 51 da Lei 10.931/04, que estendeu a possibilidade de a alienação fiduciária de coisa imóvel garantir as obrigações em geral, cujo teor foi reiterado pelo art. 22, §1º, da Lei 9.514/97. Ao estender o âmbito de aplicação da alienação fiduciária de bens imóveis para além do SFI, o legislador tinha como preocupação o desenvolvimento do mercado de crédito de maneira geral, para ampliar o acesso ao crédito a um custo mais baixo e de maneira mais eficiente[452].

Tal propósito foi plenamente corroborado pelo Poder Judiciário. Segundo entende o STJ, a alienação fiduciária de bens imóveis é uma ferramenta hábil para qualquer operação de crédito, por estar em consonância com a demanda da economia moderna pela concessão de crédito de maneira célere e eficaz. Merece destaque o seguinte julgado:

---

[451] Para evitar a configuração de situações limítrofes, como aquela na qual um profissional liberal adquire uma sala comercial para montar o seu escritório, ou ainda situações em que uma pessoa física adquire imóvel com a finalidade de investimento, para revendê-lo posteriormente, Melhim Namen Chalhub entende que a exoneração do devedor quanto ao pagamento da dívida remanescente deveria ficar restrita aos financiamentos com a finalidade de aquisição da casa própria, cujo valor do imóvel não exceda a setecentos salários mínimos, correspondente ao padrão de moradia da população de menor poder aquisitivo. Fora dessa hipótese, permaneceria o dever de pagar o valor remanescente da dívida (CHALHUB, *Alienação Fiduciária*, op. cit., p. 292).

[452] Cf. Exposição de Motivos 27/2007 do Projeto de Lei 3.065/04, o qual originou a Lei 10.931/04. Disponível em: http://www.camara.gov.br/proposicoesWeb/prop_mostrarintegr a?codteor=200814&filename=PL+ 3065/2004. Acesso em 20 dez. 2020.

DIREITO CIVIL. ALIENAÇÃO FIDUCIÁRIA DE IMÓVEL EM GARANTIA DE QUALQUER OPERAÇÃO DE CRÉDITO. É possível a constituição de alienação fiduciária de bem imóvel para garantia de operação de crédito não vinculada ao Sistema Financeiro Imobiliário (SFI). O entendimento de que o instituto da alienação fiduciária de bens imóveis somente poderia ser utilizado em crédito destinado a aquisição, edificações ou reformas do imóvel oferecido em garantia – fundado no argumento de que a finalidade da Lei n. 9.514/1997 é proteger o sistema imobiliário e o de habitação como um todo, de modo que a constituição de garantia fiduciária sobre bem imóvel deve estar em sintonia com o objetivo da lei, consubstanciado no incentivo ao financiamento imobiliário – não se sustenta. Isso porque esse posicionamento não encontra respaldo nos arts. 22, § 1º, da Lei n. 9.514/1997 e 51 da Lei n. 10.931/2004 ('Art. 22. A alienação fiduciária regulada por esta Lei é o negócio jurídico pelo qual o devedor, ou fiduciante, com o escopo de garantia, contrata a transferência ao credor, ou fiduciário, da propriedade resolúvel de coisa imóvel. § 1º A alienação fiduciária poderá ser contratada por pessoa física ou jurídica, não sendo privativa das entidades que operam no SFI, podendo ter como objeto, além da propriedade plena: [...]'; e 'Art. 51. Sem prejuízo das disposições do Código Civil, as obrigações em geral também poderão ser garantidas, inclusive por terceiros, por cessão fiduciária de direitos creditórios decorrentes de contratos de alienação de imóveis, por caução de direitos creditórios ou aquisitivos decorrentes de contratos de venda ou promessa de venda de imóveis e por alienação fiduciária de coisa imóvel'). Assim, sem maior esforço hermenêutico, verifica-se que é possível afirmar que a lei não exige que o contrato de alienação fiduciária se vincule ao financiamento do próprio imóvel. Ao contrário, é legítima a sua formalização como garantia de toda e qualquer obrigação pecuniária, podendo inclusive ser prestada por terceiros. Dessa forma, muito embora a alienação fiduciária de imóveis tenha sido introduzida em nosso ordenamento jurídico pela Lei n. 9.514/1997, que dispõe sobre o SFI, seu alcance ultrapassa os limites das transações relacionadas à aquisição de imóvel. Resta indubitável, portanto, que a finalidade do instituto é o de fomentar o sistema de garantias do direito brasileiro, dotando o ordenamento jurídico de instrumento que permite, nas situações de mora – tanto nos financiamentos imobiliários, como nas operações de créditos com garantia imobiliária – a recomposição em prazos compatíveis com as necessidades da economia moderna. (REsp 1542275/MS, Rel. Min. Ricardo Villas Bôas Cueva, Terceira Turma, julgado em 24/11/2015, DJe 2/12/2015).

Nos termos do precedente, como a alienação fiduciária de imóveis "ultrapassa os limites das transações relacionadas à aquisição de imóvel", o seu regramento legal também deverá ultrapassar determinadas disposições da Lei 9.514/97 que somente se justificam no financiamento imobiliário-habitacional, como a regra que limita a responsabilidade do devedor fiduciante ao imóvel dado em garantia.

O art. 1.368-A do Código Civil[453], incluído pela mesma Lei 10.931/04, que autorizou a utilização da alienação fiduciária de imóveis para garantir as obrigações em geral, deverá ser interpretado de modo a submeter à disciplina específica das respectivas leis especiais tão somente as modalidades especiais de propriedade fiduciária, sendo as modalidades gerais interpretadas conforme as disposições gerais da lei civil e processual.

No caso dos bens móveis, configuram modalidades especiais a alienação fiduciária celebrada no mercado de capitais regulado pela Lei 4.728/65; a alienação fiduciária de valores mobiliários da Lei das Sociedades Anônimas; a alienação fiduciária de aeronaves e embarcações, regidas, respectivamente, pelas Leis 7.565/86 e 11.786/08, entre outras modalidades específicas que venham a ser criadas pelo legislador.

No caso dos bens imóveis, a única modalidade especial atualmente existente é aquela aplicável ao SFI, regida pela Lei 9.514/97. Nesse contexto específico, o Código Civil se aplicaria de forma subsidiária, no que não for incompatível com a legislação especial, nos termos do art. 1.368-A.

Outro elemento que sustenta a existência de uma dualidade de regimes da propriedade fiduciária imóvel consiste no art. 1.367 do Código Civil, com redação dada pela Lei 13.043/14, que submete a propriedade fiduciária em garantia de bens móveis *ou imóveis* às disposições gerais aplicáveis aos direitos reais de garantia[454].

Ao nosso ver, esse artigo especifica, de forma ampla, o regime legal aplicável às duas modalidades da propriedade fiduciária móvel e *imóvel*, a geral e a especial. Na primeira parte do art. 1.367, consta que a proprie-

---

[453] "Art. 1.368-A. As demais espécies de propriedade fiduciária ou de titularidade fiduciária submetem-se à disciplina específica das respectivas leis especiais, somente se aplicando as disposições deste Código naquilo que não for incompatível com a legislação especial."

[454] "Art. 1.367. A propriedade fiduciária em garantia de bens móveis ou imóveis sujeita-se às disposições do Capítulo I do Título X do Livro III da Parte Especial deste Código e, no que for específico, à legislação especial pertinente, não se equiparando, para quaisquer efeitos, à propriedade plena de que trata o art. 1.231."

ADEQUAÇÕES NECESSÁRIAS AOS CONTRATOS EMPRESARIAIS

dade fiduciária móvel e *imóvel* em geral se sujeitará às disposições gerais do penhor, hipoteca e anticrese.

A segunda parte do art. 1.367, por sua vez, prevê que as modalidades especiais da propriedade fiduciária de móveis e de *imóveis*, ou seja, aquelas aplicáveis, respectivamente, no âmbito da legislação de mercado de capitais, sociedades anônimas, financiamento imobiliário, entre outras, se sujeitarão às respectivas legislações pertinentes, confirmando a intepretação ora proposta para o art. 1.368-A do Código Civil[455].

Da leitura das disposições gerais do Código Civil aplicáveis aos direitos reais de garantia, é possível extrair princípios que também são aplicáveis à modalidade geral da alienação fiduciária de bens móveis e imóveis por força do disposto no art. 1.367, como o princípio da indivisibilidade, da excussão, da especialidade, da vedação ao pacto comissório e da acessoriedade, vistos no capítulo 2.

O princípio da acessoriedade implica que a extinção do crédito extingue a garantia, todavia, a extinção da garantia não poderá extinguir o crédito, permanecendo o devedor pessoalmente obrigado a pagar o valor remanescente, e, com isso, afastando-se a extinção da dívida remanescente seguida de quitação recíproca prevista no art. 27, §4º, §5º e §6º, da Lei 9.514/97[456].

[455] Cf. Fábio Rocha Pinto e Silva: "Tratam-se de regimes não apenas distintos, mas efetivamente antagônicos. Daí por que não se pode aplicar à alienação fiduciária constituída sob fundamento do art. 51 da Lei nº 10.931/2004 as regras contidas na Lei nº 9.514/97 cujo fundamento seja exclusivamente justificado pelo microssistema habitacional. A ausência de nova regulamentação específica para o uso genérico da alienação fiduciária de imóvel passa então a ser suprida, por exercício de integração, como regime finalisticamente mais próximo, previsto no Código Civil para a propriedade fiduciária em geral e para as garantias reais. Quanto a este tema, não há dúvida que a nova remissão feita na parte final do art. 1.367 do Código Civil enseja a aplicação do art. 1.430, afastando a exoneração da responsabilidade pessoal do devedor. [...] Nesse caso, parece-nos ser recomendável aos contratantes dispor quanto ao regime aplicável à sua garantia, especialmente quanto à inaplicabilidade da regra de exoneração da responsabilidade pessoal do devedor, a prevalecer o teor do art. 1.430, acima transcrito." (SILVA, Não exoneração da responsabilidade pessoal do devedor na excussão da alienação fiduciária de imóveis, op. cit., p. 230-231).

[456] Marcos Lopes Prado também compartilha o entendimento pela possibilidade de se afastar a quitação automática da dívida com garantia imobiliária fora do contexto especial envolvendo relação de consumo e operação de financiamento imobiliário ou habitacional, para que o credor fiduciário possa, após o leilão extrajudicial, prosseguir com ações de cobrança para reaver o saldo devedor. Para tanto, o autor recomenda que haja a renúncia contratual expressa do devedor fiduciante quanto à hipótese de quitação recíproca, ou ainda o fracionamento da dívida com a previsão de que a garantia é parcial, pois só se aplica a um determinado per-

De todo o modo, a interpretação que se propõe acerca da dualidade de regimes da propriedade fiduciária imóvel seria muito mais lógica e dedutiva se o Código Civil também abrangesse expressamente os bens imóveis no conceito geral de propriedade fiduciária do art. 1.361, o qual menciona tão somente "coisa móvel infungível"[457].

Entendemos que esta omissão representa uma falha de técnica legislativa, eis que as disposições posteriores dos arts. 1.367 e 1.368-A mencionam expressamente a propriedade fiduciária de imóveis. Na opinião de FERNANDO NORONHA, a previsão do art. 1.361 do Código Civil já nasceu superada pela evolução legislativa anterior, consistente na propriedade fiduciária de imóveis trazida pela Lei 9.514/97, que também deveria ter sido abarcada pela definição de propriedade fiduciária do Código Civil[458].

Para suprir esta deficiência, a Lei 10.931/04 e a Lei 13.043/14, que introduziram, respectivamente, os arts. 1.368-A e 1.367 ao Código Civil, também deveriam ter alterado a redação do art. 1.361 nesse sentido, trazendo mais coerência ao sistema e dirimindo a insegurança jurídica quanto ao regime jurídico aplicável à alienação fiduciária de imóveis em garantia às obrigações em geral, para afastar o risco de aplicação irrestrita das disposições da Lei 9.514/97.

Essa preocupação não é nova. A inadequação da redação atual dos dispositivos do Código Civil e da Lei 9.514/97 já foi trazida anteriormente pela doutrina[459]. Além disso, tramita há mais de quatorze anos no Congresso Nacional o Projeto de Lei 3351/2004, que tem por objetivo ampliar a oferta de crédito e reduzir as incertezas que circundam a garantia fidu-

---

centual da dívida total. (PRADO, Eventual não extinção legal da dívida garantida por meio de alienação fiduciária de imóvel, em caso de segundo leilão negativo, op. cit., p. 255-256).

[457] "Art. 1.361. Considera-se fiduciária a propriedade resolúvel de coisa móvel infungível que o devedor, com escopo de garantia, transfere ao credor."

[458] NORONHA, A alienação fiduciária em garantia e o *leasing* financeiro como supergarantias das obrigações, op. cit., p. 741.

[459] Cf. SILVA, *Garantias imobiliárias em contratos empresariais*, op. cit., p. 158-159; GUEDES; TERRA, Alienação fiduciária em garantia de bens imóveis, op. cit., p. 231-237; CHALHUB, *Alienação Fiduciária*, op. cit., p. 292; PERES; JABUR, Alienação fiduciária em garantia de bens imóveis e a quitação sem pagamento prevista nos §§ 5º e 6º do artigo 27 da Lei 9.514/97, op. cit., p. 158-159; MONTEIRO FILHO, *Pacto comissório e pacto marciano no sistema brasileiro de garantias*, op. cit., p. 264-268; e CHRISTO, Felipe Fernandes de. Direito à quitação *versus* enriquecimento sem causa. Uma correta interpretação da Lei nº 9.514/97 na recuperação de créditos decorrentes de contratos de financiamento empresarial. *Revista Dialética de Direito Processual*, nº 117, dezembro, 2012, p. 43-51.

ciária de imóveis, mediante uma simples alteração na redação do art. 1.361 do Código Civil: "Considera-se fiduciária a propriedade resolúvel de coisa móvel *ou imóvel* infungível que o devedor, com escopo de garantia, transfere ao credor."[460] (Destaque nosso).

5.3. Alternativas possíveis aos contratos empresariais

Como visto, os problemas advindos da aplicação da alienação fiduciária de imóveis para garantir obrigações contraídas nos contratos empresariais decorrem de diversos fatores. Entre eles, pode-se citar as inúmeras falhas dos diplomas normativos ora analisados; a morosidade do legislador em saná-las; a ausência de uniformidade das decisões preferidas pelo Poder Judiciário; e a dificuldade de as partes registrarem perante o Cartório de Registro de Imóveis competente um contrato de alienação fiduciária que não reflita exatamente os termos da Lei 9.514/97.

Mesmo após mais de vinte e um anos desde a edição da lei, ainda predomina a tendência de generalização na aplicação da legislação específica do SFI a outros contextos distintos sem qualquer relação com o financiamento imobiliário, caso adotem como garantia a propriedade fiduciária de imóvel[461].

---

[460] Disponível em: http://www.camara.gov.br/proposicoesWeb/fichadetramitacao?idPropo sicao=249175. Acesso em 20 dez. 2020.

[461] "Registro de imóveis – Alienação fiduciária em garantia – Cláusulas contratuais ajustadas em desacordo com normas imperativas – Ofensa ao arts. 24 e 27, §§ 2º, 5º e 6º, da Lei nº 9.514/1997 – Inaceitável e contraditória previsão contratual admitindo a venda em segundo leilão por preço inferior ao valor da dívida – Convenção prevendo inadmissivelmente a possibilidade de subsistência do débito em caso de venda em segundo leilão – Inobservância de legítimas limitações impostas ao princípio da autonomia privada – Sopesamento entre princípios realizado com precedência pelo legislador ordinário – Juízo de desqualificação registral confirmado – Violação dos princípios da legalidade e da segurança jurídica – Dúvida procedente – Recurso desprovido. [...] A contratação (alienação fiduciária como negócio jurídico) objetiva garantir o cumprimento de obrigação assumida pela Paulista Fitness Empreendimentos Ltda., que se comprometeu a pagar R$2.847.740,00, parceladamente, a Maurício Antônio Quadrado, credor fiduciário, por força de sua retirada do quadro societário da devedora. O registro do título é indispensável para constituição da propriedade fiduciária. Nada obstante, a recusa exteriorizada pelo Oficial de Registro se revelou acertada. O instrumento particular em testilha é, com efeito, desprovido de potência registral, considerada a amplitude do juízo de qualificação confiado ao Registrador. Contraria, enfim, elementos essenciais à estrutura normativa da categoria contratual em exame. [...] Dentro desse contexto, o conteúdo do título levado a registro ofende normas imperativas, insuscetíveis de derrogação pela vontade dos particulares e que legitimamente, por conseguinte, limitando a autonomia

Diante disso, pretende-se averiguar eventuais alternativas possíveis, além da integração de lacunas por meio de redução teleológica proposta, a viabilizar de imediato a utilização da alienação fiduciária em garantia aos contratos empresariais com maior segurança, proporcionando a efetividade dessa ferramenta para expandir e facilitar a concessão de crédito para além do SFI.

5.3.1. Fracionamento da dívida e composição de garantias

Uma alternativa para viabilizar a alienação fiduciária de bens imóveis em garantia aos contratos empresariais, evitando-se o risco de aplicação indiscriminada da Lei 9.514/97, sobretudo no que diz respeito à extinção da dívida remanescente após a excussão da garantia, consiste na possibilidade de as partes fracionarem a dívida, instituindo uma garantia diversa para cada fração, com valores proporcionais, para assegurar o recebimento integral do crédito.

Como exemplo, imagine-se a contratação de uma obrigação no valor de R$ 3.000.000,00, com múltiplas garantias. Independentemente da forma avençada para o adimplemento, as partes podem fracionar a dívida em três blocos distintos de R$ 1.000.000,00, por exemplo, e fixar uma garantia diversa para cada bloco. O primeiro bloco poderia ser garantido por fiança bancária; o segundo, por alienação fiduciária de bem imóvel, e o terceiro, por cessão fiduciária de direitos creditórios, sendo o valor de cada garantia compatível com o percentual específico que represente o bloco da dívida garantida.

Como o credor só poderá executar a garantia vinculada à respectiva parcela da dívida inadimplida, eventual extinção da dívida remanescente somente atingiria aquele bloco específico, ou seja, a parcela da dívida vinculada à garantia, e não a totalidade da dívida. Para mitigar riscos, é necessário estabelecer de modo claro e cristalino no contrato o fracionamento

privada dos contratantes, inspiradas por razões de utilidade social e equilíbrio contratual, e com o respaldo no art. 24, VII, da Lei no. 9.514/1997, estabeleceram regulamentação mínima, estrutura mínima, com cláusulas vinculantes, a serem obrigatoriamente observadas pelas partes. Pertinente, portanto, o juízo desqualificador emitido pelo Oficial, escorado no princípio da legalidade e, igualmente, aqui em atenção, especialmente, à contradição apurada, no princípio da segurança jurídica. Restou, em resumo, plenamente caracterizada a existência de restrições de ordem normativa, inerentes ao direito posto, a obstaculizar a inscrição intencionada." (TJSP; Apelação 1002050-35.2015.8.26.0073; Relator (a): Pereira Calças; Conselho Superior de Magistratura; Data do Julgamento: 02/06/2016).

da dívida, como se fossem subcréditos, especificando o principal, os encargos, as despesas e a respectiva garantia atribuída proporcionalmente a cada um desses subcréditos[462].

A possibilidade de imputação do pagamento está expressamente prevista nos arts. 352 a 355 do Código Civil, segundo os quais o devedor tem o direito de indicar para qual débito líquido e vencido, da mesma natureza, devido a um mesmo credor, oferece pagamento. Nessa hipótese, uma mesma dívida seria fracionada em mais de um débito, imputando o contrato o pagamento dos débitos conforme a excussão de cada garantia[463].

A autonomia privada e a liberdade de contratar autorizariam as partes a estabelecer a liberação gradual dos bens oferecidos em garantia à medida em que for realizado o pagamento das parcelas da dívida[464], sendo possível afastar consensualmente o princípio geral da indivisibilidade das garantias reais[465].

A comprovar a eficácia dessa alternativa, o TJSP já analisou caso no qual as partes celebraram negócio jurídico complexo, com múltiplas garantias, incluindo a alienação fiduciária de diversos bens imóveis, cada um representando uma porcentagem do valor do crédito. Acertadamente, o TJSP entendeu que a excussão de um dos imóveis não poderia provocar a extinção total da dívida remanescente ou a liberação das demais garantias, eis que os dispositivos da Lei 9.514/97 não devem ser interpretados de modo literal, mas sim de modo teleológico, a depender da causa do contrato celebrado[466].

---

[462] WALD, Do regime legal da alienação fiduciária de imóveis e sua aplicabilidade em operações de financiamento de banco de desenvolvimento, op. cit., p. 273-274.

[463] PERES; JABUR, Alienação fiduciária em garantia de bens imóveis e a quitação sem pagamento prevista nos §§ 5º e 6º do artigo 27 da Lei 9.514/97, op. cit., p. 168-169.

[464] DINAMARCO, Alienação fiduciária de bens imóveis (parecer), op. cit., p. 247.

[465] "Art. 1.421. O pagamento de uma ou mais prestações da dívida não importa exoneração correspondente da garantia, ainda que esta compreenda vários bens, salvo disposição expressa no título ou na quitação."

[466] "Antecipação da tutela. Pleito de sustação da consolidação das propriedades fiduciárias sobre dois imóveis. Garantias, relativas a diversos bens móveis e imóveis, outorgadas em favor de um grupo de credores que decorreu de complexo negócio jurídico. Interpretação teleológica do art. 26, §5º, da Lei nº 9.514/97 em consonância com a causa do contrato. Excussão de um dos imóveis que não pode provocar a extinção da totalidade da dívida e nem a liberação das demais garantias, porquanto a excussão conjunta dos três imóveis rurais, situados em Estados variados da Federação, certamente seria difícil. Recurso desprovido. [...] Claro que as garantias outorgadas para crédito de tamanha envergadura consistiu de diversos bens imóveis e móveis,

Outra alternativa possível no cenário em que o valor da dívida sobejar o da garantia consiste na composição de garantias diversas. Nesse caso, as garantias irão, conjuntamente, lastrear o total do débito, sem o fracionamento da dívida, com base no princípio geral da indivisibilidade das garantias reais.

Assim, caso se estipule outra garantia em conjunto à alienação fiduciária de imóvel, como, por exemplo, o penhor, o credor poderá optar por excutir primeiramente o penhor, evitando a consequência da extinção da dívida remanescente após a excussão extrajudicial da propriedade fiduciária. Essa alternativa, contudo, acaba por neutralizar a celeridade e a

razão pela qual a regra do artigo 26, parágrafo 5º., da L. 9.514/97 deve ser interpretada não de modo literal, mas sim de modo teleológico e afinado com a causa do contrato. Não resta dúvida que o artigo 27 da L. 9.514/97 disciplina a excussão dos imóveis cuja propriedade já se encontra consolidada nas mãos do credor fiduciário. Tem especial interesse o parágrafo 5º., que dispõe que caso em segundo leilão não sejam ofertados lances de valor igual ou superior ao valor da dívida, o saldo remanescente da dívida será extinto. Cuida-se de espécie de perdão legal do saldo remanescente da dívida, depois de esgotada a garantia da propriedade fiduciária pela excussão do imóvel. Sucede que, no caso concreto, a propriedade fiduciária teve por objeto não somente um, mas sim três valiosos imóveis nos quais se encontram instaladas fazendas e plantas de usinas de cana de açúcar. A excussão conjunta dos três imóveis rurais, situados em Estados variados da Federação, certamente seria difícil, diante da dificuldade de se encontrar licitante disposto a arrematar as três unidades simultaneamente. Seria reduzida a liquidez dos ativos, em detrimento de credores e devedores. O preceito do artigo 26, parágrafo 5º., foi pensado para a hipótese mais comum de propriedade fiduciária, qual seja, o financiamento da casa própria. Sucede que na reforma legislativa de 2.004 a propriedade fiduciária recebeu expressiva ampliação, e passou a servir de garantia para contratos em geral. Houve, por consequência, uma sofisticação dos negócios que passaram a contar com a propriedade fiduciária, que escapam das hipóteses legais. Certos contratos passaram a contar com diversos imóveis em garantia fiduciária simultânea. Em outros casos, determinado imóvel passou a servir de garantia a diversos contratos. No caso concreto, ajustaram as partes na cláusula 3.2 do contrato [...] que o valor de cada um dos imóveis ofertados em garantia representa porcentagem do valor atual do crédito. Também a cláusula 8.1.7 [...] da instituição da garantia fiduciária, que regula os mecanismos de excussão, reza que se não houver lance que iguale o valor da dívida garantida, o credor fiduciário permanecerá proprietário do imóvel, conferindo quitação às sociedades em recuperação, mas até o limite da parcela das obrigações garantidas. O que se extrai da causa do contrato, da complexa operação econômica que entabularam as partes, do volume de crédito concedido, do conjunto de garantias recebidas e das próprias cláusulas contratuais é que a excussão de um dos imóveis não provocaria a extinção da totalidade da dívida e nem a liberação das demais garantias [...]." (TJSP; Agravo de Instrumento 2034093-33.2015.8.26.0000; Relator (a): Francisco Loureiro; 1ª Câmara Reservada de Direito Empresarial; Data do Julgamento: 08/04/2015).

ADEQUAÇÕES NECESSÁRIAS AOS CONTRATOS EMPRESARIAIS

eficácia na recuperação do crédito por meio do procedimento extrajudicial da Lei 9.514/97, eis que a garantia sobressalente, em regra, deverá ser excutida judicialmente[467].

Um caminho para evitar este inconveniente seria a previsão de alienação fiduciária de mais de um bem imóvel para garantir a mesma dívida, na qual ambas as propriedades fiduciárias devem ser excutidas concomitantemente em caso de inadimplemento. A excussão poderá ocorrer através de leilões simultâneos ou por meio de um único leilão para a alienação conjunta dos imóveis, somando-se o produto das vendas para o pagamento da dívida e, em seguida, restituindo-se ao devedor fiduciante os valores que sobejarem[468]. Essa possibilidade também já foi apreciada e confirmada pelo TJSP[469].

---

[467] GUEDES; TERRA, Alienação fiduciária em garantia de bens imóveis, op. cit., p. 233-234.

[468] PANTANO, Tânia. Execução extrajudicial de alienação fiduciária de imóvel. In: FARIA, Renato Vilela; CASTRO, Leonardo Freitas de Moraes e (coord.). *Operações imobiliárias*: Estruturação e tributação. São Paulo: Saraiva, 2016, p. 207.

[469] "Alienação Fiduciária de coisa imóvel. Dupla garantia. Ausentes elementos seguros acerca do valor atualizado da dívida. Hipótese em que não pode subsistir a decisão agravada que determinou a suspensão do procedimento de alienação extrajudicial do segundo imóvel, sob pena de indevida supressão da garantia, com prejuízo ao credor. Inteligência do artigo 27, parágrafo 5º, da Lei 9.514/97. Imperioso autorizar-se o leilão de ambos os imóveis, com a ressalva de que, se na data do segundo leilão, for constatado que o valor de avaliação do imóvel de Várzea Paulista efetivamente supera o valor da dívida, fica cancelada a venda forçada do imóvel situado em Itapecerica da Serra Recurso provido, com observação. [...] Dito de outro modo, a própria Lei 9.514/97 prevê a hipótese de a excussão da garantia, seja ela única ou não, propiciar ao credor valor superior ao valor da dívida e das despesas e encargos (definidos no parágrafo 3º, do artigo 27, da Lei 9.514/97), não constituindo este, portanto, motivo suficiente à suspensão do procedimento de alienação extrajudicial. Como se não bastasse, por outro lado, o artigo 27, parágrafo 5º, da Lei 9.514/97 dispõe que 'se, no segundo leilão, o maior lance oferecido não foi igual ou superior ao valor referido no parágrafo 2º, considerar-se-á extinta a dívida e exonerado o credor da obrigação de que trata o parágrafo 4º' (grifos meus), do que se extrai que a decisão agravada traduz potencial risco de indevida supressão da garantia total da dívida, que abrange ambos os imóveis, tal como livremente pactuada pelas partes. Realmente, nos limites restritos de cognição deste recurso, não existem elementos seguros acerca do valor atualizado da dívida, de modo que não se pode afastar por completo a possibilidade de o valor do imóvel situado em Várzea Paulista ser insuficiente para quitá-la e, ainda sim, operar-se-á a extinção da dívida, por expressa disposição legal, em flagrante prejuízo ao credor, que, nesse caso, não poderia prosseguir com o procedimento de alienação extrajudicial do imóvel situado em Itapecerica da Serra. Pondere-se que ainda que se recomende que a execução deva realizar-se da maneira menos onerosa para o devedor (art. 620 do CPC), a interpretação deve ser sistemática e essa conveniência não deve preponderar sobre

5.3.2. Cobrança judicial da dívida

A consolidação da propriedade plena em nome do credor fiduciário não é obrigatória na hipótese de inadimplemento de dívida garantida pela alienação fiduciária de bem imóvel, por depender do recolhimento do imposto de transmissão *inter vivos*[470]. Assim, o credor fiduciário poderá optar, alternativamente à excussão extrajudicial, pela cobrança judicial da dívida inadimplida, amparada na garantia constitucional de acesso à justiça[471].

A ação poderá ser proposta contra o devedor fiduciante e eventuais coobrigados, tanto pela via monitória, quanto pela via executiva, se o contrato constituir título extrajudicial. Os bens que responderão pelo pagamento da dívida serão penhorados no bojo do processo conforme as normas processuais aplicáveis à excussão judicial, e o devedor somente será liberado da obrigação após o pagamento do montante integral, inexistindo a extinção da dívida remanescente após a excussão da garantia prevista na Lei 9.514/97.

Apesar de consistir uma alternativa muito mais morosa em comparação ao procedimento de excussão extrajudicial, o qual confere atratividade à alienação fiduciária, a opção pela via judicial poderá se justificar em diversos contextos.

Como exemplo, pode-se citar as hipóteses nas quais o credor quer evitar as limitações da via extrajudicial, como a extinção obrigatória da dívida remanescente ao final do segundo leilão; para possibilitar ao credor perseguir outros bens do devedor distintos daquele ofertado em garantia; ou ainda caso ocorra evento que justifique o vencimento antecipado da dívida, conforme rol do art. 1.425 do Código Civil, que prevê hipóteses

---

a necessidade do credor de receber o que lhe é devido. Nesse cenário, a solução que melhor coaduna os interesses de ambos os litigantes, resguardando o direito da credora- agravante sem impor à devedora-agravada situação iniqua, é a de se autorizar o procedimento de alienação extrajudicial de ambos os imóveis, cassando-se, portanto, a decisão agravada, mas com a ressalva de que, se na data do segundo leilão, for constatado que o valor de avaliação do imóvel de Várzea Paulista efetivamente supera o valor da dívida, fica cancelada a venda forçada do imóvel situado em Itapecerica da Serra. Isto posto, pelo meu voto, dá-se provimento ao agravo para cassar a decisão liminar que determinou a suspensão do procedimento de alienação extrajudicial do imóvel situado em Itapecerica da Serra, com observação." (TJSP; Agravo de Instrumento 2028769-96.2014.8.26.0000; Relator (a): Maria Cláudia Bedotti; 33ª Câmara de Direito Privado; Data do Julgamento: 12/05/2014).

[470] RESTIFFE; RESTIFFE NETO, *Propriedade fiduciária imóvel*, op. cit., p. 167-168.

[471] "Art. 5º [...] XXXV – a lei não excluirá da apreciação do Poder Judiciário lesão ou ameaça a direito; [...]"

ADEQUAÇÕES NECESSÁRIAS AOS CONTRATOS EMPRESARIAIS

como a deterioração ou a depreciação do bem, sem reforço ou substituição; a insolvência ou a falência do devedor; a cláusula de vencimento antecipado; o perecimento ou a desapropriação da coisa[472].

5.3.3. Celebração de pacto marciano

Como alternativa ao procedimento de excussão extrajudicial da Lei 9.514/97, o princípio da autonomia da vontade permite às partes pactuarem cláusula contendo pacto marciano. Por meio deste, em caso de inadimplemento da dívida, o bem objeto da garantia passará à propriedade plena do credor por seu valor justo, a ser estimado por um terceiro[473]. Caso o valor apurado para o imóvel seja equivalente ao valor da dívida, ambos se compensarão; se o valor do imóvel for superior, o credor deverá restituir ao devedor o montante que sobejar; e, se for inferior, o devedor permanecerá obrigado pelo pagamento da diferença.

Embora tanto no pacto marciano, quanto no pacto comissório, haja a apropriação pelo credor do bem dado em garantia, ambos não se confundem, eis que há vedação legal expressa quanto ao pacto comissório. O pacto marciano, por sua vez, seria lícito, pois pressupõe a devolução do supérfluo ao devedor, sendo a avaliação do bem realizada no momento da alienação por um terceiro isento, por delegação consensual[474].

A celebração do pacto marciano seria mais adequada nos contratos paritários, diante da possibilidade de o devedor permanecer obrigado pelo pagamento do restante se o preço obtido na avaliação do imóvel não for suficiente para o adimplemento total da dívida. A previsão do pacto marciano em um contrato de financiamento habitacional poderia ser questionada em razão da vulnerabilidade do consumidor adquirente, que atrairia a *ratio* do perdão legal previsto na Lei 9.514/97 após a excussão extrajudicial do imóvel, independentemente de seu resultado[475].

---

[472] BRESOLIN, *Execução extrajudicial imobiliária*, op. cit., p. 118.

[473] MOREIRA ALVES, *Da Alienação Fiduciária Em Garantia*, op. cit., p. 107.

[474] Cf. Luís Gustavo Haddad: "O que há de verdadeiramente reprovável no pacto comissório – e que se ilumina pela reconhecida validade do pacto marciano – é justamente a inexistência de escrutínio isento ou imparcial sobre a adequação entre o valor da dívida e o valor de mercado do bem dado em garantia." (HADDAD, *A proibição do pacto comissório no direito brasileiro*, op. cit., p. 110).

[475] MONTEIRO FILHO, *Pacto comissório e pacto marciano no sistema brasileiro de garantias*, op. cit., p. 264-268.

A utilização do pacto marciano seria mais vantajosa ao devedor fiduciante do que a realização dos leilões da Lei 9.514/97, pois o arbitramento do valor do imóvel por um terceiro garantiria a atribuição de preço justo ao bem, condizente com as práticas de mercado e abrangendo também eventual valorização e benfeitorias. Tal avaliação certamente seria mais benéfica do que os critérios legais de preço mínimo para o primeiro e o segundo leilão previstos na Lei 9.514/97, consistentes, respectivamente, no valor do imóvel contratualmente previsto, e no valor da dívida total garantida.

O devedor também ficaria isento do pagamento das despesas e dos encargos decorrentes dos leilões, aumentando a chance de o valor do imóvel cobrir a totalidade da dívida, ou ainda de sobejar valores maiores. O credor, por sua vez, também se beneficiaria com a possibilidade de satisfazer o seu crédito de imediato, sem se submeter às burocracias procedimentais da Lei 9.514/97, ou à necessidade de propor ação judicial para a recuperação do crédito. Caso o valor da dívida excedesse o valor do imóvel, o credor poderia prosseguir e cobrar o montante remanescente do devedor[476].

Em decorrência das vantagens apontadas, a possibilidade de se firmar o pacto marciano foi discutida na VII e na VIII Jornadas de Direito Civil. Enfatizou-se que, uma vez aprovado o enunciado declarando a licitude do pacto marciano, seria possível estabelecer mecanismos de apropriação do bem pelo credor com a necessária proteção do direito do devedor, como através da estipulação da definição do preço pelos critérios de mercado ao tempo da expropriação do bem, ou por meio de arbitramento por terceiro[477].

Mesmo sendo a questão ainda pouco debatida nos Tribunais[478], diante dos argumentos expostos e da aprovação do Enunciado 626 na VIII Jor-

---

[476] GUEDES; TERRA, Alienação fiduciária em garantia de bens imóveis, op. cit., p. 227.

[477] Embora a proposição não tenha sido aprovada na VII Jornada de Direito Civil, as discussões prosseguiram e, no ano seguinte, durante a VIII Jornada de Direito Civil, foi aprovado o Enunciado 626: "Não afronta o art. 1.428 do Código Civil, em relações paritárias, o pacto marciano, cláusula contratual que autoriza que o credor se torne proprietário da coisa objeto da garantia mediante aferição de seu justo valor e restituição do supérfluo (valor do bem em garantia que excede o da dívida)." Disponível em: http://www.cjf.jus.br/cjf/corregedoria-da-justica-federal/centro-de-estudos-judiciarios-1/publicacoes-1/jornadas-cej/viii-enunciados-publicacao-site-com-justificativa.pdf. Acesso em 20 dez. 2020.

[478] Até a data de conclusão desta obra, a possibilidade de celebração do pacto marciano praticamente não era analisada pelos Tribunais. O TJSP abordou a questão de forma indireta, em dois acórdãos citando a doutrina de José Carlos Moreira Alves: "[...] O pacto comissório vedado pela ordem jurídica incide para coibir o abuso que se comete contra o devedor

nada de Direito Civil, a celebração do pacto marciano em negócios jurídicos envolvendo relações paritárias tende a ganhar força, pautada no princípio da autonomia da vontade e na liberdade contratual.

Como visto, a estipulação do valor do bem objeto da garantia por um terceiro imparcial é a solução encontrada pelo Direito francês para possibilitar a aquisição da propriedade plena da garantia pelo credor em caso de inadimplemento, sem violar a proibição do pacto comissório[479].

É importante haver consenso quanto aos critérios para se realizar a avaliação do imóvel, pois eventual impasse sobre esse tema poderia impactar negativamente a eficácia da medida, e ensejar o risco de as partes incorre-

---

fragilizado pela dominação de seu credor e que, por essa superioridade, se apropria dos bens oferecidos em garantia do mútuo, caracterizando uma usurpação e que ganha status de ilegalidade pela completa ausência de correspondência entre o valor do bem e o valor da dívida. É importante que se conste não ser ilegal o que se chama de pacto Marciano, valendo esclarecer o seu conteúdo nas palavras do Ministro José Carlos Moreira Alves (Da alienação fiduciária em garantia, Saraiva, 1973, p. 127): "Não é ilícito, porém, o denominado pacto Marciano (por ser defendido pelo jurisconsulto romano Marciano e confirmado em rescrito dos imperadores Severo e Antonino). Por esse pacto, se o débito não for pago, a coisa poderá passar à propriedade plena do credor pelo seu justo valor, a ser estimado, antes ou depois de vencida a dívida, por terceiros". [...]" (TJSP; Apelação 9103689-29.2008.8.26.0000; Relator (a): Enio Zuliani; 4ª Câmara de Direito Privado; Data do Julgamento: 27/08/2009) e "Alienação fiduciária de imóvel – Ação de rescisão contratual intentada pelos compradores, confessadamente inadimplentes [...] Embora abordando o tema da propriedade fiduciária de bem móvel em face do inadimplemento da obrigação, no vencimento, José Carlos Moreira Alves doutrina: "[...] Se, porém, no contrato de alienação fiduciária em garantia, as partes tiverem estipulado um pacto Marciano — que, como acentuado na Primeira Parte, Cap. 3, n.º 1, é lícito —, não solvida a dívida em seu vencimento, pode o credor tornar-se proprietário pleno dela, pagando ao alienante o seu justo valor, que, ou já foi estimado por terceiro antes de vencido o débito, ou o será posteriormente ao não-pagamento. Outorgando o pacto Marciano ao credor uma faculdade, não está este adstrito a tornar-se proprietário pleno da coisa pelo valor estimado. Se quiser, poderá renunciá-la, não perdendo, por isso, a faculdade de vender a coisa, judicial ou extrajudicialmente, a terceiro, como lhe permite a qualidade de proprietário fiduciário." (TJSP; Apelação Cível 1.120.758-0/02, Relator (a): Romeu Ricupero; 36ª Câmara de Direito Privado; Data do Julgamento: 31/01/2008).

[479] Cf. art. 2488-3 do Código Civil francês: "Em caso de inadimplemento da dívida garantida e salvo estipulação em contrário no contrato de fidúcia, o fiduciário, caso seja o credor, adquirirá a livre disposição do bem transferido a título de garantia. Quando o fiduciário não for o credor, o último poderá exigir dele a entrega do bem, da qual ele poderá dispor livremente, ou, caso previsto no acordo, poderá vender o bem e entregar todo ou parte do preço. O valor do bem é determinado por um expert designado amigavelmente ou judicialmente. Todas as cláusulas em contrário são reputadas como não escritas." (Tradução livre).

rem em maiores custos para a realização de novas avaliações ou para a propositura de ação judicial. Por fim, também é um pressuposto lógico para a celebração do pacto marciano o credor fiduciário ter interesse em ficar com o bem imóvel em caso de inadimplemento da dívida garantida, ao invés de tentar, de imediato, aliená-lo para terceiros para recuperar o crédito.

CONCLUSÕES

A sociedade na era da tecnologia e da informação tem se sofisticado em velocidade ímpar, permeada por relações pós-modernas hipercomplexas[480] e dinâmicas interligadas em rede, na qual estão conectados empresários, instituições financeiras, investidores e consumidores, em constante intercâmbio de informações e de capital, movimentando a economia do país.

A confiança entre os agentes do mercado é de suma importância para o bom fluxo das transações comerciais, sendo imprescindível, para tanto, a existência de mecanismos de garantia sólidos e seguros para mitigar as chances de prejuízo e assegurar a recuperação do crédito. Essa demanda se intensifica no contexto atual do Brasil, permeado por crises econômicas e desemprego estrutural, no qual a incerteza e o risco crescente de inadimplemento das obrigações surgem como consequências inexoráveis.

O Direito, cumprindo a sua função de regular as expectativas e conferir durabilidade às relações sociais dinamicamente em transformação[481], necessita criar mecanismos em consonância com as constantes mutações da dinâmica negocial, a fim de conferir segurança para viabilizar operações bancárias e financeiras, dirimindo o grau de incerteza quanto ao adimplemento das obrigações.

O interesse social no desenvolvimento de meios céleres para a concessão de crédito e sua posterior recuperação é comum a todas as partes.

---

[480] GODOY, Código Civil e Código de Defesa do Consumidor, op. cit., p. 110.

[481] FERRAZ JUNIOR, Tércio Sampaio. *Introdução ao estudo do direito*: técnica, decisão, dominação. 5ª ed. São Paulo: Atlas, 2007, p. 104.

Por um lado, empresários e consumidores necessitam tomar o crédito de forma simples e desburocratizada; por outro, os investidores precisam de uma garantia robusta quanto ao cumprimento da obrigação pelo tomador do crédito, e do acesso a meios ágeis e eficientes para recuperar o crédito.

Sob o ponto de vista econômico, a segurança propiciada ao credor em face de uma garantia sólida, tal como a alienação fiduciária de bens imóveis, gera um reflexo positivo, ao aumentar a certeza quanto ao retorno dos investimentos e, consequentemente, o volume de empréstimos concedidos. Com a diminuição da incerteza e do risco, a tendência é a queda nas taxas remuneratórias, de forma que o capital será disponibilizado no mercado a valores mais acessíveis, permitindo o crescimento econômico e o aumento na circulação de riquezas.

As modalidades clássicas dos instrumentos de garantia se mostram, muitas vezes, complexas, morosas e obsoletas frente à nova dinâmica negocial, cujo tempo para a concessão e para a recuperação do crédito é de suma relevância para a tomada de decisão, haja vista a complexa rede de relações negociais interdependentes e em constante mutação.

Apesar de a *fiducia* de origem romana ser mais antiga do que os direitos reais de garantia tradicionais, o estudo do negócio fiduciário somente foi resgatado ao final do século XIX e início do século XX para preencher lacunas e deficiências da legislação[482]. Como bem observou TULLIO ASCARELLI, os negócios fiduciários tendem a dar lugar a novos tipos de negócios, cujos escopos típicos são baseados nos escopos fiduciários dos negócios dos quais derivam, assumindo uma forma apropriada para tais fins[483].

A alienação fiduciária consiste no negócio jurídico típico derivado do negócio fiduciário no Brasil, e foi introduzida por meio da Lei de Mercado de Capitais. A nova modalidade de garantia real foi muito bem-sucedida, diante das inúmeras vantagens proporcionadas pela transferência da propriedade ao credor, em comparação com as modalidades de garantia clássicas, como a maior celeridade para a excussão da garantia e os benefícios legais conferidos ao credor em caso de insolvência do devedor.

Em razão do grande sucesso em sua utilização, mas sem que houvesse uma sistematização clara, coerente e didática, a alienação fiduciária teve

---

[482] AMARAL NETO, A Alienação fiduciária em Garantia no Direito Brasileiro, op. cit., p. 320.
[483] ASCARELLI, *Problemas das sociedades anônimas e direito comparado*, op. cit., p. 106-107.

CONCLUSÕES

o seu alcance progressivamente ampliado por meio de diversas legislações esparsas subsequentes editadas em contextos diversos, até abranger os bens imóveis na Lei 9.514/97.

Como referida lei foi editada para disciplinar o financiamento imobiliário no Brasil, certos dispositivos legais referentes ao procedimento para a excussão extrajudicial da garantia tinham caráter protetivo ao devedor, o qual, na maior parte dos casos, é o consumidor adquirente da casa própria, vulnerável perante o credor, correspondente ao incorporador, ao construtor do imóvel, ou à instituição financeira concedente do financiamento do imóvel objeto da garantia.

A ampliação da alienação fiduciária de imóveis para garantir as obrigações em geral, trazida pelo art. 51 da Lei 10.931/04, por sua vez, não foi acompanhada da necessária reforma ou ressalva quanto à aplicação de certas normas da Lei 9.514/97, que não seriam adequadas para reger a excussão da garantia para além do SFI, sob pena de distorções.

Entre os dispositivos inadequados, chama a atenção a previsão do art. 27, §4º, §5º e §6º, da Lei 9.514/97. Estes parágrafos preveem que o devedor estará exonerado de pagar eventual valor remanescente da dívida após a excussão da garantia, mesmo quando o valor da garantia for insuficiente para o adimplemento total da dívida. Esta situação poderá ensejar o enriquecimento sem causa do devedor e, consequentemente, o aumento desproporcional do risco negocial.

Se, por um lado, a possibilidade de a alienação fiduciária de bens imóveis garantir contratos empresariais surgiu como uma alternativa positiva para os agentes de mercado, por outro, a falta de uma esquematização legal adequada acabou por interferir negativamente na utilização dessa nova modalidade de garantia.

A escassez de estudos sobre o tema e a existência de decisões jurisprudenciais conflitantes motivou realizarmos por meio da presente obra uma reflexão acerca da aplicabilidade das normas da Lei 9.514/97, com o propósito de verificar em que medida a alienação fiduciária de imóveis é adequada para garantir obrigações contraídas por meio de contratos empresariais, que seguem lógica completamente distinta daquela do financiamento imobiliário-habitacional.

Para adequarmos a utilização da alienação fiduciária de bens imóveis à dinâmica dos contratos empresariais, submetidos a princípios basilares como a tutela da autonomia privada e da liberdade contratual e a busca por segurança e a previsibilidade, propusemos a integração das lacunas ocultas da Lei 9.514/97 por meio de redução teleológica[484].

No caso da alienação fiduciária de imóveis em garantia às obrigações em geral, deverá prevalecer o princípio da responsabilidade patrimonial do devedor pelo adimplemento de suas dívidas, o dever de equidade, a cláusula geral de boa-fé objetiva, a proibição de arrematação por preço vil e a vedação ao enriquecimento sem causa de qualquer uma das partes. Tais disposições estão previstas no Código Civil e no Código de Processo Civil, cujas normas devem ser estendidas para integrar as lacunas ocultas da Lei 9.514/97.

Com efeito, o Direito pós-moderno e hipercomplexo convive com uma multiplicidade de fontes normativas que eventualmente podem conflitar[485], cabendo ao intérprete obter o resultado mais razoável e que melhor corresponda às necessidades da prática para resolver a questão problemática com justiça e equidade no caso concreto[486].

Considerando o tratamento diverso que a alienação fiduciária de imóveis poderá receber conforme a natureza das obrigações garantidas, e com o propósito de obter coerência sistemática e hermenêutica, identificamos uma dualidade de regimes da propriedade fiduciária imóvel: o geral, aplicável aos contratos paritários e regido pelo Código Civil e pelo Código de Processo Civil, e o especial, aplicável ao SFI, seguindo as disposições da Lei 9.514/97, mediante a interpretação finalística de cada instituto.

Concluímos que, da forma como prevista atualmente, a disciplina legal da alienação fiduciária de imóveis não é satisfatória para garantir contratos celebrados para além do SFI, como os contratos empresariais. A tipificação da alienação fiduciária em leis esparsas, motivadas por conjunturas externas diversas, como o mercado de capitais e o SFI, resultou em um regramento totalmente fragmentado e sem a sistematização necessária para proporcionar segurança jurídica.

Mesmo a previsão da propriedade fiduciária no Código Civil não foi suficiente para solucionar o problema, eis que o art. 1.361 limita a propriedade fiduciária para coisa móvel infungível, quando deveria tê-la esten-

---

[484] LARENZ, *Metodologia da ciência do direito*, op. cit., p. 561.

[485] GODOY, Código Civil e Código de Defesa do Consumidor, op. cit., p. 110.

[486] MAXIMILIANO, Carlos. *Hermenêutica e aplicação do direito*. Rio de Janeiro: Forense, 1997, p. 165-166.

CONCLUSÕES

dido para coisas móveis e imóveis em geral, sendo os casos extraordinários regidos pela legislação específica. Ao nosso ver, a ampliação do conceito de propriedade fiduciária pelo Código Civil permitiria uma sistematização adequada que traria coerência ao sistema, evitando situações iníquas.

O tratamento legal da alienação fiduciária de bens imóveis ainda é fonte de incertezas com relação ao procedimento para a excussão extrajudicial da garantia, diante do risco de aplicação indistinta dos dispositivos da Lei 9.514/97. Como os contratos de consumo e os contratos empresariais são regidos por lógicas distintas, demandam especial atenção e trabalho hermenêutico por parte do intérprete e do aplicador da lei, a evitar injustiças decorrentes da interpretação literal da lei, sem que se atente às peculiaridades do caso concreto.

REFERÊNCIAS

Doutrina

ALMEIDA COSTA, Mário Júlio de. Alienação fiduciária em garantia e aquisição de casa própria (Notas de Direito Comparado). In: TEPEDINO, Gustavo; FACHIN, Edson (org.). *Contratos em espécie*: atribuição patrimonial e garantia. São Paulo: Ed. Revista dos Tribunais, 2011, p. 423-437.

AMARAL NETO, Francisco dos Santos. A Alienação fiduciária em Garantia no Direito Brasileiro. In: TEPEDINO, Gustavo; FACHIN, Luiz Edson. *Contratos em espécie*: atribuição patrimonial e garantia. São Paulo: Ed. Revista dos Tribunais, 2011, p. 315-333.

AMENDOLARA, Cesar. Alienação fiduciária como instrumento de fomento à concessão de crédito. In: FONTES, Marcos Rolim Fernandes; WAISBERG, Ivo (coord.). *Contratos Bancários*. São Paulo: Quartier Latin, 2006, p. 156-194.

ANDRADE, Margarida Costa. A propriedade fiduciária. In: *Separata de II Seminário Luso-Brasileiro de Direito Registral* (Coimbra – 10 e 11 de maio de 2007). Coimbra Editora: 2009, p. 55-84.

ASCARELLI, Tullio. *Problemas das sociedades anônimas e direito comparado*. 2ª ed. São Paulo: Saraiva, 1945.

AZEVEDO, Álvaro Villaça. Negócio Fiduciário. In: FRANÇA, Rubens Limongi (coord.). *Enciclopédia Saraiva de Direito*. São Paulo: Saraiva, 1977, p. 155-169, v. 54.

BALBINO FILHO, Nicolau. *Registro de Imóveis*. 14ª ed. São Paulo: Saraiva, 2009.

BELLOCCI, Nicla. *La struttura della fiducia*. Riflessiono intorno alla forma del negozio dall'epoca arcaica all'epoca classica del diritto romano. Napoli: Casa Editrice Dott. Eugenio Jovene, 1983.

BERGER, Renato. O óbvio sobre a extinção da dívida na alienação fiduciária. *Revista Consultor Jurídico*, 28 de novembro de 2013. Disponível em: https://www.conjur.com.br/2013-nov-28/renato-berger-obvio-extincao-divida-alienacao-fiduciaria. Acesso em 20 dez. 2020.

BEZERRA FILHO, Manoel Justino. A execução extrajudicial do contrato de alienação fiduciária de bem imóvel – exame crítico da lei 9.514, de 20.11.1997. *Revista dos Tribunais*, v. 93, n. 819, jan. 2004, p. 65-76.

BIANCA, C. MASSIMO. *Diritto Civile*. Il Contratto. Seconda Edizione. Milano: Dott. A. Giuffrè Editore, 2000.

BIONDI, Biondo. *Istituzioni di Diritto Romano*. Milano: Giuffrè Editore, 1965.

BITTAR, Carlos Alberto. *Contratos comerciais*. 5ª ed. Rio de Janeiro: Forense Universitária, 2008.

BONFANTE, Pietro. *Instituzioni di diritto romano*. Milano: Giuffrè Editore, 1958, vol. 2.

BRANDELLI, Leonardo. Alienação fiduciária de bens imóveis. In: FARIA, Renato Vilela; CASTRO, Leonardo Freitas de Moraes e (coord.). *Operações imobiliárias*: Estruturação e tributação. São Paulo: Saraiva, 2016, p. 72-96.

BRESOLIN, Umberto Bara. *Execução extrajudicial imobiliária*: aspectos práticos. São Paulo: Atlas, 2013.

_____. Leilão extrajudicial de imóvel objeto de alienação fiduciária em garantia: aspectos atuais e polêmicos. In: FARIA, Renato Vilela; CASTRO, Leonardo Freitas de Moraes e (coord.). *Operações imobiliárias*: Estruturação e tributação. São Paulo: Saraiva, 2016, p. 505-518.

BULGARELLI, Waldirio. *Contratos mercantis*. 14ª ed. São Paulo: Atlas, 2001.

BURDESE, Alberto. *Manuale di Diritto Privato Romano*. Editrice Torinese, 1964.

CAMBLER, Everaldo Augusto. Impossibilidade de registro da alienação fiduciária superveniente ou condicionada (2º grau). In: ROCHA, Mauro Antônio; KIKUNAGA, Marcus Vinicius (org.). *Alienação fiduciária de bem imóvel*. 20 anos da Lei 9.514/97. Aspectos polêmicos. São Paulo: Lepanto, 2017, p. 107-124.

CARNEVALI, Ugo. Negozio giurudico. Negozio fiduciario. In: *Enciclopedia Giuridica*. Roma: IDEI, 1990, vol. XX.

CASTRO Y BRAVO, Federico. *El negocio juridico*. Madrid: Civitas, 1985.

CHALHUB, Melhim Namem. A Afetação do Acervo das Incorporações Imobiliárias. In: TUTIKIAN, Cláudia Fonseca; TIMM, Luciano Benetti; PAIVA, João Pedro Lamana. (coord). *Novo Direito Imobiliá-*

rio e Registral. São Paulo: Quartier Latin, 2ª ed., 2008, p. 18-33.

_____. *Alienação Fiduciária*: Negócio fiduciário. 5ª ed. Rio de Janeiro: Forense, 2017.

_____. Alienação fiduciária de bens imóveis. Aspectos da formação, execução e extinção do contrato. In: DIP, Ricardo; JACOMINO, Sérgio (org.). *Direito Registral*. Registro imobiliário: propriedade e direitos reais limitados. São Paulo: Ed. Revista dos Tribunais, 2013, p. 787-824, vol. V.

CHALHUB, Melhim Namem; DANTZGER, Afrânio Carlos Camargo. Propriedade fiduciária: contrato de alienação fiduciária de bens imóveis e recuperação extrajudicial do crédito habitacional e empresarial. In: FARIA, Renato Vilela; CASTRO, Leonardo Freitas de Moraes e (coord.). *Operações imobiliárias*: Estruturação e tributação. São Paulo: Saraiva, 2016, p. 133-155.

CHRISTO, Felipe Fernandes de. Direito à quitação *versus* enriquecimento sem causa. Uma correta interpretação da Lei nº 9.514/97 na recuperação de créditos decorrentes de contratos de financiamento empresarial. *Revista Dialética de Direito Processual*, nº 117, p. 43-51, dez. 2012.

COELHO, Fábio Ulhôa. *Comentários à Lei de falências e de recuperação de empresas*. São Paulo: Revista dos Tribunais, 11ª ed., 2016.

DANTZGER, Afrânio Carlos Camargo. *Alienação Fiduciária de Bens Imóveis*. 2ª ed. São Paulo: Método, 2007.

DAVID, René. *Os grandes sistemas do direito contemporâneo*. São Paulo: Martins Fontes, 1986.

DINAMARCO, Cândido Rangel. Alienação fiduciária de bens imóveis (parecer). *Revista de Direito Imobiliário*, ano 24, n. 51, São Paulo, p. 235-252, jul./dez., 2001.

ELIAS FILHO, Rubens Carmo. O Sistema de Financiamento Imobiliário e o Patrimônio de Afetação, para retomada do mercado imobiliário. In: FONTES, Marcos Rolim Fernandes; WAISBERG, Ivo (coord.). *Contratos Bancários*. São Paulo: Quartier Latin, 2006, p. 248-277.

EMERICH, Yaell. Les fondements conceptuels de la fiducie face au trust de la common law: entre droit des contrats et droit des biens. *Revue Internationale de Droi Comparé*, n. 1, 61ème année, jan./mar., 2009.

ESPINOLA, Eduardo. *Garantia e extinção das obrigações*. Obrigações solidárias e indivisíveis. Campinas: Bookseller, 2005.

EUGÊNIO, Paulo Eduardo Campanella. Contornos Atuais da Alienação Fiduciária em Garantia – um Breve Ensaio sobre as Inovações Trazidas pelo Código Civil de 2002 e pela Lei 10.931/04. *Revista Dialética de Direito Processual*, n. 23, p. 95-111, fevereiro, 2005.

FARO, Alexandre Gereto de Mello. *Notas sobre a excussão da alienação fiduciária de imóvel em garantia*. São Paulo: Claris, 2016.

FARO, Frederico Kastrup de. Fiança genérica (*omnibus*) bancária: validade e exercício da garantia à luz da boa-fé objetiva. In: GUEDES, Gisela Sampaio da Cruz; MORAES, Maria Celina Bodin de; MEIRELES, Rose Melo Vencelau; et. al. (coord.). *Direito das garantias*. São Paulo: Saraiva, 2017, p. 57-122.

FERNANDES, Jean Carlos. *Cessão Fiduciária de Títulos de Crédito*. A posição do Credor Fiduciária no Recuperação Judicial da Empresa. Rio de Janeiro: Ed. Lumen Juris, 2009.

FERRARA, Francesco. *Della Simulazione dei Negozi Giuridici*. Quinta Edizione Riveduta. Roma: Athenaeum, 1922.

FERREIRA, Waldemar. O *trust* anglo-americano e o fideicomiso latino-americano.

Revista da Faculdade de Direito da Universidade de São Paulo, n. 51, 1965.

FOERSTER, Gerd. O *"trust" do direito anglo-americano e os negócios fiduciários no Brasil:* perspectiva de direito comparado (considerações sobre o acolhimento do "trust" pelo Direito Brasileiro). Porto Alegre, SAFE, 2013.

FORGIONI, Paula A. *Contratos Empresariais:* teoria geral e aplicação. São Paulo: Editora Revista dos Tribunais, 2015.

_____. Interpretação dos Negócios Empresariais. In: FERNANDES, WANDERLEY (coord.) *Contratos Empresariais.* Fundamentos e Princípios dos Contratos Empresariais. São Paulo: Saraiva, 2007, p. 75-155.

FRANCO, Luiz Henrique Sapia. Notas sobre a alienação fiduciária em garantia imobiliária: questões (ainda) controversas. *Revista Forense*, vol. 419, ano 110, p. 115-148, jan.-jun. 2014.

GODOY, Claudio Luiz Bueno de. Código Civil e Código de Defesa do Consumidor: convergência de princípios e distinção de sua modulação. Um paralelo entre os deveres que criam. In: MELGARÉ, Plínio (org.). *O direito das obrigações na contemporaneidade:* estudos em homenagem ao ministro Ruy Rosado de Aguiar Júnior. Porto Alegre: Livraria do Advogado Editora, 2014, p. 109-134.

GOMES, Orlando. *Alienação fiduciária em garantia*. 4ª ed. São Paulo: Ed. Revista dos Tribunais, 1975.

_____. *Direitos reais*. 19ª ed. Atualizada por Luiz Edson Fachin. Rio de Janeiro: Forense, 2008.

_____. *Introdução ao direito civil*. 21ª ed. Revista e atualizada por Edvaldo Brito e Reginalda Paranhos de Brito. Rio de Janeiro: Forense, 2016.

GONÇALVES, Aderbal da Cunha. *Da propriedade resolúvel*: sua projeção na alienação fiduciária em garantia. São Paulo: Revista dos Tribunais, 1979.

GUEDES, Gisela Sampaio da Cruz; TERRA, Aline de Miranda Valverde. Alienação fiduciária em garantia de bens imóveis: possíveis soluções para as deficiências e insuficiências da disciplina legal. In: GUEDES, Gisela Sampaio da Cruz; MORAES, Maria Celina Bodin de; MEIRELES, Rose Melo Vencelau; et. al. (coord.). *Direito das garantias*. São Paulo: Saraiva, 2017, p. 215-240.

HADDAD, Luís Gustavo. *A proibição do pacto comissório no direito brasileiro*. São Paulo, 2013. Tese (Doutorado em Direito Civil). Faculdade de Direito, Universidade de São Paulo.

HILL, David S. *Basic Mortgage Law*: cases and materials. Durham: Carolina Academic Press, 2001.

KRATOVIL, Robert. *Modern Mortgage Law and Practice*. Englewood Cliffs, N.J.: Prentice Hall, Inc., 1972.

LARENZ, Karl. *Metodologia da ciência do direito*. 3ª ed. Trad. José Lamego. Lisboa: Fundação Calouste Gulbenkian, 1997.

LEITÃO, Luís Manuel Teles de Menezes. *Garantia das Obrigações*. 3ª ed. Coimbra: Almedina, 2012.

LIMA, Otto de Sousa. *Negócio fiduciário*. São Paulo: Ed. Revista dos Tribunais, 1962.

LIPARI, Nicolo. *Il negozio fiduciario*. Milano: Guiffrè, 1971.

LOTUFO, João Luís Zaratin; LOTUFO, Renan. Bem de Família no Código Civil. In: MARCACINI, Augusto Tavares Rosa et. al. *Bem de Família*. Aspectos Jurídicos Relevantes. São Paulo: Quartier Latin, 2012, p. 41-51.

LOUREIRO, Francisco Eduardo. *Código Civil Comentado*. 2ª ed. São Paulo: Manole, 2008.

LOUREIRO, José Eduardo. Alienação fiduciária de coisa imóvel. *Revista do Advogado*.

Associação dos Advogados de São Paulo, n. 63, junho, 2001, p. 86-95.

MARINO, Francisco Paulo De Crescenzo. *Contratos Coligados no Direito Brasileiro*. São Paulo: Saraiva, 2009.

____. Notas sobre o negócio jurídico fiduciário. *Revista Trimestral de Direito Civil*, v. 5, n. 20, p. 35-64, out./dez. 2004.

MARTINS, Raphael Manhães. A Propriedade Fiduciária no Direito Brasileiro: uma Proposta para a Construção Dogmática do Modelo. *Revista Síntese de Direito Imobiliário*, v. 01, n. 02, p. 102-115, mar./abr., 2011.

MARTINS-COSTA, Judith. Os negócios fiduciários. Consideração sobre a possibilidade de acolhimento do "trust" no direito brasileiro. *Revista dos Tribunais*, v. 657, p. 37-50, julho 1990.

MARTINS-COSTA, Judith; BENETTI, Giovana. As cartas de conforto: modalidades e eficácia. In: GUEDES, Gisela Sampaio da Cruz; MORAES, Maria Celina Bodin de; MEIRELES, Rose Melo Vencelau; et. al. (coord.). *Direito das garantias*. São Paulo: Saraiva, 2017, p. 433-463.

MARQUES, Cláudia Lima. *Contratos no Código de Defesa do Consumidor*. O novo regime das relações contratuais. 6ª ed. rev., atual. e ampl. São Paulo: Editora Revista dos Tribunais, 2011.

MAXIMILIANO, Carlos. *Hermenêutica e aplicação do direito*. Rio de Janeiro: Forense, 1997.

MESSINA, Giuseppe. *Scritti Giuridici*: I Negozi Fiduciari. Milano: Giuffrè, 1948.

MEZZARI, Mario Pazutti. *Alienação Fiduciária da Lei n. 9.514, de 20-11-1997*. São Paulo: Saraiva, 1998.

MONTEIRO, Washington de Barros; MALUF, Carlos Alberto Dabus. *Curso de direito civil*. 40ª ed. São Paulo: Saraiva, 2010, vol. 3.

MONTEIRO FILHO, Carlos Edison do Rêgo. *Pacto comissório e pacto marciano no sistema brasileiro de garantias.* Rio de Janeiro: Processo, 2017.

MOREIRA ALVES, José Carlos. *Da alienação fiduciária em garantia.* 2ª ed. Rio de Janeiro: Forense, 1979.

____. Da fidúcia romana à alienação fiduciária em garantia no direito brasileiro. In: CAHALI, Yussef Said (coord.). *Contratos nominados:* São Paulo: Saraiva, 1995, p. 23-30.

____. *Direito Romano.* 13ª ed. Rio de Janeiro: Forense, 2001.

NEVES, Daniel Amorim Assumpção. *Manual de Direito Processual Civil.* Rio de Janeiro: Forense, 2014.

NORONHA, Fernando. A alienação fiduciária em garantia e o *leasing* financeiro como supergarantias das obrigações. In: TEPEDINO, Gustavo; FACHIN, Luiz Edson (org.). *Contratos em espécie:* atribuição patrimonial e garantia. São Paulo: Ed. Revista dos Tribunais, 2011, p. 739-756.

PANTANO, Tânia. Execução extrajudicial de alienação fiduciária de imóvel. In: FARIA, Renato Vilela; CASTRO, Leonardo Freitas de Moraes e (coord.). *Operações imobiliárias:* Estruturação e tributação. São Paulo: Saraiva, 2016, p. 199-211.

PENTEADO, Luciano de Camargo. *Direito da Coisas.* São Paulo: Revista dos Tribunais, 2008.

PEREIRA, Caio Mario da Silva. *Instituições de Direito Civil.* Contratos. Declaração unilateral de vontade. Responsabilidade civil. 19ª ed. Rio de Janeiro: Forense, 2015.

____. *Instituições de Direito Civil.* Direitos Reais. Posse. Propriedade. Direitos reais de fruição, Garantia e Aquisição. 23ª ed. Rio de Janeiro: Forense, 2015.

PERES, Tatiana Bonatti; JABUR, Rentato Pinheiro. Alienação fiduciária em garantia de bens imóveis e a quitação sem pagamento prevista nos §§ 5º e 6º

do artigo 27 da Lei 9.514/97. In: PERES, Tatiana Bonatti; FAVACHO, Frederico. *Agronegócio.* São Paulo: Chiado Editora, 2017, p. 147-174, vol. 2.

PONTES DE MIRANDA, Francisco Cavalcanti. *Tratado de Direito Privado:* Parte Especial. Direito das coisas: Direitos reais de garantia. Hipoteca. Penhor. Anticrese. Atualizado por Vilson Rodrigues Alves. 1ª ed. São Paulo: Bookseller, 2002, Tomo XX.

____. *Tratado de Direito Privado:* Parte Especial. Direito das coisas: Penhor Rural. Penhor Industrial. Penhor mercantil. Anticrese. Cédulas rurais pignoratícias, hipotecárias e mistas. Transmissões em garantia. Atualizado por Nelson Nery Jr. et. at. São Paulo: Editora Revista dos Tribunais, 2012, Tomo XXI.

____. *Tratado de Direito Privado:* Parte Especial. Direito das obrigações: Auto-regramento da vontade e lei. Alteração das relações jurídicas obrigacionais. Transferência de créditos. Assunção de dívida alheia. Transferência da posição subjetiva nos negócios jurídicos. Atualizado por Nelson Nery Jr. et. at. São Paulo: Editora Revista dos Tribunais, 2012, Tomo XXIII.

PRADO, Marcos Lopes. Eventual não extinção legal da dívida garantida por meio de alienação fiduciária de imóvel, em caso de segundo leilão negativo. In: ROCHA, Mauro Antônio; KIKUNAGA, Marcus Vinicius (org.). *Alienação fiduciária de bem imóvel.* 20 anos da Lei 9.514/97. Aspectos polêmicos. São Paulo: Lepanto, 2017, p. 237-258.

RESTIFFE, Paulo Sergio; RESTIFFE NETO, Paulo. *Propriedade fiduciária imóvel:* nas modalidades de financiamento mercadológico e autofinanciamento consorcial e transmissão dos novos direitos fiduciários e seus reflexos na recuperação judicial ou falência. São Paulo, Malheiros, 2009.

RESTIFFE NETO, Paulo. *Garantia fiduciária*: direito e ações: Manual teórico e prático com jurisprudência. São Paulo, Ed. Revista dos Tribunais, 1976.

ROCHA, Mauro Antônio. (Im)possibilidade de registro imobiliário da alienação fiduciária condicionada ou superveniente – 2º grau. In: ROCHA, Mauro Antônio; KIKUNAGA, Marcus Vinicius (org.). *Alienação fiduciária de bem imóvel*. 20 anos da Lei 9.514/97. Aspectos polêmicos. São Paulo: Lepanto, 2017, p. 125-147.

SALOMÃO NETO, Eduardo. *O Trust e o direito brasileiro*. São Paulo: LTr, 1996.

SANTOS, José Beleza dos. *A simulação em direito civil*. 2ª ed. São Paulo: Lejus, 1999.

SILVA, Fábio Rocha Pinto e. *Garantias imobiliárias em contratos empresariais*: hipoteca e alienação fiduciária. São Paulo: Almedina, 2014.

____. Não exoneração da responsabilidade pessoal do devedor na excussão da alienação fiduciária de imóveis. In: ROCHA, Mauro Antônio; KIKUNAGA, Marcus Vinicius. *Alienação fiduciária de bem imóvel*. 20 anos da Lei 9.514/97. Aspectos polêmicos. São Paulo: Lepanto, 2017, p. 213-236.

STALDER, Marc. (Im)possibilidade de registro imobiliário da alienação fiduciária em garantia condicionada ou superveniente. In: ROCHA, Mauro Antônio; KIKUNAGA, Marcus Vinicius (org.). *Alienação fiduciária de bem imóvel*. 20 anos da Lei 9.514/97. Aspectos polêmicos. São Paulo: Lepanto, 2017, p. 81-105.

TEPEDINO, Gustavo. *Comentários ao código civil*: direito das coisas (Arts. 1.196 a 1.276). São Paulo: Saraiva, 2011, Tomo 14.

TEPEDINO, Gustavo; GONÇALVES, Marcos Alberto Rocha. Lições da VII jornada de direito civil: tendências do direito das coisas. *Conjur*. Disponível em: https://www.conjur.com.br/2016-fev-08/direito-civil-atual-licoes-vii-jornada-direito-civil-tendencias-direito-coisas. Acesso em 20 dez. 2020.

TERRA, Marcelo. *Alienação Fiduciária de Imóvel em Garantia*. Porto Alegre: Sérgio Antonio Fabris, 1998.

VASCONCELOS, Luis Miguel Pestana. *Direito das garantias*. Coimbra: Almedina, 2010.

VASCONCELOS, Pedro Pais de. *Contratos Atípicos*. 2ª ed. Coimbra: Almedina, 2009.

YAZBEK, Otavio. O risco de crédito e os novos instrumentos financeiros – uma análise funcional. In: FONTES, Marcos Rolim Fernandes; WAISBERG, Ivo (coord.). *Contratos Bancários*. São Paulo: Quartier Latin, 2006, p. 310–337.

WALD, Arnoldo. A alienação fiduciária de imóveis. *Revista de Direito Bancário e do Mercado de Capitais*. Ed. Revista dos Tribunais, ano 1, n. 2, mai./ago., 1998.

____.Alguns aspectos do regime jurídico do Sistema Financeiro Imobiliário (Lei 9.514/97). *Revista de Direito Bancário e do Mercado de Capitais*. Ed. Revista dos Tribunais, ano 2, n. 4, p. 13–27, jan.-abr., 1999.

____. Da Alienação Fiduciária. *Revista Forense*, v. 227, p. 377-381, jul./set., 1969.

____. Da licitude da promessa de venda de coisa alheia. In: NERY JUNIOR, Nelson; NERY, Rosa Maria de Andrade (org.). *Responsabilidade civil*. Direito de obrigações e Direito Negocial. São Paulo: Ed. Revista dos Tribunais, vol. II, p. 931-952, 2010.

____. Do regime legal da alienação fiduciária de imóveis e sua aplicabilidade em operações de financiamento de banco de desenvolvimento. *Revista de Direito Imobiliário*, nº 51, p. 253-279.

Jurisprudência

STF

Superior Tribunal Federal, Recurso Extraordinário 68966/SP, 2ª Turma, Relator Ministro Thompson Flores, julgado em 25 set. 1970.

Superior Tribunal Federal, Recurso Extraordinário 71616/SP, 1ª Turma, Relator Ministro Rodrigues Alckmin, julgado em 11 dez. 1973.

Superior Tribunal Federal, Habeas Corpus 72131/RJ, Tribunal Pleno, Relator Ministro Marco Aurélio, julgado em 23 nov. 1995.

Superior Tribunal Federal, Recurso Extraordinário 206086/SP, 1ª Turma, Relator Ministro Ilmar Galvão, julgado em 12 nov. 1996.

Superior Tribunal Federal, Repercussão Geral no Recurso Extraordinário 928902 RG/SP, Tribunal Pleno, Relator Ministro Dias Toffoli, julgado em 17 out. 2018.

STJ

Superior Tribunal de Justiça, Recurso Especial 16242/SP, 4ª Turma, Relator Ministro Sálvio de Figueiredo Teixeira, julgado em 31 ago. 1992.

Superior Tribunal de Justiça, Recurso Especial 78.022/PR, 2ª Turma, Relator Ministro Peçanha Martins, julgado em 6 mar. 1997.

Superior Tribunal de Justiça, Recurso Especial 138421/RJ, 4ª Turma, Relator Ministro Ruy Rosado de Aguiar, julgado em 10 nov. 1997.

Superior Tribunal de Justiça, Recurso Especial 162.942/MS, 4ª Turma, Relator Ministro Sálvio de Figueiredo Teixeira, julgado em 30 abr. 1998.

Superior Tribunal de Justiça, Embargos de Divergência em Recurso Especial 149.518/GO, Corte Especial, Relator Ministro Ruy Rosado de Aguiar, julgado em 5 mai. 1999.

Superior Tribunal de Justiça, Recurso Especial 655.471/MG, 3ª Turma, Relator Ministro Carlos Alberto Menezes Direito, julgado em 15 set. 2005.

Superior Tribunal de Justiça, Recurso Especial 827.085/SP, 4ª Turma, Relator Ministro Jorge Scartezzini, julgado em 4 mai. 2006.

Superior Tribunal de Justiça, Recurso Especial 1006387/SC, 3ª Turma, Relatora Ministra Nancy Andrighi, julgado em 2 set. 2010.

Superior Tribunal de Justiça, Conflito de Competência 110.392/SP, 2ª Seção, Relator Ministro Raul Araújo, julgado em 24 nov. 2010.

Superior Tribunal de Justiça, Recurso Especial 1328656/GO, 4ª Turma, Relator Ministro Marco Buzzi, julgado em 18 set. 2012.

Superior Tribunal de Justiça, Recurso Especial 1.202.918/SP, 3ª Turma, Relator Ministro Ricardo Villas Bôas Cueva, julgado em 7 mar. 2013.

Superior Tribunal de Justiça, Recurso Especial 1101375/RS, 4ª Turma, Relator Ministro Luis Felipe Salomão, julgado em 4 jun. 2013.

Superior Tribunal de Justiça, Recurso Especial 1395275/MG, 4ª Turma, Relator Ministro Luis Felipe Salomão, julgado em 22 abr. 2014.

Superior Tribunal de Justiça, Recurso Especial 1462210/RS, 3ª Turma, Relator Ministro Ricardo Villas Bôas Cueva, julgado em 18 nov. 2014.

Superior Tribunal de Justiça, Agravo Regimental no Agravo Regimental no Recurso Especial 1.172.146/SP, 4ª Turma, Rel. Min. Antônio Carlos Ferreira, julgado em 18 jun. 2015.

Superior Tribunal de Justiça, Recurso Especial 1542275/MS, 3ª Turma, Relator Ministro Ricardo Villas Bôas Cueva, julgado em 24 nov. 2015.

Superior Tribunal de Justiça, Agravo Regimental no Recurso Especial 1204310/RS, 4ª Turma, Relator Ministro Raul Araújo, julgado em 14 fev. 2017.

Superior Tribunal de Justiça, Recurso Especial 1622555/MG, 2ª Seção, Relator Ministro Marco Buzzi, julgado em 22 fev. 2017.

Superior Tribunal de Justiça, Agravo Interno no Agravo Regimental no Agravo em Recurso Especial 772.722/PR, 4ª Turma, Relatora Ministra Maria Isabel Galotti, julgado em 18 abr. 2017.

Superior Tribunal de Justiça, Recurso Especial 1446249/SP, 2ª Turma, Relator Ministro Og Fernandes, julgado em 21 set. 2017.

Superior Tribunal de Justiça, Agravo Interno nos Embargos de Declaração no Agravo em Recurso Especial 975.829/SE, 4ª Turma, Relatora Ministra Maria Isabel Galotti, julgado em 3 out. 2017.

Superior Tribunal de Justiça, Recurso Especial 1678525/SP, 4ª Turma, Relator Ministro Antonio Carlos Ferreira, julgado em 5 out. 2017.

Superior Tribunal de Justiça, Agravo Interno no Agravo em Recurso Especial 109523/DF, 4ª Turma, Relatora Ministra Maria Isabel Galotti, julgado em 28 nov. 2017.

Superior Tribunal de Justiça, Recurso Especial 1646249/RO, 2ª Turma, Relator Ministro Herman Benjamin, julgado em 3 abr. 2018.

Superior Tribunal de Justiça, Recurso Especial 1697645/MG, 2ª Turma, Relator Ministro Og Fernandes, julgado em 19 abr. 2018.

Superior Tribunal de Justiça, Embargos de Divergência em Agravo em Recurso Especial 848.498/PR, 2ª Seção, Relator Ministro Luis Felipe Salomão, julgado em 25 abr. 2018.

Superior Tribunal de Justiça, Recurso Especial 1677015/SP, 3ª Turma, Relator Ministro Paulo de Tarso Sanseverino, Relatora para acórdão Ministra Nancy Andrighi, julgado em 28 ago. 2018.

Superior Tribunal de Justiça, Recurso Especial 1696038/SP, 3ª Turma, Relator Ministro Ricardo Villas Bôas Cueva, julgado em 3 set. 2018.

Superior Tribunal de Justiça, Recurso Especial 1677079/SP, 3ª Turma, Relator Ministro Ricardo Villas Bôas Cueva, julgado em 25 set. 2018.

Superior Tribunal de Justiça, Recurso Especial 1155547/MG, 4ª Turma, Relator Ministro Marco Buzzi, julgado em 6 nov. 2018.

TJSP

Tribunal de Justiça do Estado de São Paulo, Apelação Com Revisão 9044849-75.1998.8.26.0000, 11ª Câmara (Extinto 1º TAC), Desembargador Relator Silveira Paulilo, julgado em 28 jun. 2001.

Tribunal de Justiça do Estado de São Paulo, Apelação Cível 580-6/8, Corregedoria Geral de Justiça do Estado de São Paulo, Desembargador Relator Gilberto Passos de Freitas, julgado em 19 abr. 2007.

Tribunal de Justiça do Estado de São Paulo, Apelação Cível 1.120.758-0/02, 36ª Câmara de Direito Privado, Desembargador Relator Romeu Ricupero, julgado em 31 jan. 2008.

Tribunal de Justiça do Estado de São Paulo, Agravo de Instrumento 1246070005, 28ª Câmara de Direito Privado, Desembargador Relator Eduardo Sá Pinto Sandeville, julgado em 16 jun. 2009.

Tribunal de Justiça do Estado de São Paulo, Apelação 9103689-29.2008.8.26.0000, 4ª Câmara de Direito Privado, Desembargador Relator Enio Zuliani, julgado em 27 ago. 2009.

Tribunal de Justiça do Estado de São Paulo, Agravo de Instrumento 0315328-48.2010.8.26.0000, 13ª Câmara de Direito Privado, Desembargador Relator Ulisses do Vale Ramos, julgado em 26 ago. 2010.

Tribunal de Justiça do Estado de São Paulo, Mandado de Segurança 0058947-33.2012.8.26.0000, Órgão Especial, Desembargador Relator Guerrieri Rezende, julgado em 12 set. 2012.

Tribunal de Justiça do Estado de São Paulo, Apelação 0158705-15.2008.8.26.0100, 25ª Câmara de Direito Privado, Desembargador Relator Vanderci Álvares, julgado em 29 ago. 2013.

Tribunal de Justiça do Estado de São Paulo, Agravo de Instrumento 2059447-31.2013.8.26.0000; 24ª Câmara de Direito Privado; Desembargador Relator Plinio Novaes de Andrade Júnior, julgado em 27 mar. 2014.

Tribunal de Justiça do Estado de São Paulo, Agravo de Instrumento 2028769-96.2014.8.26.0000, 33ª Câmara de Direito Privado, Desembargadora Relatora Maria Cláudia Bedotti, julgado em 12 mai. 2014.

Tribunal de Justiça do Estado de São Paulo, Apelação 0039357-75.2009.8.26.0000, 32º Câmara de Direito Privado, Desembargador Relator Kioitsi Chicuta, julgado em 22 jan. 2015.

Tribunal de Justiça do Estado de São Paulo, Agravo de Instrumento 2034093-33.2015.8.26.0000, 1ª Câmara Reservada de Direito Empresarial, Desembargador Relator Francisco Loureiro, julgado em 8 abr. 2015.

Tribunal de Justiça do Estado de São Paulo, Apelação 0013993-20.2011.8.26.0554, 36ª Câmara de Direito Privado, Desem-

bargador Relator Walter Cesar Exner, julgado em 10 dez. 2015.

Tribunal de Justiça do Estado de São Paulo, Apelação 1002050-35.2015.8.26.0073, Conselho Superior de Magistratura, Desembargador Relator Pereira Calças, julgado em 2 jun. 2016.

Tribunal de Justiça do Estado de São Paulo, Apelação 0004901-48.2014.8.26.0025, 13ª Câmara de Direito Privado, Desembargador Relator Francisco Giaquinto, julgado em 17 ago. 2016.

Tribunal de Justiça do Estado de São Paulo, Apelação 1046052-43.2014.8.26.0100, 29ª Câmara de Direito Privado, Desembargadora Relatora Silvia Rocha, julgado em 8 fev. 2017.

Tribunal de Justiça do Estado de São Paulo, Apelação 1007816-77.2014.8.26.0405, 27ª Câmara Extraordinária de Direito Privado, Desembargador Relator Marcos Ramos, julgado em 16 out. 2017.

Tribunal de Justiça do Estado de São Paulo, Apelação 1011113-47.2015.8.26.0344, 32ª Câmara de Direito Privado, Desembargador Relator Caio Marcelo Mendes de Oliveira, julgado em 19 out. 2017.

Tribunal de Justiça do Estado de São Paulo, Apelação 1017476-98.2017.8.26.0564, 22ª Câmara de Direito Privado, Desembargador Relator Hélio Nogueira, julgado em 26 abr. 2018.

Tribunal de Justiça do Estado de São Paulo, Apelação 1127928-83.2015.8.26.0100, 12ª Câmara de Direito Privado, Desembargador Relator Tasso Duarte de Melo, julgado em 21 mai. 2018.

Tribunal de Justiça do Estado de São Paulo, Agravo de Instrumento 2250943-13.2017.8.26.0000, 33ª Câmara de Direito Privado, Desembargador Relator Luiz Eurico, julgado em 11 jun. 2018.